Table Settings

Reflecties op architectuur met Hannah Arendt

Reflections on Architecture with Hannah Arendt

atelier schikkingen

Journal for Architecture
Tijdschrift voor architectuur
OASE #106

To live in the world means essentially that a world of things is between those who have it in common, as a table is located between those who sit around it; the world, like every in-between, relates and separates men at the same time.

Hannah Arendt, *The Human Condition* (Chicago: The University of Chicago Press, 1998 [1958]), 52

Hannah Arendt interviewed by Günther Gaus in the programme 'Zur Person' on German television, 28 October 1964/
geïnterviewd door Günther Gaus in het programma 'Zur Person' op de Duitse televisie, 28 oktober 1964.

Het gezamenlijk leven in de wereld betekent in wezen dat zich tussen hen die haar bewonen een wereld van dingen bevindt, zoals een tafel zich bevindt tussen degenen die eraan hebben plaatsgenomen; als door elk ander intermediair worden mensen door de wereld tegelijkertijd verbonden en gescheiden.

Hannah Arendt, *De menselijke conditie* (Amsterdam: Uitgeverij Boom, 2009), 54

Table Settings
Reflections on Architecture with Hannah Arendt

Hans Teerds, Christoph Grafe, Catherine Koekoek

'The encounter between architecture and philosophy is a meeting of distant relatives,' the editors of the smallest *OASE* ever made, *OASE* 40, *Poiēsis en architectuur* (1994) wrote in their editorial. There is a 'hint of commonality', a 'hesitant conversation', until occasionally something pops up, 'a word that, like a boomerang, describes the orbit of same to same'. In *OASE* 40, this word is *poiēsis*, deriving from Plato's dialogues and which means 'creating' or 'making'. 'For all that comes into being from non-being, creation or *poiēsis* is the cause. This also means that the performance of all manual labour is *poiēsis* or creation, and its practitioners are poets or creators.'[1] *OASE* 106, too, proposes to start such a 'hesitant' conversation, urged by a suspected 'hint of commonality' between the thought of German-born American philosopher Hannah Arendt (1906-1975) and the field of architecture. The 'boomerang word' here is 'world', which Arendt uses to draw a direct relation between *poiēsis* – making – and *praxis* – political action – both of which she derives from Aristoteles. 'World', for Arendt, does not describe the natural earth, but describes the work done by human beings to make the earth habitable. It corresponds to the making of 'things', to the material artefacts that furnish the earth and mediate between human beings and the earth: from table and chair to city and landscape. It is in *The Human Condition* (1958), generally considered her principal work, that Arendt most elaborately expands upon the relation between 'things' and political, public life.[2] She emphasises that transforming the earth into the world always happens in relation to a community. A human being is never alone on this earth: the world always concerns a plurality of people. In other words: the 'world', for Arendt, is always a 'world in common' – it is, essentially, a 'shared' world. 'Making' this world is therefore a political matter. Somehow, 'making' concerns us all: it changes the earth into the world, *and* it transforms the world that we have in common. According to Arendt, 'making' precedes political life: the common world of things is a condition for any meaningful political realm.[3] It is this perspective that provides a horizon for architectural practice, a background against which a meaningful reflection on contemporary architecture can be set, precisely because Arendt's oeuvre tightly knits together the political realm with the 'things of the world'.

As the editors of *OASE* 40 already noted, the interaction between Western architecture and philosophy has indeed been relatively limited. Philosophers have rarely paid attention to architecture. Their interest remained confined to passing thoughts, single collaborations and occasional texts. Only when *aesthetics* became a subject of philosophy did architecture enter the conversation: as 'mother of all arts', or relating to the question of whether architecture could be seen as one of the five main fine arts, or should instead be seen as an applied art.[4] Philosophers like Georg Wilhelm Friedrich Hegel and Arthur Schopenhauer included architecture in their philosophical reflections, and emphasised its character as respectively symbolical, or expressive and tectonic.[5] At the start of the twentieth century Ludwig Wittgenstein, philosopher of language, was the first to see architecture as a challenge beyond aesthetic experience.[6] After the Second World War,

1
OASE 40, *Poiēsis en architectuur* (Nijmegen: Uitgeverij SUN, 1994), 3. This *OASE* was published in Dutch only.

2
Hannah Arendt, *The Human Condition* (Chicago: The University of Chicago Press, 1998 [1958]).

3
Ibid., 195.

4
Also in the work of Roger Scruton (in his work for the British Government and in his book *The Aesthetics of Architecture* (Princeton: Princeton University Press, 1979)) the aesthetic dimension of architecture is of central concern.

5
See for instance: John Whiteman, 'On Hegel's Definition of Architecture', *Assemblage* 2 (1987); Mitchell Schwartzer, 'Schopenhauer's Philosophy of Architecture', in: Dale Jacquette (ed.), *Schopenhauer, Philosophy and the Arts* (Cambridge: Cambridge University Press, 1969), 291.

6
See: Colin St John Wilson, *Architectural Reflections: Studies in Philosophy and Practice of Architecture* (Oxford: Butterworth Architecture, 1992), 54-65.

Tafelschikkingen

Reflecties op architectuur met Hannah Arendt

Hans Teerds, Christoph Grafe, Catherine Koekoek

'De ontmoeting tussen architectuur en filosofie is er een tussen verre verwanten,' schreven de redacteuren van de kleinste *OASE* ooit gemaakt, *OASE* 40, *poiēsis en architectuur* (1994), in hun redactioneel. Er is een 'vermoeden van gemeenschappelijkheid', een 'aarzelend gesprek', maar soms duikt er iets op, 'een woord dat als een boemerang een baan beschrijft van hetzelfde naar hetzelfde'. In *OASE* 40 is dat woord, met een verwijzing naar Plato's dialogen, *poiēsis*, scheppen. 'Want van alles dat uit het niet-zijnde tot het zijn komt, is schepping of *poiēsis* de oorzaak. Dat betekent ook dat de verrichting van alle handarbeid *poiēsis* of schepping is en de beoefenaars daarvan poëten of scheppers.'[1] Ook *OASE* 106 wil een dergelijk 'aarzelend' gesprek in gang zetten, naar aanleiding van een 'vermoeden van gemeenschappelijkheid' tussen het gedachtegoed van de Duits-Amerikaanse filosofe Hannah Arendt (1906-1975) en het veld van de architectuur. Het boemerang-woord is hier 'wereld', waarmee Arendt een directe relatie tussen *poiēsis*, het maken, en *praxis*, politiek handelen, legt – twee termen die zij ontleent aan het werk van Aristoteles. 'Wereld' duidt in Arendt's denken niet op de aarde, de natuurlijke globe, maar op dat wat de mens van deze aarde maakt, hoe de mens de aarde bewoonbaar maakt. Het gaat dus letterlijk over materiële artefacten, over het maken van 'dingen' die de aarde stofferen en bemiddelen tussen mens en aarde: van tafel en stoel tot stad en landschap. Met name in *The Human Condition* (1958), dat over het algemeen als haar hoofdwerk wordt beschouwd, heeft Arendt deze relatie tussen 'de dingen' en het politieke en publieke leven uitgewerkt.[2] Ze benadrukt dat de transformatie van de aarde in de wereld altijd te maken heeft met een 'gemeenschap'. De mens is immers niet alleen op aarde – de wereld heeft altijd betrekking op de mens in meervoud. Met andere woorden: de 'wereld' is voor Arendt altijd een 'gemeenschappelijke' wereld – het is in essentie een 'gedeelde' wereld. Het 'maken' van deze wereld heeft daarom een politieke dimensie. Op een of andere manier gaat het 'maken' ons allemaal aan. Het verandert de aarde in een wereld, én het transformeert de wereld die wij al met elkaar delen. Volgens Arendt gaat het 'maken' aan het politieke leven vooraf: de gemeenschappelijke wereld van dingen is een voorwaarde voor een betekenisvol politiek domein.[3] Het is dit perspectief dat een horizon biedt voor de architectuurpraktijk, een achtergrond waartegen een zinvolle reflectie op de hedendaagse architectuur op gang gebracht kan worden, juist omdat in haar oeuvre het politieke domein zo direct verbonden is met 'de dingen' van deze 'wereld'.

Zoals de redacteuren van *OASE* 40 schreven, is er inderdaad relatief weinig wisselwerking tussen westerse architectuur en filosofie geweest. Filosofen hebben door de eeuwen heen weinig oog gehad voor architectuur. Het bleef beperkt tot korte gedachten, eenmalige samenwerkingen en gelegenheidsteksten. Pas op het moment dat esthetiek een thema werd in de filosofie, kwam ook architectuur ter sprake, als moeder der kunsten, of werden er argumenten aangedragen voor de vraag of architectuur gezien moest worden als een van de vijf vormen van 'schone kunst' of juist behoorde tot de toegepaste kunsten.[4] Filosofen als Georg Wilhelm Friedrich Hegel en Arthur Schopenhauer namen architectuur mee in hun filosofische reflecties, en benadrukken haar symbolische dan wel expressieve en tektonische karakter.[5] Aan het begin van de twintigste eeuw is het taalfilosoof Ludwig Wittgenstein die in architectuur een regelrechte

1
OASE 40, *Poēsis en architectuur* (Nijmegen: Uitgeverij SUN, 1994), 3.

2
Hannah Arendt, *The Human Condition* (Chicago: The University of Chicago Press, 1998 [1958]). Wij maken hier gebruik van de Nederlandse vertaling: Hannah Arendt, *De menselijke conditie* (Amsterdam: Uitgeverij Boom, 2009).

3
Ibid., 179.

4
Ook in het werk van de onlangs overleden Roger Scruton (in zijn werk voor de Britse overheid, en in zijn boek *The Aesthetics of Architecture* (Princeton: Princeton University Press, 1979)) staat de esthetische dimensie van het bouwen centraal.

5
Zie bijvoorbeeld: John Whiteman, 'On Hegel's Definition of Architecture', *Assemblage* 2 (1987); Mitchell Schwartzer, 'Schopenhauer's Philosophy of Architecture', in: Dale Jacquette (red.), *Schopenhauer, Philosophy and the Arts* (Cambridge: Cambridge University Press, 1969), 291.

philosophical interest in architecture increased, which was met with a growing interest of architects in philosophy. Without attempting to be exhaustive: in the early 1950s, Martin Heidegger declared modernity in general and modern architecture specifically as uninhabitable, after which Christian Norberg-Schulz attempted to (re)ground 'dwelling'.[7] At the end of the 1960s, Charles Jencks and George Baird introduced architecture to ideas from Ferdinand de Saussure's structuralist theory of linguistics in their book *Meaning in Architecture*.[8] This contribution marked the start of structuralism in architecture, a movement embraced by Aldo van Eyck and Herman Hertzberger, among others. With the introduction of the idea that architecture can be read as 'language', it became susceptible to the postmodern semiotic critique: under the influence of Jean-François Lyotard and Jacques Derrida, poststructuralism quickly became fashionable and deconstruction was adopted as a method by architects like Peter Eisenman, Zaha Hadid, Daniel Libeskind and Bernard Tschumi.[9] And then there is Maurice Merleau-Ponty, whose *Phenomenology of Perception* – written already at the end of the Second World War – will later cause a turning point in Steven Holl's oeuvre, from 'typology to topology', starting a phenomenological movement in architecture.[10] It is remarkable that French philosophers in particular have influenced the architectural discourse. Architects regularly refer to Henri Lefebvre, claiming a 'right to the city'; Michel Foucault and his notion of 'heterotopia'; Jean Baudrillard's critique of contemporary 'hyper-reality'; Georges Bataille's analysis of violence and erotism; Gilles Deleuze and his understanding of the temporal space of the digital age, and so on.

The popularity of these philosophers soared in the 1980s and early 1990s, just as digital communication and new media started to enter the profession of architecture. Referring to architecture as text, as a language that could – and should – be deconstructed, seemed intriguing at first, but in reality often proved pointless. Although the philosophical theories that were applied to architecture used many spatial references and metaphors, they rarely related to the material reality of

7
Martin Heidegger, 'Building Dwelling Thinking', in: Martin Heidegger, *Poetry, Language, Thought* (New York: Harper & Row, 2001); Christian Norberg-Schulz, *Genius Loci: Towards a Phenomenology of Architecture* (London: Academy Editions, 1980).

8
Charles Jencks and George Baird (eds.), *Meaning in Architecture* (London: Barrie & Rockliff/ The Cresset Press, 1969).

9
See for instance: Mark Wigley, *The Architecture of Deconstruction: Derrida's Haunt* (Cambridge, MA/ London: MIT Press, 1993).

10
Maurice Merleau-Ponty, *Phénoménologie de la Perception* (Paris: Éditions Gallimard, 1945), English translation: Maurice Merleau-Ponty, *Phenomenology of Perception* (London: Routledge, 1962); Steven Holl, *Experiments in Porosity: The 2005 Martell Lecture* (Buffalo: School of Architecture and Planning, University of Buffalo, 2005), 9. See also: Steven Holl, Juhani Pallasmaa and Alberto Pérez-Gómez, *Questions of Perception: Phenomenology of Architecture* (San Francisco/Tokyo: William Stout Publishers/A+U, 2006).

Table setting: 'Chambres d'amis', Ghent 1986/ Tafelschikking, 'Chambres d'amis', Gent, 1986

uitdaging ziet, voorbij de esthetische ervaring.[6] Na de Tweede Wereldoorlog groeit de aandacht voor architectuur vanuit de filosofie, een aandacht die meteen beantwoord wordt door een groeiende interesse van architecten in het vakgebied van de filosofie. Zonder volledig te willen zijn: Martin Heidegger verklaart aan het begin van de jaren 1950 de moderne tijd en vooral de moderne architectuur onbewoonbaar, waarna Christian Norberg-Schulz een poging doet het 'wonen' weer aan de (onder)grond te verbinden.[7] Charles Jencks en George Baird introduceren aan het einde van de jaren 1960 ideeën uit de taalfilosofie van Ferdinand de Saussure in hun boek *Meaning in Architecture*.[8] Ze staan daarmee aan het begin van de structuralistische stroming in de architectuur, die onder andere door Aldo van Eyck en Herman Hertzberger omarmd werd. Met het idee dat architectuur ook gelezen kan worden als 'taal', wordt ze vatbaar voor de postmoderne taalkritiek: via Jean-François Lyotard en Jacques Derrida wordt het poststructuralisme en deconstructivisme als methode omarmd door architecten als Peter Eisenman, Zaha Hadid, Daniel Libeskind en Bernard Tschumi.[9] Dan is er Maurice Merleau-Ponty, die al aan het einde van de Tweede Wereldoorlog een 'fenomenologie van de waarneming' schrijft, en daarmee decennia later een keerpunt in het oeuvre van Steven Holl teweegbrengt, van 'typologie naar topologie', het begin van een fenomenologische stroming in de architectuur.[10] Wat opvalt is dat vooral Franse filosofen voet aan de grond hebben gekregen in het architectuurdiscours. Architecten verwijzen veelvuldig naar Henri Lefebvre, die het 'recht op de stad' bepleit; Michel Foucault en zijn definitie van 'heterotopie'; Jean Baudrillard en zijn kritiek op de hedendaagse 'hyperrealiteit'; Georges Bataille en zijn analyse van geweld en erotiek; Gilles Deleuze en zijn lezing van de temporele ruimte van het digitale tijdperk, enzovoort.

Met name deze laatstgenoemde filosofen waren populair in de jaren 1980 en begin jaren 1990, op het moment dat nieuwe digitale technieken en communicatiemiddelen hun invloed deden gelden op de architectuurpraktijk. De verwijzing naar architectuur als tekst, als een taal die kon en moest worden gedeconstrueerd, leek intrigerend, maar bleek achteraf vaak zinloos. De filosofische gedachten die op de architectuur werden toegepast, vaak vanwege de ruimtelijke verwijzingen in de filosofische teksten zelf,

6
Zie: Colin St John Wilson, *Architectural Reflections: Studies in Philosophy and Practice of Architecture* (Oxford: Butterworth Architecture, 1992), 54-65.

7
Martin Heidegger, *Over denken, bouwen, wonen. Vier essays* (Nijmegen: Uitgeverij SUN, 1991); Christian Norberg-Schulz, *Genius Loci: Towards a Phenomenology of Architecture* (Londen: Academy Editions, 1980).

8
Charles Jencks en George Baird (red.), *Meaning in Architecture* (Londen: Barrie & Rockliff/The Cresset Press, 1969).

9
Zie bijvoorbeeld: Mark Wigley, *The Architecture of Deconstruction: Derrida's Haunt* (Cambridge, MA/Londen: MIT Press, 1993).

10
Maurice Merleau-Ponty, *Phénoménologie de la Perception* (Parijs: Éditions Gallimard, 1945), Nederlandse vertaling: Maurice Merleau-Ponty, *Fenomenologie van de waarneming* (Amsterdam: Uitgeverij Boom, 2009); Steven Holl, *Experiments in Porosity: The 2005 Martell Lecture* (Buffalo: School of Architecture and Planning, University of Buffalo, 2005), 9. Zie ook: Steven Holl, Juhani Pallasmaa en Alberto Pérez-Gómez, *Questions of Perception: Phenomenology of Architecture* (San Francisco/Tokio: William Stout Publishers/A+U, 2006).

buildings or to the social constructions that architecture (re)produced. In other words: architecture theory's semiotic turn did not do justice to the materiality and socioeconomic reality of architectural practice.[11] Buildings are, after all, not just the carriers of symbolic meanings: they are also physical objects, situated in specific contexts. The application of these complicated philosophical, cultural and theoretical constructions in architecture was not just decorative, but also provided a quasi-legitimation for upcoming 'starchitecture'. In the early 2000s, architects who wanted to focus on architecture's practical, disciplinary knowledge discarded the application of philosophy and cultural theory. Instead, they stressed the autonomy of architecture as a discipline: back to the basics, to the intrinsic quality of the 'everyday' – pragmatism instead of deconstruction. The pragmatist attitude caught on: slowly but steadily, architecture practice and theory drifted apart.

Some two decades later it is clear that *back to basics*, too, has reached its limits. A purely self-referential architecture loses its relation to the social, political and cultural context it is embedded in. It loses the capacity for thinking about architecture in relation to politics and society. It thus comes with the loss of an external 'frame of reference'. In the context of broader debates concerning democratic processes and the *commons*, architects' dismissive attitude towards philosophy therefore seems a hindrance to actively participate in these debates. It leads them to forget about the influence of their work on the world in common. Architecture is not autonomous: it builds that common world. Architects must therefore take their responsibility as the public intellectuals they are, and reflect on the role of architecture in relation to civil society.[12] In the urgent, contemporary discussions around social and cultural sustainability; climate change; social, economic and spatial inequalities; diversity (or the lack of it); ideas on social resilience, authorship and ownership – which each share spatial components and touch upon the (development of) the built or unbuilt environment – the role of architecture remains practically invisible. These are difficult discourses for architects, given that other disciplines already claim their expertise in these fields, often positioning

11
See for instance: Deborah Hauptmann and Andrej Radman, 'Asignifying Semiotics as Proto-Theory of Singularity: Drawing Is Not Writing and Architecture Does Not Speak', *Footprint* 14 (2014), 1-12.

12
Mark Wigley has defined the architect as 'public intellectual': 'The architect is a certain kind of communicator, a certain kind of *public intellectual* . . . the role of the architect is not to make buildings, but to *make discourse about buildings*, and to make buildings as a form of discourse, and this is the most fascinating form of *social commitment*.' This quote is derived from: Paul Jones, *The Sociology of Architecture: Constructing Identities* (Liverpool: Liverpool University Press, 2011), 27. We also can argue that the public discourse on architecture is not limited to buildings, but that it is concerned about (living) spaces (in the most broad sense of the term), and everything that relates to that.

Table setting/ tafelschikking: Marina Abramović, *The Artist Is Present*, Museum of Modern Art, New York, 2010

waren zelden verbonden met de materiële realiteit van gebouwen of met de sociale constructies die door architectuur worden geproduceerd. Met andere woorden: de semiotische wending in de architectuurtheorie deed geen recht aan de materialiteit en de sociaal-economische realiteit van de architectuurpraktijk.[11] Gebouwen zijn immers niet alleen dragers van symbolische betekenissen, het zijn ook fysieke objecten in een specifieke context. De toepassing van ingewikkelde filosofische (en cultuur-theoretische) constructies werd niet alleen decoratief, maar vormde ook een quasi-legitimatie van de opkomende *starchitecture*. Architecten die zich aan het begin van de jaren 2000 wilden richten op de (praktische) kennis uit hun eigen discipline, wezen daarom de toepassing van de filosofie en cultuurtheorie af. In plaats daarvan werd architectuur als autonome discipline benadrukt: terug naar de basis en de intrinsieke kwaliteiten van het 'alledaagse' – pragmatisme in plaats van deconstructie. Deze *back to basics*-logica sloeg aan, en zo dreven architectuurpraktijk en architectuurtheorie langzaam uit elkaar.

Ruim twee decennia later is duidelijk dat ook een *back to basics* grenzen kent. Wanneer architectuur slechts naar zichzelf verwijst, verliest ze de relatie met de sociale, politieke en culturele context. Het architectonisch denken in verhouding tot politiek, sociaal en cultureel denken raakt onderontwikkeld en dit leidt tot verlies van een extern referentiekader. Tegen de achtergrond van bredere debatten over de aard van democratische besluitvorming of over *commons*, lijkt de afwijzing van filosofie door architecten die hun discipline serieus nemen, daarom een belemmering om actief deel te nemen aan het maatschappelijk debat. Daarmee vergeten architecten dat hun werk invloed heeft op de gemeenschappelijke wereld. Architectuur is er niet voor zichzelf, maar bouwt aan die gemeenschappelijke wereld. Architecten moeten daarom als publieke intellectuelen hun verantwoordelijkheid nemen, met name bij reflecties op de rol van architectuur ten opzichte van het maatschappelijk middenveld.[12] In hedendaagse discussies over sociale en culturele duurzaamheid; klimatologische veranderingen; sociale, economische en ruimtelijke ongelijkheid; diversiteit (of het gebrek daaraan); ideeën over sociale veerkracht, auteurschap en eigendom – allemaal discussies die raken aan de ruimte, de (ontwikkeling van de) gebouwde en ongebouwde omgeving – blijft de rol van architectuur vandaag de dag nagenoeg onzichtbaar. Het zijn moeilijke termen voor architecten, aangezien ze zijn gekaapt door andere wetenschappelijke disciplines die zich vaak positioneren tegenover architectuur. Ze benadrukken hun eigen historische expertise, terwijl architectuur gereduceerd wordt tot 'esthetiek'. Alleen al daarom is het noodzakelijk om een aantal van deze ideeën terug te winnen voor de architectuur en voor architecten, om te laten zien dat het vak meer inhoudt dan schoonheid, om te demonstreren hoe belangrijk het architectonisch denken is, juist in relatie tot deze essentiële maatschappelijke dossiers. Wat deze onderneming des te urgenter maakt, is dat het in het hedendaagse Europese architectuurdiscours nauwelijks nog vanzelfsprekend is dat architecten een positie innemen in maatschappelijke discussies. Alhoewel er in de afgelopen 30 jaar vooral door feministische architectuurdenkers veel geschreven is over de relatie tussen politiek en architectuur, blijft die band in de praktijk beperkt tot de marges van het vakgebied.[13] Juist met behulp van filosofie kunnen architecten verantwoordelijkheid nemen voor de rol van architectuur in de hedendaagse maatschappij, en bovendien duidelijk maken hoe architectuur een eigen expertise te bieden heeft ten aanzien van de hedendaagse thema's. In *OASE* 15 (1987) schrijft filosoof Eric Bolle dat architectuur en filosofie elkaar kunnen vinden 'op het grensvlak tussen macht en verlangen'. Maar waar de filosoof vragen onbeantwoord kan laten, moet 'de architect een daad (...) stellen,' vervolgt Bolle. 'Zo hij al niet moet bouwen, dan moet hij toch wel ontwerpen.'[14] Deze toevoeging is belangrijk, vooral in relatie tot maatschappelijke discussies. Architectuur houdt zich niet afzijdig in haar analyses, maar beschikt over een extra instrumentarium: ontwerp en verbeelding.

Het verlies van extern referentiekader in het architectuurdiscours is de reden om in deze *OASE* een filosofisch perspectief als uitgangspunt te nemen. Dit mag ongebruikelijk lijken, gezien het heersende pragmatisme in de architectuurpraktijk. Bovendien lijkt binnen het oeuvre van Arendt 'architectuur' een blinde vlek. Ze heeft nauwelijks

11
Zie bijvoorbeeld: Deborah Hauptmann en Andrej Radman, 'Asignifying Semiotics as Proto-Theory of Singularity: Drawing Is Not Writing and Architecture Does Not Speak', *Footprint* 14 (2014), 1-12.

12
Mark Wigley definieerde de architect als een 'publieke intellectueel': 'The architect is a certain kind of communicator, a certain kind of *public intellectual* (...) the role of the architect is not to make buildings, but to *make discourse about buildings*, and to make buildings as a form of discourse, and this is the most fascinating form of *social commitment*.' Wigley's citaat staat in: Paul Jones, *The Sociology of Architecture: Constructing Identities* (Liverpool: Liverpool University Press, 2011), 27. We kunnen stellen dat het openbare discours over architectuur niet alleen gebouwen betreft, maar ook (leef) ruimten in de breedste zin van het woord, en alles wat daarmee samenhangt.

13
Zie bijvoorbeeld: Giovanni Borasi, *The Other Architect* (Leipzig/Montréal: Spectormag/Canadian Centre for Architecture, 2005); Peter Blundell Jones, Diona Petrescu en Jeremy Till (red.), *Architecture and Participation* (Londen/New York: Spon Press, 2005); Peg Rawes, *Relational Architectural Ecologies* (New York: Routledge, 2013); Jane Rendell, Barbera Penner en Iain Borden, *Gender Space Architecture: An Interdisciplinary Introduction* (Londen: Routledge, 2000); Diona Petrescu en Kim Trogal, *The Social (Re)Production of Architecture: Politics, Economies and Actions in Contemporary Practice* (Londen/New York: Routledge, 2017); Beatriz Colomina, *Sexuality and Space* (Princeton: Princeton University Press, 1992); Helene Frichot, *How to Make Yourself a Feminist Design Power Tool* (Baunach: Spurbuchverlag, 2016).

14
Eric Bolle, 'Wat hebben architectuur en filosofie met elkaar te maken?', *OASE* 15 (1987), 26

themselves in opposition to architecture. They emphasise their historical expertise, while architecture gets reduced to 'aesthetics'. This alone should be reason enough for architects to reclaim these discourses: to show that architecture is concerned with more than beauty, to show how relevant architectural thinking is, especially in relation to these crucial societal matters. This project is even more urgent as it is, in the contemporary European architectural discourse, no longer obvious for architects to take a stance in public debates. Although feminist architecture thinkers have discussed the relation between politics and architecture extensively over the last 30 years, these reflections remain confined to the margins of the field.[13] Philosophy is particularly well-suited to help architects take responsibility for the role of architecture in contemporary society while showing the distinct expertise that architecture has to offer regarding these contemporary themes. Philosopher Eric Bolle writes in *OASE* 15 (1987) that architecture and philosophy can find each other 'on the junction of power and desire'. But where philosophers can leave their questions unanswered, 'the architect needs to act,' he continues. 'Even if he does not build, he needs to design.'[14] This is a crucial addition, especially in relation to contemporary societal debates. Architectural analyses do not take a neutral stance, but can apply an extra set of instruments: design and imagination.

The loss of an external frame of reference in the architecture discourse causes this *OASE* to start from a philosophical perspective. This might seem unusual, given the pragmatism of contemporary architectural practice, as well as the fact that Arendt pays little attention to 'architecture'. She does not seem to value architecture as a crucial instrument for constructing the 'world'. Conversely, architecture discourse has had little attention for Arendt's work. Aside from George Baird, whom we mentioned before, only Kenneth Frampton has explicitly stated the meaning of Arendt's political thought for his work.[15] Despite Arendt's blind spot for architecture, her philosophical reflections provide a good starting point for a renewed reflection on the discipline. In the introduction of *The Human Condition*, she writes: 'What I propose, therefore, is very simple: it is nothing more than to think what we are doing.'[16] If it does sound simple, for Arendt, it was revolutionary. It meant breaking with the discipline of philosophy, which she saw as too focused on the *vita contemplativa* and too little on the *vita activa* – philosophy overly concerned itself with 'the world of ideas' and had little concern about 'the people and the things of this world revealing themselves'.[17] This is what we argue in this *OASE*, too: architects have to learn to 'think what we are doing' in the context of 'the people and the things of this world'. Especially in these times of political and climatological uproar, architects need to revaluate their work and reflect on their contribution to 'the world'.

Arendt's oeuvre is a well-suited starting point for such reflection. She does not focus on intangible philosophical ideas, but on the 'world and its inhabitants', on the human activities that establish the world (cultivating the land, the production of things), and the activities that enable humans to coexist (political life). Contrary to many other (political) philosophers, she is explicitly concerned with the spatial and material conditions that enable societies to exist, and of which architecture is a vital part. This connection between the 'world' and its 'inhabitants' is crucial. It is not so much about thinking through the relation between 'human' and 'earth', rather, it is about a *plurality* of people and the way in which the world connects these people, while simultaneously enabling plurality. 'Politics', for Arendt, does not primarily relate to parliament and government, to town hall and council, but to 'the coexistence and association of *different* men', both on the level of intangible interaction between human beings (as in the political arena), but also on the level of the tangible (public) artefacts (and institutions) that structure and organise the world and orient the inhabitants.[18] Arendt herself characterises this as 'spatial thought', which makes her work relevant as a framework for a renewed reflection on the public role of architecture.[19] Arendt sees

13
See for instance: Giovanni Borasi, *The Other Architect* (Leipzig/Montréal: Spectormag/Canadian Centre for Architecture, 2005); Peter Blundell Jones, Diona Petrescu and Jeremy Till (eds.), *Architecture and Participation* (London/New York: Spon Press, 2005); Peg Rawes, *Relational Architectural Ecologies* (New York: Routledge, 2013); Jane Rendell, Barbera Penner and Iain Borden, *Gender Space Architecture: An Interdisciplinary Introduction* (London: Routledge, 2000); Diona Petrescu and Kim Trogal, *The Social (Re)Production of Architecture: Politics, Economies and Actions in Contemporary Practice* (London/New York: Routledge, 2017); Beatriz Colomina, *Sexuality and Space* (Princeton: Princeton University Press, 1992); Helene Frichot, *How to Make Yourself a Feminist Design Power Tool* (Baunach: Spurbuchverlag, 2016).

14
Eric Bolle, 'Wat hebben architectuur en filosofie met elkaar te maken?', *OASE* 15 (1987), 26. This *OASE* was published in Dutch only.

15
See for instance the interview with Kenneth Frampton in *OASE* 103: Tom Avermaete et al., 'A Conversation with Kenneth Frampton, New York, 6 April 2018', in: Tom Avermaete et al. (eds.), *Critical Regionalism Revisited*, *OASE* 103 (2019), 144; Kenneth Frampton, 'The Status of Man and the Status of his Objects: A Reading of The Human Condition', in: Melvyn A. Hill (ed.), *Hannah Arendt: The Recovery of the Public World* (New York: St. Martin's Press, 1979); George Baird, *The Space of Appearance* (Cambridge, MA: MIT Press, 1995); George Baird, *Public Space: Cultural/Political Theory: Street Photography: An Interpretation by George Baird* (Amsterdam: SUN Publishers, 2011).

16
Arendt, *The Human Condition*, 5, op. cit. (note 2).

17
See: Elisabeth Young-Bruehl, *Why Arendt Matters* (New Haven/London: Yale University Press, 2006), 82.

18
Hannah Arendt, 'Introduction into Politics', in: Jerome Kohn (ed. and Foreword), *Hannah Arendt: The Promise of Politics* (New York: Schocken Books, 2005), 93.

19
Hannah Arendt, 'Karl Jaspers: A Laudatio', in: Hannah Arendt, *Men in Dark Times* (San Diego/New York/London: Harcourt Brace & Company, 1995 [1968]), 79.

oog voor architectuur als essentieel instrument dat de 'wereld' construeert. Omgekeerd heeft haar werk in het architectuurdiscours nauwelijks aandacht getrokken. Alleen Kenneth Frampton en de eerder vermelde George Baird hebben expliciet aangegeven dat het politieke denken van Arendt voor hen van betekenis is geweest.[15] Ondanks Arendt's blinde vlek voor architectuur, biedt juist haar filosofische onderneming een goed uitgangspunt voor een hernieuwde reflectie op het vak. In de introductie van het genoemde boek *The Human Condition* schrijft ze: 'Wat ik beoog, is derhalve heel eenvoudig: het pretendeert niet meer te zijn dan nadenken over wat wij doen.'[16] Dat klinkt inderdaad eenvoudig, maar voor Arendt was het revolutionair. Het betekent zoveel als een breuk met haar eigen vakgebied van de filosofie, dat in haar ogen te gefocust was op de *vita contemplativa* en te weinig op de *vita activa* – filosofie ging te veel op in 'de wereld van de ideeën' en trok zich te weinig aan van 'de mensen en de zich aandienende dingen van deze wereld'.[17] In deze *OASE* beogen we precies dat: ook architecten moeten in staat zijn om, net als Arendt, 'te denken over wat we doen' in de context van 'de wereld en haar wederwaardigheden'. Zeker in de huidige tijd van politieke en klimatologische onrust moeten architecten hun werk op waarde weten te schatten en bedenken wat zij aan 'de wereld' kunnen bijdragen.

Arendt's oeuvre biedt voor een dergelijke reflectie een goed vertrekpunt. Zij concentreert zich niet op onaantastbare filosofische ideeën, maar juist op het actieve leven van mensen waarmee die wereld tot stand komt (het bewerken van de aarde, de productie van dingen), en de menselijke activiteiten die het samenleven mogelijk maken (het politieke leven). Anders dan bij veel andere (politiek) filosofen, gaat haar werk expliciet over de ruimtelijke en materiële wereld die een samenleving mogelijk maakt, en waarvan de architectuur onmiskenbaar een onderdeel is. Juist dit verband tussen 'wereld' en 'inwoners' is cruciaal. Het gaat in haar visie niet zozeer om de verbintenis tussen 'mens' en 'aarde', maar om de *diversiteit* van mensen en de manier waarop de wereld die mensen samenbrengt en tegelijkertijd diversiteit in stand houdt. Het is dit verschil tussen mensen onderling, dat 'politiek' noodzakelijk maakt. Met 'politiek' bedoelt Arendt niet allereerst de samenstelling van het parlement en de regering, het stadhuis en het bestuur, maar het 'samenleven en samenwerken van *verschillende* mensen', zowel op het niveau van de ongrijpbare interactie tussen mensen (zoals in het politieke bedrijf), als verbonden met tastbare (publieke) artefacten (en instellingen) die de wereld structureren en organiseren, en haar bewoners richting bieden.[18] Dat laatste heeft Arendt zelf getypeerd als 'ruimtelijk denken', wat haar werk relevant maakt als kader voor een hernieuwde reflectie op de publieke rol van architectuur.[19] Arendt ziet in (ruimtelijke en tastbare) artefacten essentiële eigenschappen voor het stabiliseren van, en betekenis geven aan, samenlevingen. De permanentie van 'de dingen' om ons heen is volgens Arendt uiterst belangrijk, juist omdat we de wereld gezamenlijk 'bezitten'. Artefacten verbinden ons in ruimte en tijd. Arendt heeft dit perspectief in *The Human Condition* met het fascinerende beeld van een tafel verduidelijkt. 'Het gezamenlijk leven in de wereld,' zo schrijft ze, 'betekent in wezen dat zich tussen hen die haar bewonen een wereld van dingen bevindt, zoals een tafel zich bevindt tussen degenen die eraan hebben plaatsgenomen; als door elk ander intermediair worden mensen door de wereld tegelijkertijd verbonden en gescheiden.'[20]

Het is dit citaat dat de titel leverde voor dit nummer van *OASE*: *Tafelschikkingen*. Het beeld van de tafel biedt tal van aanknopingspunten om na te denken over de materiële kant van de wereld, en daarmee ook over de rol van architectuur als 'constructie van de wereld'. De metafoor van de tafel laat zien hoe verschillende aspecten van 'de wereld van dingen' (hun materiële, economische, sociale en culturele toestand) verweven zijn. Ook al werkt Arendt dit niet verder uit, toch maakt haar metafoor duidelijk hoe het artefact, de tafel, het ontstaan en bestaan van bijeenkomsten (rond de tafel) mogelijk maakt, en bovendien hoe het artefact deze bijeenkomsten beïnvloedt: de vorm en het materiaal van de tafel, de situatie van de tafel in de ruimte, de stoelen en banken eromheen, de tafelschikking, tot dat wat letterlijk en figuurlijk op tafel komt. De tafel en de opstelling ervan vormen niet alleen een decor voor vergadering, maar beïnvloeden

15
Zie bijvoorbeeld het interview met Kenneth Frampton in *OASE* 103: Tom Avermaete et al., 'A Conversation with Kenneth Frampton. New York, 6 April 2018', in: Tom Avermaete et al. (red.), *Critical Regionalism Revisited, OASE* 103 (2019), 144; Kenneth Frampton, 'The Status of Man and the Status of his Objects: A Reading of The Human Condition', in: Melvyn A. Hill (red.), *Hannah Arendt: The Recovery of the Public World* (New York: St . Martin's Press, 1979); George Baird, *The Space of Appearance* (Cambridge, MA: MIT Press, 1995); George Baird, *Public Space: Cultural/Political Theory: Street Photography: An Interpretation by George Baird* (Amsterdam: SUN Publishers, 2011).

16
Arendt, *De menselijke conditie*, 14, op. cit. (noot 2).

17
Zie: Elisabeth Young-Bruehl, *Het belang van Hannah Arendt* (Amsterdam/Antwerpen: Uitgeverij Atlas, 2007), 84.

18
Hannah Arendt, 'Introduction into Politics', in: Jerome Kohn (redactie, samenstelling en voorwoord), *Hannah Arendt: The Promise of Politics* (New York: Schocken Books, 2005), 93.

19
Hannah Arendt, 'Karl Jaspers: A Laudatio', in: Hannah Arendt, *Men in Dark Times* (San Diego/New York/Londen: Harcourt Brace & Company, 1995 [1968]), 79.

20
Arendt, *De menselijke conditie*, 54, op. cit. (noot 2).

(spatial and tangible) artefacts as essential properties for stabilising, and giving meaning to, societies. According to Arendt, the permanence of 'the things' around us is extremely important, precisely because we hold the world in common. Artefacts connect us across time and space. Arendt specifies this view in *The Human Condition* with the fascinating image of the table. 'To live in the world,' she writes, 'means essentially that a world of things is between those who have it in common, as a table is located between those who sit around it; the world, like every in-between, relates and separates men at the same time.'[20]

Table Settings, the title of this *OASE*, is derived from this quotation. The image of the table offers numerous starting points for thinking about the material characteristics of the world, and therefore also about the role of architecture as 'world-construction'. The metaphor of the table shows how different aspects of 'the world of things' (material, economic, social and cultural) are interconnected. Even if Arendt does not elaborate on it, the metaphor moreover makes clear that the artefact – the table – allows the meetings (around the table) to emerge and exist. It also shows how the artefact affects these meetings: the shape and materiality of the table, its orientation in space, the seating around it, the table setting, as well as that which is, both figuratively and literally, brought to the table, all influence the gathering around it. The table and its arrangement not only provide a setting for a meeting, but also influence the atmosphere and expectations of it. Moreover, the table not only has meaning for the community that uses it *now*; it also connects them with meetings in the past and in the future.

Arendt's attention to material reality not only plays a role in *what* she thinks, but especially in *how* she thinks. While she is commonly known as a philosopher, she did not like the term. In a famous television interview with Günter Gaus, she points to the tension between philosophy and politics – 'a tension, that is, between man as a philosophical being and man as an acting being'.[21] Arendt was both: she did not just think, but spoke out and was actively engaged with the public sphere. Most of her texts were written for weekly magazines and newspapers

20
Arendt, *The Human Condition*, 52, op. cit. (note 2).

21
Hannah Arendt, '"What Remains? The Language Remains": A Conversation with Günter Gaus', in: Hannah Arendt, *Essays in Understanding, 1930-1954: Formation, Exile, and Totalitarianism* (edited by Jerome Kohn) (New York: Schocken Books, 1994), 12

Table Setting/ tafelschikking: John Tenniel, 'Alice in Wonderland', 1866

ook de sfeer en de verwachtingen. Bovendien heeft de tafel niet alleen betekenis voor de gemeenschap die er nu gebruik van maakt; ze verbindt deze ook met bijeenkomsten in het verleden én in de toekomst.

Arendt's aandacht voor de materiële werkelijkheid speelt niet alleen een rol in het *wat* van haar denken, maar vooral in *hoe* ze denkt. Terwijl ze over het algemeen gepresenteerd wordt als filosofe, noemde ze zichzelf niet graag zo. In een beroemd televisie-interview met Günter Gaus wijst ze op het spanningsveld tussen filosofie en politiek – 'een spanning namelijk tussen de mens als filosoferend wezen en de mens als handelend wezen'.[21] Arendt was beide: ze denkt niet alleen, maar mengde zich in de publieke ruimte en sprak zich uit. Niet voor niets zijn veel van haar teksten geschreven voor weekbladen en kranten (terwijl ze weinig publiceerde in academische of filosofische vakbladen) en streefde ze geen academische carrière na. Ook al hield ze zelf afstand tot het concrete politieke leven, haar werk is een aansporing om betrokken te zijn bij het publieke leven en bij te dragen aan deze gezamenlijke wereld. Misschien is dat ook Arendt's opdracht aan de architectuur: het bouwen van een gezamenlijke wereld die politiek handelen mogelijk maakt. De fysieke, gebouwde wereld – in tegenstelling tot de natuurlijke aarde – geeft betekenis en duurzaamheid aan gemeenschappen, verbindt mensen van verschillende plekken en generaties, en biedt letterlijk plaats aan collectieve herinneringen.

Met deze *OASE* beogen we zowel een bijdrage te leveren aan het architectuurdiscours, als het denken over Arendt. Het eerste deel contextualiseert het werk van Arendt in relatie tot architectuur, aan de hand van twee langere essays die ingaan op het leven en de politieke filosofie van Arendt. Allereerst onderzoekt hoogleraar in de esthetica, Cecilia Sjöholm, hoe we Arendt kunnen lezen als architectonisch denker door te focussen op haar relatie met de stad. De stad is een politieke, publieke plaats bij uitstek: het is een *space of appearance*, die mensen zichtbaar maakt in al hun pluraliteit en onvoorspelbaarheid. Bij Arendt is dat de essentie van publieke ruimte: een omgeving waar mensen elkaar kunnen tegenkomen.[22] Politicoloog Patchen Markell gaat kritisch in op deze *space*

21
Hannah Arendt, '"Wat er blijft...? De moedertaal..., die blijft...", Een gesprek met Günter Gaus', in: Hannah Arendt, *Het waagstuk van de politiuek. Over politieke leugens en burgerlijke ongehoorzaamheid* (Utrecht: Uitgeverij Klement, 2018), 23.

22
Volgens de filosoof Richard Bernstein is Arendt's definitie van de publieke ruimte haar meest originele bijdrage aan de politieke filosofie. Richard J. Bernstein, *Why Read Hannah Arendt Now* (Cambridge: Polity Books, 2018), 89.

(while she rarely published in academic or philosophical journals) and she did not pursue an academic career. Even though she rejected involvement in actual politics, her work urges us be engaged in public life and contribute to the world in common. Perhaps that, too, is Arendt's prompt for architecture: building a common world that enables political action. The physical, built world – in contrast to the natural earth – provides meaning and durability for communities, it connects people across places and generations, and grounds collective memories.

With this *OASE* we aim to contribute to both architecture discourse, and to theory on Arendt. The first part contextualises Arendt's work in relation to architecture, with two longer essays that engage with Arendt's life and political philosophy. In the first essay, professor in aesthetics Cecilia Sjöholm explores how we can read Arendt as an architectural thinker by focusing on her relation to the city. The city is a political, public place *par excellence*: it is a *space of appearance*, that allows people to appear in all their plurality and unpredictability. For Arendt, this is the essence of public space: an environment where people can meet each other.[22] Political theorist Patchen Markell critically engages with this *space of appearance*, analysing the structures and systems that restrict public space. Building on Frampton, he proposes a 'tectonic' approach, which creates space without disguising the structures and systems underlying it.

In the second part of this issue of *OASE* we give the word to architects. They reflect on their own work, relating it to (citations from) Arendt's thought. The contributions by architects George Baird, Jeffrey Bolhuis & Tara Kennedy, Mary Duggan, Anne Geenen, and Ard de Vries & Donna van Milligen Bielke, as well as the double interview with Patrick Bouchain & Nicola Delon, all concern in some way the building of public space, of a common world, and the role of things and places regarding the durability of societies. Some of these texts analyse how architectural or urban plans make it possible to 'appear' in public; others engage with the materiality of making, and explore the role of artefacts in the design process, or in the 'cultural archive' embodied in specific building traditions.

22
According to philosopher Richard Bernstein, Arendt's definition of public space is her most original contribution to political philosophy. Richard J. Bernstein, *Why Read Hannah Arendt Now* (Cambridge: Polity Books, 2018), 89.

Table setting/ tafelschikking: Maison van Doesburg, 2016

of appearance, en onderzoekt de structuren en systemen die de publieke ruimte inperken. Met Frampton stelt hij daarvoor in de plaats een 'tektonische' benadering, die ruimte schept zonder haar onderliggende structuren en systemen te verhullen.

In het tweede deel van dit nummer van *OASE* krijgen architecten het woord. Ze reflecteren op hun eigen werk, in reactie op (citaten uit het oeuvre van) Arendt. De bijdragen van de architecten George Baird, Jeffrey Bolhuis & Tara Kennedy, Mary Duggan, Anne Geenen en Ard de Vries & Donna van Milligen Bielke, evenals het dubbelinterview met Patrick Bouchain en Nicola Delon gaan in zekere zin over het bouwen van de publieke ruimte, van een gezamenlijke wereld, en over de rol die dingen en plekken hebben voor de bestendigheid van samenlevingen. Een deel van deze teksten analyseert hoe architectonische of stedenbouwkundige voorstellen publiek 'verschijnen' mogelijk maken; andere teksten gaan meer in op de materialiteit van het maken, en onderzoeken de rol van artefacten in het ontwerpproces of het 'cultureel archief' dat besloten ligt in specifieke bouwtradities.

In *The Human Condition* verbindt Arendt niet alleen *poiēsis* (wat zij 'werk' noemt) met *praxis* (in Arendt's terminologie: 'handelen en spreken'), maar maakt ze ook onderscheid tussen deze twee en een derde categorie van menselijke activiteit: arbeid, dat cyclisch is en gericht op de menselijke basisbehoeften en instandhouding van het leven. Ze onderscheidt dus drie vormen van menselijke activiteit. Waar 'arbeid' cyclisch is, creëert 'werk' duurzame toevoegingen aan de wereld, terwijl 'handelen en spreken' eigen zijn aan het politieke leven.[23] Arendt's onderscheid tussen deze drie vormen van menselijke activiteit is niet onomstreden. Toch bieden ze een productief kader om de invloed van bijvoorbeeld economisch en instrumenteel denken (wat volgens Arendt bij de categorie 'arbeid' hoort) op architectuur te bekritiseren. Dat is wat architect en onderzoeker Hannah Knoop doet in een hernieuwde lezing van Kenneth Frampton's tekst over Arendt. Tegelijkertijd is er zeker vanuit een architectuurperspectief veel aan te merken op een al te strikt hanteren van het onderscheid tussen arbeid en werk. Pier Vittorio Aureli pleit er in zijn bijdrage voor om het onderscheid tussen 'architect' en 'bouwers' zo klein mogelijk te maken. Zo herwaardeert hij de rol van 'arbeid' in de architectuur. Ten slotte bekritiseert Ken De Cooman Arendt's onderscheid tussen arbeid, werk en handelen, en beargumenteert hij aan de hand van de architectuurpraktijk van BC architects/materials dat handelen niet alleen plaatsvindt door gezamenlijk te spreken, maar ook door samen dingen te maken.

We beginnen dit nummer met een selectie van citaten uit het werk van Arendt waarin we 'een gemeenschappelijkheid' vermoeden met de architectuur. We hebben de citaten zo gegroepeerd, dat deze 'gemeenschappelijkheid' duidelijk wordt aan de hand van vier thema's: pluraliteit, de grens tussen publiek en privé, cultuur en duurzaamheid, en (politiek) handelen. We openen het nummer dus met de stem van Arendt zelf. Het is duidelijk dat dergelijke citaten uit het oeuvre van een denker niet 1 op 1 kunnen worden overgezet in architectonische vormen, typen, structuren en composities. De relatie tussen dergelijke reflecties en het projectieve architectonisch denken kan slechts impliciet zijn – zoals ook duidelijk is in de teksten uit het tweede deel van deze *OASE*. Arendt's denken is eerder een horizon voor de ontwikkeling van een houding en een spiegel om in te reflecteren, dan een agenda om uit te voeren. Zo hopen we dat ook dit nummer werkt: als een aansporing aan architecten om te beseffen 'wat we doen', en als een hint voor filosofen om architectuur te zien als meer dan een esthetiek van de gebouwde omgeving: als discipline die de 'wereld' construeert.

23
Arendt, *De menselijke conditie*, 15-16, op. cit. (noot 2).

In *The Human Condition*, Arendt does not just connect *poiēsis* (which she calls 'work') with *praxis* (in Arendt's terms 'action and speech'), she also differentiates these from a third category: labour, the cyclical human activity focused on the vital necessities of human life and the preservation of life itself. She thus distinguishes three forms of human activity. While 'labour' is cyclical, 'work' builds a durable human world, 'action' belongs to political life.[23] Arendt's categorisation of these three forms of human activity is not uncontested. Nevertheless, it provides a productive lens to, for example, examine and criticise the influence of economic and instrumentalist thinking (which, to Arendt, belongs in the category of 'labour') on architecture. This is what architect and researcher Hannah Knoop does in a renewed reading of Kenneth Frampton's main text on Arendt. At the same time, the all-too-stark distinction between labour and work can also be criticised from an architect's point of view. The contribution by Pier Vittorio Aureli pleas for a revaluation of the distinction between 'architect' and 'constructor', and therewith aims to value the role of 'labour' in architecture. Ken de Cooman, then, criticises the distinction between labour, work and action, and argues – based on the practice of BC architects/materials – that action does not just happen through speech, but also through cooperatively making things together.

We open this issue with Arendt's own voice: a selection of quotes from her writing in which we suspect a 'hint of commonality' with architecture. We ordered these citations so that this 'commonality' appears in four themes: plurality, the separation between public and private, culture and durability, and (political) action. It should be clear that citations from any philosopher's oeuvre cannot be applied directly to architectural forms, types, structures and compositions. The relation between such reflections and projective architectural thinking can only be implicit – as is clear in the texts of the second part of this *OASE*. Arendt's thinking is not an agenda to implement. Rather, it provides a horizon for developing an attitude, a mirror to reflect in. We hope that this issue will work in the same way: as an incentive for architects to think through 'what we do', as an incentive for philosophers to see architecture as more than the aesthetics of the built environment, as a discipline of 'world-construction'.

Translation: Catherine Koekoek

23
Arendt, *The Human Condition*, 7, op. cit. (note 2).

Vier thema's voor architectuur in het werk van Hannah Arendt

Hans Teerds, Christoph Grafe, Catherine Koekoek

Hannah Arendt is een van de weinige filosofen, schrijft de Canadese architect en denker George Baird in zijn boek *The Space of Appearance*, die 'de dingen van de wereld' meeneemt in haar politieke filosofie.[1] Arendt is voor Baird sinds de jaren 1960 een bron van inspiratie. Datzelfde geldt voor de Amerikaans-Britse architectuurhistoricus Kenneth Frampton – zowel Baird als Frampton werkte in de jaren 1960 in Londen en ze beschrijven hoe ze voor het eerst met Arendt's boek *The Human Condition* in aanraking kwamen via hun collega-architect Sam Stevens.[2] Naast deze twee prominente denkers heeft Arendt geen significante voet aan de grond gekregen in het architectuurveld.[3] Het zou kunnen zijn dat dit komt omdat Arendt op haar beurt niet echt geïnteresseerd lijkt in architectuur. Ze schreef over de samenleving, over kunst en cultuur, maar heeft zich nooit expliciet gericht op architectuur, gebouwen, of de stedelijke conditie.[4] Desondanks biedt de relatie die Arendt legt tussen het domein van de politiek en de 'dingen van de wereld', zoals Baird schrijft, een waardevol kader om de politieke en culturele aspecten van architectuur te begrijpen. Publieke gebouwen, net als straten, pleinen, bruggen, winkelcentra, enzovoort, kunnen beschreven worden als 'publieke dingen'. Zoals de Amerikaanse politiek filosoof Bonnie Honig recent schreef: 'Publieke dingen vormen de infrastructuur van het democratisch leven (…) ze garanderen de tekens en symbolen van democratische eenheid, die, tot nu toe, nog bestaan.'[5]

De gebouwde omgeving bestaat uit deze 'publieke dingen', die Honig beschrijft als de 'noodzakelijke, zo niet voldoende' voorwaarde voor democratie, en die 'de basis van een bloeiende democratie' vormen.[6] Volgens Arendt is de publieke wereld altijd een 'wereld van dingen' die zich bevindt tussen haar bewoners, 'zoals een tafel zich bevindt tussen degenen die er aan hebben plaatsgenomen; als door elk ander intermediair worden mensen door de wereld tegelijkertijd verbonden en gescheiden'.[7] Omdat iedereen een eigen plek heeft rond de tafel, dragen ze vanuit verschillende standpunten bij aan het tafelgesprek. De tafel maakt de veelheid aan perspectieven zichtbaar – een pluraliteit die, volgens Arendt, een essentiële voorwaarde is voor het politieke domein. Maar de tafel is ook een object, dat door degenen die eromheen zitten gedeeld wordt. De fysieke wereld van dingen verbindt de verschillende perspectieven in tijd en ruimte met elkaar, en zorgt voor bestendigheid in de veranderlijkheid van de menselijke conditie.

Arendt onderzoekt niet alleen de rol van deze publieke wereld – de metaforische tafel als 'ruimte van verschijning' – in het mogelijk maken van openbaar leven.[8] Ze onderscheidt ook verschillende vormen van menselijke activiteit – arbeid, werk en handelen – die de wereld vormen en zich erin afspelen. Arbeid gaat over de activiteiten die noodzakelijk zijn om op aarde te overleven, werk vestigt en bouwt aan een duurzame 'wereld van dingen', en handelen (inclusief spreken) is de activiteit van het politieke leven.[9] Arendt's scherpe onderscheid is omstreden, maar biedt toch een effectief vocabulaire om de invloed van de zichzelf in stand houdende, economische logica (geassocieerd met arbeid) op het produceren van voorwerpen te analyseren. Deze logica ondermijnt volgens Arendt de bestendigheid van de fysieke wereld. Op dezelfde manier kan de instrumentele logica, die Arendt associeert met vakmanschap (werk), de pluraliteit en onvoorspelbare vrijheid van het handelen in gevaar brengen.

1
George Baird, *The Space of Appearance* (Cambridge, MA: MIT Press, 1995), 21.

2
In zijn bijdrage aan deze *OASE* herinnert George Baird zich dat Kenneth Frampton hem aan dit gegeven herinnerde. Zie ook de eerste alinea's van de bijdrage van Patchen Markell, die refereert aan een interview met Frampton, waarin hij vertelt hoe hij *The Human Condition* las tijdens zijn eerste reis naar en door de Verenigde Staten, en hoe het boek voor hem een sleutel vormde om de Verenigde Staten te begrijpen.

3
Naast deze vroege interesse van Baird en Frampton in het werk van Arendt is er de laatste twee decennia een groeiende aandacht binnen het veld van architectuur voor haar werk, zoals te zien in bijv. het werk van: Kari Juhani Jormakka, 'Hannah and Her Sisters', *Thesis, Wissenschsaftliche Zeitschrift der Bauhaus-Universität Weimar* (najaar 2003); Pier Vittorio Aureli, *The Possibility of an Absolute Architecture* (Cambridge, MA: MIT Press, 2011); Paul Holmquist, 'Towards an Ethical Technique: Reframing Architecture's "Critical Call" through Hannah Arendt', *The Plan Journal* 1/1 (2016), 19; Lieven De Cauter en Michiel Dehaene, 'The Space of Play: Towards a General Theory of Heterotopia', in: Michiel Dehaene en De Lieven De Cauter, *Heterotopia and the City: Public Space in a Post-Civil Society* (Londen/New York: Routledge, 2008); Hans Teerds, *At Home in the World: Architecture, the Public, and the Writings of Hannah Arendt* (Delft: TU Delft, 2017).

4
Een goede introductie in het werk en leven van Arendt vormt de biografie van: Elisabeth Young-Bruehl, *Hannah Arendt: Een biografie* (Amsterdam: Olympus, 2007).

5
Bonnie Honig, *Public Things: Democracy in Disrepair* (New York: Fordham University Press, 2017), 17.

6
Ibid., 25.

7
Hannah Arendt, *De menselijke conditie* (Amsterdam: Uitgeverij Boom, 2009 [1958]), 54.

8
Wij kiezen hier voor de vertaling van Arendt's begrip *the space of appearance* als 'de ruimte van verschijning'. In de Nederlandse vertaling *De menselijke conditie* wordt dit begrip door C. Houwaard vertaald als 'ontmoetingsplaats'. Zoals bijvoorbeeld blijkt uit de bijdrage van Patchen Markell aan deze *OASE*, maar ook uit Arendt's eigen Duitse vertaling van *The Human Condition*
> p. 16

Four Themes for Architecture in The Writings of Hannah Arendt

Hans Teerds, Christoph Grafe, Catherine Koekoek

Hannah Arendt is one of the very few philosophers, as Canadian architect and theoretician George Baird states in his book *the Space of Appearance*, to include 'the things of the world' in her political philosophy.[1] Arendt has been a source of inspiration for Baird since the 1960s. The same counts for American-British architecture historian Kenneth Frampton – both Baird and Frampton were working in London at the time and recall being introduced to Arendt's 1958 book *The Human Condition* by their colleague, architect Sam Stevens.[2] Besides these two prominent scholars, Arendt did not attract a substantial referential position within the field of architecture.[3] This may reflect an absence of interest in architecture on her part. She wrote about politics and society, about art and culture, but never explicitly addressed architecture, buildings or urban conditions.[4] Nevertheless, Arendt's immediate link between the realm of politics and the 'things of the world', as Baird states, seems to offer a valuable framework to understand political and cultural aspects of architecture. Public buildings, but also streets, squares, bridges, walls, rooms, kitchens, shopping centres and so on and so forth, can be described as 'public things'. As American political philosopher Bonnie Honig recently noted: 'Public things are the infrastructure of democratic life . . . they underwrite the signs and symbols of democratic unity, that, for the moment, still survive.'[5]

The built environment is made up of these 'public things', which Honig describes as a 'necessary if not sufficient' condition of democracy, constituting 'the basis of democratic flourishing'.[6] For Arendt, too, the public world is always a 'world of things', held in common among human beings, 'as a table is located between those who sit around it; the world, like every in-between, relates and separates men at the same time'.[7] Because all have their own place at the table, they contribute to the discussion from different perspectives. The table renders the plurality of perspectives visible – a plurality that, according to Arendt, is an essential aspect of the political domain. But the table is also an object, shared by all. The physical world of objects, things or buildings connects different perspectives across time and space and brings durability to the flux of the human condition.

Arendt does not just address the role of this public world – the metaphorical table as a 'space of appearances' – in enabling public life. She also distinguishes between the types of human activity – labour, work and action – that constitute and happen in the world. Labour includes the activities that are necessary to survive on earth, work those activities associated with building a sustainable 'world of things', while action (which includes speech) is the activity of political life.[8] Although Arendt's stark distinctions can (and have been) criticised, they offer a productive vocabulary to understand the influence of self-sustaining, economic logics (associated with labour) on the production of artefacts, undermining the permanence of the physical world. Likewise, the instrumental logic that Arendt associates with craftsmanship (work), can jeopardise the plurality and unexpected freedom of action.

In what follows, we draw out four central themes in Arendt's work that enable us to think about what architecture does and what architects do. We have selected

1
George Baird, *The Space of Appearance* (Cambridge, MA: MIT Press, 1995), 21.

2
In his contribution to this issue of *OASE*, George Baird recalls that he was reminded of this fact by Kenneth Frampton. See also the opening lines of Patchen Markell's contribution, who refers to an interview with Frampton, telling how he read *The Human Condition* on his first trip to the United States, and how that book explained the situation in the United States to him.

3
After the early interests in Arendt by Baird and Frampton, the last two decades show a growing interest in her work from the field of architecture, as can be seen for instance in writings by the late Kari Juhani Jormakka, 'Hannah and Her Sisters', in: *Thesis, Wissenschsaftliche Zeitschrift der Bauhaus-Universität Weimar* (fall 2003); Pier Vittorio Aureli, *The Possibility of an Absolute Architecture* (Cambridge, MA: MIT Press, 2011); Paul Holmquist, 'Towards an Ethical Technique: Reframing Architecture's "Critical Call" through Hannah Arendt', in: *The Plan Journal* 1/1 (2016), 19; Lieven De Cauter and Michiel Dehaene, 'The Space of Play: Towards a General Theory of Heterotopia', in: Michiel Dehaene and Lieven De Cauter, *Heterotopia and the City: Public Space in a Post-Civil Society* (London/New York: Routledge, 2008); Hans Teerds, *At Home in the World: Architecture, the Public, and the Writings of Hannah Arendt* (Delft: 2017, TU Delft).

4
A good introduction to Arendt's life and work can be found in Elisabeth Young-Bruehl's biography of Hannah Arendt: Elisabeth Young-Bruehl, *Hannah Arendt: For the Love of the World* (London: Yale University Press, 2004).

5
Bonnie Honig, *Public Things: Democracy in Disrepair* (New York: Fordham University Press, 2017), 17.

6
Ibid., 25.

7
Hannah Arendt, *The Human Condition* (Chicago: The University of Chicago Press, 1998 [1958]), 52.

8
Ibid., 7.

In de rest van deze tekst belichten we vier centrale thema's uit Arendt's werk die ons in staat stellen na te denken over wat architectuur doet en wat architecten doen. We hebben vier series citaten uitgezocht die onzes inziens zinvol kunnen zijn voor de architectuurpraktijk. Het zijn dezelfde citaten die we gebruikt hebben om de architecten, die bijdroegen aan dit nummer, uit te dagen: we hebben hen deze citaten toegestuurd met de vraag om op basis daarvan te reflecteren op hun eigen praktijk.

Het eerste thema, 'een pluraliteit van perspectieven' [1] onderzoekt de publieke verschijningsruimte, een gezamenlijke wereld van dingen die een noodzakelijke voorwaarde vormt voor het politieke leven. Het is door deze publieke verschijning dat de pluraliteit van het politieke domein aan het licht komt.

'Het publieke en het private: de drempels van de *polis*' [2] onderzoekt de stabiliserende bescherming van de (politieke) ruimte door grenzen en muren.

'Duurzaamheid en cultuur' bespreekt de 'bestendigende krachten' [3] van culturele artefacten waarmee de 'wereld van dingen' wordt opgebouwd.[10]

'Het wonder van handelen' [4], ten slotte, onderzoekt de fundamentele onvoorspelbaarheid van actie.

Deze tekst bestaat voornamelijk uit Arendt's eigen, heldere geschriften: haar woorden introduceren een nuttig en inspirerend vocabulaire om de praktijken van denken, ontwerpen en construeren van gebouwen te begrijpen.

(Hannah Arendt, *Vita Activa, Oder vom tätigen Leben* (München: R. Piper, 1960), gaat het om 'aan elkaar verschijnen', wat in potentie 'elkaar ontmoeten' kan zijn, maar niet hoeft te zijn.

9
Arendt, *De menselijke conditie*, op. cit. (noot 7), 7.

10
Honig, *Public Things*, op. cit. (noot 5), 2.

four sets of quotes that we believe are informative to architecture practice, and that have consciously or unconsciously informed the architects who contributed to this issue: these citations were sent to the contributors, along with the question to reflect on their own practices on the basis of them.

The first theme 'A plurality of perspectives' [1] engages with the public space of appearances, a common world of things that is a necessary condition for political life and that enables plurality to appear.

'The public, the private: the thresholds of the *polis*' [2] draws on the stabilizing protection of the political realm by boundaries and walls.

'Durability and culture' [3] discusses the 'world-stabilising powers' of cultural objects.[9]

'The miracle of action' [4], finally, discusses the fundamental unpredictability of action.

This text mainly consists of Arendt's own, lucid writing: we believe her words introduce a useful and inspiring vocabulary to make sense of the practices of thinking, designing and constructing buildings.

9
Honig, *Public Things*, op. cit. (note 5), 2.

Voor ons vormt verschijning – iets wat zowel door anderen als door onszelf wordt gezien en gehoord – werkelijkheid. (...) De aanwezigheid van anderen, die zien wat wij zien en horen wat wij horen, bevestigt voor ons de werkelijkheid van de wereld en van onszelf.[11]

De werkelijkheid van het publieke domein [berust] op het gelijktijdig 'er zijn' van de ontelbare perspectieven en aspecten waarin de gemeenschappelijke wereld zich manifesteert, en die nooit met een gemeenschappelijke maatstaf kunnen worden gemeten of onder een gelijke noemer zijn te brengen. Want al is de gemeenschappelijke wereld het ontmoetingspunt van allen, zij die elkaar daar ontmoeten nemen er ieder hun eigen plaats in, en de plaats van de een kan net zomin samenvallen met de plaats van een ander als twee voorwerpen zich op één en dezelfde plaats kunnen bevinden. Het door anderen worden gezien en gehoord ontleent zijn betekenis aan het feit dat ieder ziet en hoort vanuit een andere positie. Dit is de zin van het openbare leven, en daarbij vergeleken kan zelfs het rijkste en meest bevredigende gezinsleven niet meer bieden dan de handhaving of verveelvoudiging van de eigen positie met de daaraan verbonden aspecten en perspectieven. (...) Slechts waar dingen door velen kunnen worden gezien in een verscheidenheid van aspecten zonder van karakter te veranderen, zodat zij die zich met deze dingen bezighouden weten dat zij hetzelfde zien, hoezeer verschillend zij het ook mogen zien, kan de werkelijkheid van de wereld haar ware en betrouwbare gestalte krijgen.[12]

Arendt stelt het karakter van de publieke ruimte aan de orde als een politiek denker: ze dacht niet direct aan de straten en pleinen van de stad, alhoewel haar referentiepunt duidelijk de Griekse *agora* is, het centrale plein van de *polis*. De essentiële conditie van het openbare leven is voor haar pluraliteit. Het onderscheiden en zichtbaar maken van verschillen is fundamenteel voor zowel haar begrip van de politieke gemeenschap als van het openbare leven in het algemeen. De ontwikkelingen van nazi-Duitsland maakten Arendt bewust van de fragiliteit van begrippen als individualiteit, en hoe plotseling mensen bereid waren om een collectieve identiteit te accepteren. Arendt maakte dit zelf mee als joodse burger in het Duitsland van de jaren 1930, waar ze van het openbare leven was afgesneden. 'Dat op aarde geleefd en de wereld bewoond wordt door mensen, niet door de Mens,' is voor haar een cruciaal uitgangspunt.[13] Iedereen, elke persoon 'bezit [het vermogen] opnieuw te beginnen'.[14] De pluraliteit van bewoners van de wereld betekent ook dat de wereld op verschillende manieren wordt waargenomen en ervaren. Slechts door deze veelheid aan gezichtspunten en zintuigelijke waarnemingen in acht te nemen, schrijft Arendt, zijn we verzekerd van de realiteit van de wereld.

11
Arendt, *De menselijke conditie*, op. cit. (noot 7), 51-52.

12
Ibid., 58.

13
Ibid., 15.

14
Ibid., 9. In Arendt's denken is pluraliteit sterk verbonden met de term nataliteit, het feit dat de mens 'geboren' wordt, en met de term handelen, 'het vermogen iets nieuws te beginnen'.

For us, appearance – something that is being seen and heard by others as well as by ourselves – constitutes reality. . . . The presence of others who see what we see and hear what we hear assures us of the reality of the world and ourselves.[10]

The reality of the public realm relies on the simultaneous presence of innumerable perspectives and aspects in which the common world presents itself and for which no common measurement or denominator can ever be devised. For though the common world is the common meeting ground of all, those who are present have different locations in it, and the location of one can no more coincide with the location of another than the location of two objects. Being seen and being heard by others derive their significance from the fact that everybody sees and hears from a different position. This is the meaning of public life, compared to which even the richest and most satisfying family life can offer only the prolongation or multiplication of one's own position with its attending aspects and perspectives. . . . Only where things can be seen by many in a variety of aspects without changing their identity, so that those who are gathered around them know they see sameness in utter diversity, can worldly reality truly and reliably appear.[11]

Arendt addressed the character of public space as a political thinker: she did not immediately think of the squares and streets of the city, even though her reference is clearly the Greek *agora*, the central square in the *polis*. The essential aspect of public life, for her, is its plurality. This is fundamental to her understanding of the political community as well as of public life: it reveals differences. The developments in Nazi Germany infused Arendt with a sharp understanding of how fragile notions of individuality could be, and how suddenly human beings were prepared to adopt a collective identity. Arendt had experienced it herself: being a Jewish citizen in Germany in the 1930s, she was excluded from participation in public life. Therefore, she states, it is always 'men, not Man [who] live on the earth and inhabit the world'.[12] Each and every person 'possesses the capacity of beginning something anew'.[13] This plurality of inhabitants of the world includes the plurality of perspectives and experiences of the world. Only through the multiplicity of these perspectives and tactile experiences, Arendt states, we can be certain of the reality of the world.

10
Arendt, *The Human Condition*, op. cit. (note 7), 50.

11
Ibid., 57.

12
Ibid., 7.

13
Ibid., 9. In Arendt's thinking, plurality is closely tied with the concept of *natality*, the fact of 'being born' and action, 'the capacity of beginning something anew'.

Deze vier muren, waarbinnen het private leven van mensen wordt geleefd, vormen een schild tegen de wereld en in het bijzonder tegen de publieke aspecten van de wereld. Ze omsluiten een veilige plaats, zonder welk geen levend wezen kan gedijen.[15]

Niets van wat zich (...) binnenskamers afspeelt en in het verborgene blijft, is van belang voor de openbaarheid, maar wel zijn uiterlijke verschijningsvorm, die gestalte krijgt in de grenzen tussen de ene huishouding en de andere. De wet werd oorspronkelijk vereenzelvigd met deze grens, die in oude tijden in feite nog een grensgebied was, een soort niemandsland tussen het private en het publieke, dat beide domeinen omsloot en beschermde en tegelijkertijd scheidde. De wet van de *polis* ging weliswaar ver boven deze oude conceptie uit, maar had toch de oorspronkelijke ruimtelijke betekenis daarvan behouden. De wet van de stadstaat was (...) letterlijk een muur, zonder welke er misschien een agglomeratie van huizen, een min of meer stedelijk complex (*asty*) mocht zijn, maar geen stadstaat, geen politieke gemeenschap. Deze wet-muur was heilig, maar alleen wat hij omsloot had politieke betekenis.[16]

Het is alsof de muur van de polis en de grenzen van de wet een reeds bestaand publiek domein ontsloten, dat echter zonder zo'n bescherming, die het tot een concrete werkelijkheid maakt, niet zou kunnen standhouden, het moment van handelen en spreken niet zou kunnen overleven.[17]

Arendt maakt in haar werk een scherp (en omstreden) onderscheid tussen het openbare en het privédomein. Publieke ruimte is, volgens haar, afhankelijk van de verschijning van mensen onder elkaar, dat is waar hun uniciteit zichtbaar wordt voor anderen. De openbare ruimte is daarom het domein van handelen en spreken. Het privédomein daarentegen is de plek waar men zich terugtrekt uit de wereld, afstand neemt om te herstellen. Het is de ruimte van het leren, en de plaats waar gebeurtenissen kunnen plaatsvinden waarvoor geen publieke woorden te vinden zijn. Het publieke staat bij Arendt voor vrijheid (de vrijheid om zich bezig te houden met de wereld), terwijl het private gebonden is aan de noodzakelijkheden van het leven. Vanuit een feministisch perspectief – waar 'het persoonlijke politiek is' – wordt het uitsluiten van bepaalde activiteiten uit de publieke ruimte gezien als problematisch. Toch stelt politiek filosoof Seyla Benhabib dat een genuanceerd onderscheid tussen publiek en privé ook noodzakelijk is voor een feministische denkwijze.[18] Maar in plaats van het verschil tussen beide domeinen via specifieke activiteiten te benadrukken, is het wellicht beter om te erkennen dat elk onderscheid tussen publiek en privé zelf ook een politieke handeling is.

Arendt beschrijft dit verschil in architectonische termen: in haar teksten verschijnt de grens tussen het publieke en het private als een ruimtelijk onderscheid. Het private moet worden afgeschermd van de publieke wereld, en is omringd door 'vier muren'. Die muren – net als de drempels, deuren en ramen, die samen de privéruimte beschermen – zijn bovendien zelf ook een ruimtelijk instrument, bemiddelend tussen het publieke en het private. In architectonische termen gezegd: het is deze tussenruimte die de zintuigelijke ervaring van beweging mogelijk maakt: niet alleen de verschijning in de wereld te midden van anderen, maar ook de terugtrekking van dit publieke podium.

15
Hannah Arendt, 'The Crisis in Education', in: Hannah Arendt, *Between Past and Future* (New York: Penguin Books, 2006), 183.

16
Arendt, *De menselijke conditie*, op. cit. (noot 7), 63.

17
Ibid., 182.

18
Seyla Benhabib, 'Feminist Theory and Hannah Arendt's Concept of Public Space', *History of the Human Sciences* 6/2 (1993), 97-114. Voor verdere feministische lezingen van Arendt, zie bijv.: Bonnie Honig, *Feminist Interpretations of Hannah Arendt* (University Park, PA: Pennsylvania State University Press, 1995) en Linda M.G. Zerilli, *Feminism and the Abyss of Freedom* (Chicago: University of Chicago Press, 2005).

These four walls, within which people's private life is lived, constitute a shield against the world and specifically against the public aspect of the world. They enclose a secure place, without which no living thing can thrive.[14]

Not the interior of this realm, which remains hidden and of no public significance, but its exterior appearance is important for the city as well, and it appears in the realm of the city through the boundaries between one household and the other. The law originally was identified with this boundary line, which in ancient times was still actually a space, a kind of no man's land between the private and the public, sheltering and protecting both realms while, at the same time, separating them from each other. The law of the *polis*, to be sure, transcended this ancient understanding from which, however, it retained its original spatial significance. The law of the city state . . . was quite literally a wall, without which there might have been an agglomeration of houses, a town (*asty*), but not a city, a political community. This wall-like law was sacred, but only the inclosure was political.[15]

It is as though the wall of the polis and the boundaries of the laws were drawn around an already existing public space which, however, without such stabilizing protection could not endure, could not survive the moment of action and speech itself.[16]

In her writings, Arendt draws a sharp (and contested) distinction between the public and the private realm. To her, public space depends on the appearance of people among one another, where they reveal their uniqueness among peers. Public space therefore is the domain of action and speech. The private realm, on the other hand, is the realm of withdrawal from the world, the domain of retreat, recuperation, education – it is the domain of life events that go beyond public speech. The public, for Arendt, stands for freedom (the freedom to engage in the world), while the private realm is bound to the necessities of life. From a feminist perspective – where 'the personal is political' – dislocating certain activities from the public realm is viewed as highly problematic. However, political philosopher Seyla Benhabib holds that making a nuanced distinction between privacy and publicity is necessary for feminist thought, too.[17] Instead of drawing the distinction based on particular activities, we might prefer to acknowledge that drawing the boundary between public and private is itself a political activity.

Arendt draws these distinctions in architectural terms: in her writings it appears as a spatial distinction between the public and the private. The private needs to be shielded from the public world, and is surrounded by 'four walls'. Moreover, this wall – and certainly the thresholds, doors, and windows, which together safeguard the private realm – constitutes a spatial device in itself, mediating between the public and the private. In architectural terms: it is this in-between space that offers the tactile experience of movement, appearing in the world among others as well as withdrawing from the public stage.

14
Hannah Arendt, 'The Crisis in Education', in: Hannah Arendt, *Between Past and Future* (New York: Penguin Books, 2006), 183.

15
Arendt, *The Human Condition*, op. cit. (note 7), 63-64.

16
Ibid., 198.

17
Seyla Benhabib, 'Feminist Theory and Hannah Arendt's Concept of Public Space', in: *History of the Human Sciences* 6/2 (1993), 97-114. For other feminist readings of Arendt, see, for example: Bonnie Honig, *Feminist Interpretations of Hannah Arendt* (University Park, PA: Pennsylvania State University Press, 1995) and Linda M.G. Zerilli, *Feminism and the Abyss of Freedom* (Chicago: University of Chicago Press, 2005).

Het bestaan echter van een publiek domein, met de daaruit voortvloeiende transformatie van de wereld in een samenhangend bestel van dingen, dat mensen bijeen en in relatie met elkaar brengt, is geheel afhankelijk van duurzaamheid. Zo'n domein kan niet worden gevestigd voor één generatie en slechts ontworpen zijn voor de levenden; het moet de korte levensduur van sterfelijke mensen overschrijden.[19] Zonder deze overschrijding, dat wil zeggen, zonder een in potentie gegeven aardse onsterfelijkheid, is er strikt genomen geen politiek, geen gemeenschappelijke wereld, en geen publiek domein mogelijk.

De door de mens gebouwde wereld van de dingen, het door de *homo faber* gewrochte menselijke kunstproduct, wordt een tehuis voor sterfelijke mensen, waarvan de bestendigheid de wisselvalligheden van de eeuwigdurende beweging van menselijk leven en handelen slechts in zoverre zal kunnen weerstaan en overleven als het uitstijgt boven het loutere functionalisme van voor *ver*bruik en boven het loutere nut van voor *ge*bruik geproduceerde dingen.[20]

Het aardse huis wordt alleen een wereld wanneer de objecten als een geheel worden geproduceerd en georganiseerd zodanig dat ze bestand zijn tegen het consumptieve levensproces van de mensen die ermee leven – en het de mensen, die sterfelijk zijn, kan overleven. We spreken alleen van cultuur als dit overleven is verzekerd, en we spreken alleen van kunstwerken als we geconfronteerd worden met objecten die altijd aanwezig zijn in hun feitelijkheid en hun kwaliteit, onafhankelijk van alle functionele en utilitaire aspecten.[21]

In *De menselijke conditie* is Arendt bezorgd over een instrumentele houding tegenover de wereld. Ze vindt dat nieuwe productiemanieren de duurzaamheid en de gemeenschappelijkheid van de 'wereld van dingen' in gevaar brengen. Het maakt uit hoe dingen worden geproduceerd – anoniem, in een fabriek, of openbaar, in een kleine werkplaats. De productiewijze is verbonden met de consumptiecyclus van deze artefacten en de waarde die mensen eraan toekennen. Arendt is vooral ongerust over deze ontwikkelingen, omdat ze niet neutraal staan tegenover mensen of de menselijke gemeenschap. Zelfs als dingen door mensen zijn gemaakt, schrijft ze, 'conditioneren [ze] niettemin voortdurend hun menselijke makers'.[22] In dit licht benadrukt Arendt het belang van cultuur. Cultuur – de manieren waarop mensen de 'wereld van dingen' organiseren en structureren – biedt veerkracht en weerstand tegen consumentisme, verval en achteruitgang. Cultuur staat voor betrokkenheid met de gemeenschappelijke wereld. Het maakt de aanwezigheid van herinneringen en een gezamenlijk geheugen mogelijk, en bestendigt het. Door de gezamenlijke wereld in stand te houden en te zorgen voor haar erfgoed, wordt de wereld verduurzaamd.[23] Anders gezegd: hoe (publieke) dingen zijn geordend, gestructureerd, en hoe we ze ervaren, heeft invloed op ons begrip van de wereld.

19
Arendt, *De menselijke conditie*, op. cit. (noot 7), 55-56.

20
Ibid., 158.

21
Hannah Arendt, 'Culture and Politics', in: Hannah Arendt, *Reflections on Literature and Culture* (Stanford: Stanford University Press, 2007), 190.

22
Arendt, *De menselijke conditie*, op. cit. (noot 7), 17.

23
Zie: Hannah Arendt, 'Crisis in Culture', in: Arendt, *Between Past and Future*, op. cit. (noot 15), 208-211.

Only the existence of a public realm and the world's subsequent transformation into a community of things which gathers men together and relates them to each other depends entirely on permanence. If the world is to contain a public space, it cannot be erected for one generation and planned for the living only; it must transcend the life-span of mortal men. Without this transcendence into a political earthly immortality, no politics, strictly speaking, no common world and no public realm is possible.[18]

The man-made world of things, the human artifice erected by homo faber, becomes a home for mortal men, whose stability will endure and outlast the every-changing movement of their lives and actions, only insomuch as it transcends both the sheer functionality of things produced for consumption and the sheer utility of objects produced for use.[19]

The earthly home becomes a world only when objects as a whole are produced and organized in such a way that they may withstand the consumptive life-process of human beings living among them – and may outlive human beings, who are mortal. We speak of culture only where this outliving is assured, and we speak of artworks only where we are confronted with objects that are always present in their facticity and their quality, independently of all functional or utilitarian aspects.[20]

In *The Human Condition*, Arendt is concerned about instrumental approaches to the world. She understands that new modes of production threaten the permanence of the 'world of things' as well as its commonality. How things are produced – anonymous in a factory, or publicly in a small workshop – effectively makes a difference, particularly with regard to the consumption cycle of such artefacts and the value that people attach to them. Arendt particularly is concerned about these changes, as they are not neutral to the human being nor to the human community. Even if things are human-made, she writes, they 'nevertheless constantly condition their human makers'.[21] It is from this perspective that Arendt stresses the importance of culture. Culture –the ways in which people organise and structure the 'world of things', according to Arendt – offers resilience and resistance against consumerism, decay and deterioration. Culture is a sign of engagement in the world-in-common. It preserves and establishes the presence of a (collective) memory, and of remembrances. By maintaining the world and taking care of the heritage of the past, it offers the world its permanence.[22] In other words, how (public) things are ordered, structured, and how we experience them, has an impact on our understanding of the world.

18
Arendt, *The Human Condition*, op. cit. (note 7), 55.

19
Ibid., 173.

20
Hannah Arendt, 'Culture and Politics', in: Hannah Arendt, *Reflections on Literature and Culture* (Stanford: Stanford University Press, 2007), 190.

21
Arendt, *The Human Condition*, op. cit. (note 7), 9.

22
See: Hannah Arendt, 'Crisis in Culture', in: Arendt, *Between Past and Future*, op. cit. (note 14), 208-211.

Met woord en daad treden wij de mensenwereld binnen, en dit binnentreden is als een tweede geboorte, waarmee wij het naakte feit van onze oorspronkelijke fysieke verschijning bevestigen en er de consequenties van aanvaarden. Deze intrede wordt ons niet opgedrongen door de noodzaak, zoals arbeiden, en ze wordt ons ook niet ingegeven door overwegingen van praktisch nut, zoals werken. Ze kan misschien worden gestimuleerd door de aanwezigheid van anderen bij wie wij ons wensen aan te sluiten, maar wordt daardoor nooit geconditioneerd; de drang ertoe ontspringt aan het nieuwe begin, dat in de wereld kwam toen wij werden geboren, en wij geven aan deze drang gehoor door eigener beweging iets nieuws te beginnen.[24]

Het nieuwe gebeurt altijd tegen het overweldigende getuigenis in van statistische wetten en hun waarschijnlijkheidsrekening, die voor alle praktische, alledaagse doeleinden neerkomt op zekerheid; de verschijning van het nieuwe heeft daarom altijd iets van een wonder. Het feit dat de mens in staat is tot handelen, betekent dat het onverwachte van hem kan worden verwacht, dat hij kan waarmaken wat in de hoogste mate onwaarschijnlijk is.[25]

De reden waarom wij nooit met zekerheid de uitkomst en het einde van een handeling kunnen voorspellen, is eenvoudig dat er aan het handelen nooit een einde komt. Het proces, ontketend door een enkele daad, kan letterlijk tot het einde van de tijden blijven doorgaan, tot het einde van de mensheid zelf.[26]

In *De menselijke conditie* presenteert Arendt haar bekende onderscheid tussen arbeid, werk en handelen als drie vormen van menselijke activiteit op aarde. Zoals we hierboven al schreven gaat arbeid over de cyclus van de natuur en is gericht op het overleven van de mens. Werk, daarentegen, creëert een wereld – het produceert blijvende dingen, en grijpt in de aarde in om er een bewoonbare wereld van te maken. Ten slotte is daar de politieke activiteit van het handelen (en het spreken). In *De menselijke conditie* focust Arendt met name op deze laatste categorie. De fundamentele eigenschap van handelen wordt vaak over het hoofd gezien, of men verzet zich ertegen: handelen kan immers niet gecontroleerd worden. Het is onvoorspelbaar, wekt onverwachtse gebeurtenissen op die misschien klein beginnen, maar een proces kunnen uitlokken waarbij handeling op handeling wordt gestapeld. Het is de kleine vlam die een bos in de as kan leggen, de kleine verzetsdaad die het tij kan keren. Handelen, *action*, is gerelateerd aan het menselijke vermogen opnieuw te beginnen, initiatief te nemen – het vermogen voor interactie. Waar volgens Arendt het handelen 'zich tussen mensen afspeelt zonder de bemiddeling van dingen of materie',[27] suggereert Bonnie Honig: '*contra* Arendt, dat er zelfs bij *gezamenlijke actie* "dingen aan het werk zijn"'.[28] Als dat zo is, kunnen we ons afvragen: hoe kan *architectuur* handelen?

Vertaling: Catherine Koekoek

24
Arendt, *De menselijke conditie*, op. cit. (noot 7), 161-162.

25
Ibid., 162.

26
Ibid., 215.

27
Ibid., 15; zie ook: Honig, *Public Things*, op. cit. (noot 5), 54.

28
Honig, *Public Things*, op. cit. (noot 5), 60.

With word and deed we insert ourselves into the human world, and this insertion is like a second birth, in which we confirm and take upon ourselves the naked fact of our original physical appearance. This insertion is not forced upon us by necessity, like labor, and it is not prompted by utility, like work. It may be stimulated by the presence of others whose company we may wish to join, but it is never conditioned by them: its impulse springs from the beginning which came into the world when we were born and to which we respond by beginning something new on our own initiative.[23]

The new always happens against the overwhelming odds of statistical laws and their probability, which for all practical, everyday purposes amounts to certainty; the new therefore always appears in the guise of a miracle. The fact that man is capable of action means that the unexpected can be expected from him, that the is able to perform what is infinitely improbable.[24]

The reason why we are never able to foretell with certainty the outcome and end of any action is simply that action has no end. The process of a single dead can quite literally endure throughout time until mankind itself has come to an end.[25]

In *The Human Condition* Arendt presents her well-known distinction between labour, work and action as three separate modes of human activities on earth. As stated before, labour deals with the cycle of nature, and is directed to the survival of the species. Work, on the other hand, creates the world – it produces the permanent things, it intervenes in the earth in order to make it a inhabitable world. Finally, there is the political activity, action (and speech). In *The Human Condition* Arendt particularly focusses on this activity of action. Its fundamental characteristic is often overlooked or resisted: action cannot be controlled. It is unpredictable, evoking unexpected events – it starts somewhere small, but can evoke a process in which action builds upon action. It is the little flame that can turn a forest into ashes, the little act of resistance that can turn the tides. Action is related to the human capacity to start anew, to take initiatives, and to interact. Although for Arendt, action 'goes on directly between men without the intermediary of things or matter',[26] Honig suggests, '*contra* Arendt, that surely things are at work even among actors in concert'.[27] If that is the case, we wonder: how can *architecture* act?

23
Arendt, *The Human Condition*, op. cit. (note 7), 177.
24
Ibid., 178.
25
Ibid., 233.
26
Ibid., 7; See also: Honig, *Public Things*, op. cit. (note 5), 54.
27
Honig, *Public Things*, op. cit. (note 5), 60.

Hannah Arendt in the early sixties/ begin jaren 1960

Arendt in de stad

De architectuur van het politieke leven

Cecilia Sjöholm

Ook al woonde Hannah Arendt na de Tweede Wereldoorlog in de Verenigde Staten, ze reisde niettemin vaak door Europa en daarbuiten. Omdat ze voor het Comité voor Joodse Culturele Reconstructie werkte, een Amerikaanse organisatie die ernaar streefde om de overblijfselen van joodse collecties en bibliotheken te catalogiseren, bezocht ze veel steden in Duitsland. Naast zulke reizen was ze voortdurend onderweg om lezingen te geven, vrienden en andere contacten te bezoeken, of om bepaalde dingen te zien. Haar reizen brachten haar naar Italië, Israël, Palestina, Turkije, Engeland, Nederland, België, Frankrijk, enzovoort. In haar brieven aan haar man, Heinrich Blücher, en vrienden, zoals Mary McCarthy, doet Arendt verslag van de steden die ze bezoekt. Ze beschrijft de gedenktekens, de musea, concertzalen, en vooral de bibliotheken. Voor Parijs had Arendt speciale waardering: 'Mein Gott ist die Stadt schön. Place des Ternes, rue Servandoni. (...) Er zijn minder mensen dan in New York,' schrijft ze aan haar man, 'en ik raak er minder vermoeid.'[1] Arendt ziet de stad echter niet alleen als toerist. Ze is zelf onderdeel van de stad, zoals ze ook schrijver over de stad is. De stad is grondig verweven met haar theorie van het politieke. Haar besef van openbaarheid, dat het hart van haar werk vormt, heeft de stad als model. Ik zou haar werk daarom karakteriseren als architectonisch.

Hoewel Arendt niet over architectuur schrijft, schrijft ze dus wel degelijk architectonisch: ze is iemand die schrijft over de ruimte die het publieke leven mogelijk maakt. In deze tekst betoog ik dat het theoretische perspectief dat Arendt het veld van de architectuur te bieden, veronderstelt dat architectuur bij de stad hoort, en dat zij die openbaarheid vormgeeft (of verstoort). Ze is echter geen architectuurtheoreticus: in haar werk wordt sporadisch gereflecteerd op wat gebouwen zijn of wat ze kunnen betekenen in een stad. Als Arendt al verwijst naar architectuur, is haar notie in zekere zin metaforisch. Zo beschrijft ze de wet, bijvoorbeeld, als een muur rondom de stad.[2] Ze verwijst ook naar het feit dat architectuur niet zomaar een (on)zichtbare omheining is: architectuur dient een doel dat volgens Arendt cruciaal is voor de ontwikkeling van een politieke cultuur. De architectuur van de stad maakt mensen zichtbaar als politieke wezens – of verhindert hun zichtbaarheid: in haar boek *The Origins of Totalitarianism* uit 1951 wijst ze naar het totalitaire systeem als een 'architectuur' die erop gericht is om levens onzichtbaar te maken.[3] In haar visie is het klassieke plein de concrete referentie van het 'mogelijk maken van de verschijning in de openbaarheid'. Deze verwijzing naar het plein is ook nu nog relevant: ze benadrukt het type ruimten en omheiningen die gemaakt worden om, of het politieke leven te versterken – of dit te vernietigen. Met 'architectuur' bedoelt Arendt dus niet slechts de gebouwen, constructies en structuren die bij uitstek zichtbaar zijn in de stad. Ze was daarentegen geïnteresseerd in een architectuur die *zichtbaar maakt*: naast de mensen ook objecten, gedenktekens, enzovoort.

Arendt als stadsbezoeker

Op haar reizen bezocht Arendt altijd de lokale culturele instituten, zowel om professionele redenen als uit persoonlijke interesse, om inspiratie op te doen. Kennelijk vond Arendt de bibliotheek telkens het meest belangrijke instituut om te bezoeken.[4] In elke belangrijke stad neemt ze de tijd om bijvoorbeeld de bekende bezetting van een opera te zien, een veelbesproken tentoonstelling in een museum te bezoeken of naar een

1
Hannah Arendt/Heinrich Blücher: Briefe, 1936-1968 (München: Piper, 1996), 170.

2
'Voor hen [de bewoners van de antieke Griekse *polis*, CS] waren de wetten evenals de muur rondom die de stad omsloot niet de resultaten van het handelen, maar producten van vervaardiging. Voordat mensen konden overgaan tot handelen, moest een zekere ruimte zijn afgepaald en een zeker systeem zijn opgebouwd waarbinnen alle opeenvolgende handelingen zich konden voltrekken, en die ruimte was het publieke domein van de polis en dat systeem was de wet.' Hannah Arendt, *De menselijke conditie* (Amsterdam: Uitgeverij Boom, 2009), 179.

3
Hannah Arendt, *The Origins of Totalitarianism* (Orlando: Harcourt, 1968 [1951]).

4
Arendt/Blücher: Briefe, op. cit. (noot 1), 451

Arendt in the City
The Architecture of Political Life

Cecilia Sjöholm

Although Hannah Arendt lived in the United States after the second World War, she nevertheless travelled extensively throughout Europe and beyond. Working for an American organisation that strove to catalogue the remnants of Jewish collections and libraries (the Committee for Jewish Cultural Reconstruction), she visited cities around Germany. Besides these visits, she travelled constantly, to give lectures, visit friends and other contacts, or simply just to see things. Her travels took her to Italy, Israel, Palestine, Turkey, England, the Netherlands, Belgium, France and so on. In her letters to her husband, Heinrich Blücher, and friends, like Mary McCarthy, Arendt gives numerous accounts of the cities she visits. She describes the memorials, museums, concert halls and above all the libraries. For Paris, Arendt has a special reverence: 'Mein Gott ist die Stadt schön. Place des Ternes, rue Servandon . . . There are less people than in New York,' she writes her husband, 'and I get less tired.'[1] However, Arendt does not merely see the city from a touristic point of view. She is a subject of the city herself, as she also is a writer of the city. The city is deeply involved in her theory of the political. Her sense of publicness, which is at the core of her writings, takes the city as its model. Her texts, I would argue, therefore can be characterised as architectural.

Although Arendt is not a writer of architecture, she is very much an architectural writer, a writer of the space that allows for political life to arise. In this text, I will argue that the kind of theoretical perspective Arendt offers to the field of architecture, is the assumption that architecture belongs to the city, that it creates (or disturbs) publicness. She nevertheless is not a theoretician of architecture: in her writings there is little reflection on what buildings are or what they can do in the city. To some extent, her notion of architecture (she occasionally uses the term in her writings) is metaphorical: she describes the law, for instance, as a wall surrounding the city.[2] She also points to the fact that architecture is not merely any kind of (in)visible enclosure: it serves purposes that to Arendt are crucial for political cultures to develop. The architecture of the city makes people visible as political beings – or prevents them from being visible: in her 1951 book *The Origins of Totalitarianism*, she points to the totalitarian system as an 'architecture' that serves to make lives invisible.[3] For Arendt, however, the concrete reference of 'enabling the appearance in public' is the ancient square. This reference to the square is still relevant in modernity: it stresses the kind of spaces and enclosures that are constructed either to enhance political life, or to destroy it. With 'architecture', Arendt thus did not simply mean the buildings, constructions and structures that are eminently visible in the city. She was interested in an architecture that *makes visible*: besides people also objects, memorials, and so on.

Arendt as a City Traveller

On her trips, Arendt always visited local cultural institutions, both for professional reasons and private, more inspirational ones. To Arendt, the library was perhaps always the most important institution.[4] But in every major city she also takes the time to see, for instance, the famous cast of an opera, go to a talked about

1 *Hannah Arendt/Heinrich Blücher: Briefe*, 1936-1968 (Munich: Piper, 1996), 170.

2 'To them [the inhabitants of the ancient Greek *polis*, CS], the laws, like the wall around the city, were not results of action but products of making. Before men began to act, a definite space had to be secured and a structure built where all subsequent actions could take place, the space being the public realm of the polis, and its structure the law.' Hannah Arendt, *The Human Condition* (Chicago: University of Chicago Press, 1998 [1958]), 194-195.

3 Hannah Arendt, *The Origins of Totalitarianism* (Orlando: Harcourt Inc., 1968 [1951]).

4 *Arendt/Blücher: Briefe*, op. cit. (note 1), 451.

theatervoorstelling te gaan, die nieuwsgierig maakt.[5] Soms, zoals in Florence, is ze er alleen om de verbazingwekkende overblijfselen van de Renaissance cultuur te zien, en in Istanbul biedt de Hagia Sophia een belangrijk historisch monument.[6] In de brieven van Arendt, en eigenlijk in al haar geschriften, is Berlijn echter de meest belangrijke stad. Ze was geboren in Hannover, groeide voornamelijk op in Königsberg (Oost-Pruisen), maar bracht als kind ook veel tijd door in Berlijn. Na haar studententijd aan het begin van de jaren 1930, was ze er ook actief in het onderzoek naar het antisemitisme, waarvoor ze korte tijd door de Gestapo gevangen werd gezet. Berlijn is ook de stad die in haar biografie over Rahel Varnhagen figureert, een vrouw die een salon organiseerde in de achttiende-eeuwse hoofdstad van de Duitse Romantiek.[7] In deze biografie, net als in de herinneringen uit haar jeugd, is Berlijn het onvergelijkbare centrum van Europese cultuur. Dit is een belangrijk gegeven in haar werk. Arendt heeft op verschillende momenten aangegeven hoe vervreemd ze zich voelde in het naoorlogse Europa. Van bewoner werd ze, na de oorlog, tussen het puin van de vernietiging, een bezoeker, een toerist, een vreemdeling. Nergens werd dit haar zo wreed duidelijk dan in Berlijn. Er waren weinig mensen op straat in Parijs, schreef ze. Maar in Berlijn waren er nog minder. De straten waren uitgestrekt, en bovendien leeg. Bij haar eerste bezoek aan Berlijn na de oorlog schrijft Arendt aan haar man Heinrich Blücher hoe ze reist van het *Trümmerfeld* (de puinhopen) in Spandau naar Neukölln, via de Alexanderplatz, Potsdammerplatz, Leipziger Strasse, enzovoort. De stad is vernietigd, griezelig, schrijft ze. Het vreselijkst om te zien 'zijn de rechtopstaande beelden' in de Tiergarten. Tegenwoordig zal de bezoeker aan Berlijn niet snappen waarom ze juist deze beelden zo griezelig vond. Ze staan nu immers te midden van stralende gazons en spiegelgladde vijvers, omgeven door bomen. Maar tijdens de Tweede Wereldoorlog was het park omgehakt, het hout gebruikt om de huizen te verwarmen en te koken. Tijdens Arendt's bezoek lag het park er dus kaal bij en accentueerde het de naaktheid van witte beelden in een lege omgeving, bovendien bedekt met kogelgaten. Ze staan er eenzaam, schrijft Arendt, 'als geesten in een leeg veld'.[8] Men kan wellicht na deze omschrijving het gevoel van vervreemding van een gevluchte Berlijnse begrijpen. Het plaatst de bekende opmerking die ze maakte tijdens een interview op de Duitse televisie in 1966, in perspectief: toen ze terugkwam in Berlijn, was de taal het enige dat haar nog aan deze plaats bond. 'Wat blijft over? De taal blijft.'[9]

Na de oorlog was de stad Berlijn opgedeeld in verschillende secties, maar in de jaren 1950 was de Berlijnse Muur nog niet gebouwd. In deze periode, net als in de jaren 1960, bezocht Arendt Berlijn verschillende keren. Arendt's goede vriendin, de Amerikaanse schrijfster Mary McCarthy, heeft een vergelijkbare *unheimische* ervaring met de Amerikaanse sectie van Berlijn. Als ze deze ervaring deelt met Arendt, schrijft ze dat de hele stedelijke geografie absurd lijkt. 'West-Berlijn komt heel onwerkelijk op me over,' schrijft ze, 'alsof er een Coney Island naar Oost-Berlijn is getransporteerd.'[10] Hannah schrijft terug: 'Je hebt gelijk. West-Berlijn is onwerkelijk, hoewel niet op de manier van Coney Island; en ze is niet onwerkelijk wat mij betreft.'[11] Ze legt deze opmerking verder niet uit, maar het moge duidelijk zijn dat Arendt Berlijn nog steeds als het hart en de ziel van de Europese cultuur beschouwt. Hoe de stad er ook aan toe is, ze kan niet worden nagebootst. Wat er na de oorlog van Berlijn over is, getuigt van de ruïnering van een hele cultuur. Toch boden juist de culturele instituten en historische monumenten, zelfs de vernielde exemplaren, ruimte waar mensen elkaar opzochten. Daarom beschouwt Arendt gedenktekens en culturele instituten niet als louter decoraties. Dit zijn de soort ruimten die zichtbaar maken, die mensen in staat stellen om te verschijnen – zowel de mensen die nu leven, als degenen die er niet meer zijn en toch zichtbaar worden door de sporen van culturele objecten. Op deze manier begrijpt Arendt dat de mogelijkheden die in het politieke leven van zowel het heden als de toekomst besloten liggen, geheel afhankelijk zijn van de culturele objecten en gebouwen die een bepaalde permanentie, een horizon in de tijd creëren, terwijl tegelijkertijd een ruimte geboden wordt, waar mensen en objecten zichtbaar worden.[12]

Arendt's observaties over Berlijn na de oorlog vormen vooral de achtergrond voor dit besef. Ze was verslagen door het uiteenvallen van de stad. Tegelijkertijd deed het

5 Ibid., 471.

6 Ibid., 504-507.

7 Hannah Arendt, *Rahel Varnhagen: The Life of a Jewess*, eerste volledige versie, onder redactie van Liliane Weissberg (Baltimore: The John Hopkins University Press, 1997 [1957]).

8 Ibid., 214.

9 Hannah Arendt, "'Wat er blijft...? De moedertaal..., die blijft...", Een gesprek met Günter Gaus', in: Hannah Arendt, *Het waagstuk van de politiek. Over politieke leugens en burgerlijke ongehoorzaamheid* (Utrecht: Uitgeverij Klement, 2018).

10 Carol Brightman (red.), *Between Friends: The Correspondence between Hannah Arendt and Mary McCarthy* (New York: Harcourt 1995), 84.

11 Ibid., 86.

12 Zie de discussie in de hoofdstukken 1 en 2: 'Sensing Space: Art and the Public Sphere' en 'The Work of Art', in: Cecilia Sjöholm, *Doing Aesthetics with Arendt: How to See Things* (New York: Columbia University Press, 2015), 1-68.

exhibition in a museum, see a play she is curious about, and so on.[5] Sometimes, as in Florence, she is only there for the amazing remnants of Renaissance culture, and in Istanbul, the Hagia Sofia offers an important landmark.[6] The most important city figuring in the letters of Arendt, and in her writings all in all, is Berlin. She was born in Hannover, and grew up primarily in Königsberg, but also spent time in Berlin as a child. After her studies, she was active in Berlin, researching anti-Semitism in the early 1930s, something that resulted in a brief incarceration by the Gestapo. Berlin is also the city figuring in her biography on Rahel Varnhagen, a woman who held a salon in the eighteenth-century capital of German romanticism.[7] In this book, and in the memories from her youth, Berlin is the incomparable centre of European culture. This is not without importance in her writings. Arendt has given witness in several contexts on how she felt estranged in post-war Europe. She used to be an inhabitant, but after the war, in the rubble of destruction, she is a visitor, a tourist, a stranger. Nowhere does this become more cruelly obvious than in Berlin. There were not many people around on the streets in Paris, she wrote. In Berlin there were even fewer. The streets were vast, and devoid of people. On her first post-war visit to Berlin, Arendt describes to her husband Heinrich Blücher how she travels from Trummerfeld in Spandau to Neukölln, through Alexanderplatz, Potsdamerplatz, Leipziger Strasse, and so on. The city is destroyed, and eerie, she writes. The worst thing to see 'are the upright statues' in Tiergarten. Today, the Berlin visitor will have a hard time understanding why they appeared so eerie. After all, the statues are embedded in luminous greenery, blank ponds and surrounded by trees. But during the Second World War, the park was cut down for its wood, and used to heat houses and cook. Scraped naked, when Arendt visited, the park would have flaunted the bareness of its white statues over empty fields, and many of the statues were covered in bullet holes. They stand there alone, Arendt writes, 'like ghosts in an empty field'.[8] One may understand, after this description, the estranged feeling of an exiled Berliner. It puts her famous comments in perspective, made in an interview on German television in 1966: when she returned, all that tied her to the place was the language. 'What remains? The language remains.'[9]

After the war, the city of Berlin was divided into sections, but in the 1950s the Berlin Wall had not yet been erected. During this time, as well as in the 1960s, Arendt visited Berlin several times. Having an equally uncanny visit as Arendt herself did the first time, Arendt's close friend American writer Mary McCarthy shares her experience with Arendt after a visit in the American sector. The whole urban geography, McCarthy writes to her, seems absurd. 'West Berlin seems highly unreal to me, like some Coney Island transported into Eastern Germany.'[10] Hannah replies: 'You are quite right, West Berlin is unreal though not quite like Coney Island, but it is not unreal to me.'[11] She does not explain this remark further, but it is clear that for Arendt Berlin is still the heart and soul of European culture. It may not remain, but it can never become a simulacre. However, what is left in Berlin after the war testifies to an entire culture that has been ruined. Cultural institutions and landmarks, even ruined ones, created spaces where people gathered. Therefore, to Arendt, memorials and cultural institutions are not mere decorations. These are the kind of spaces that make visible, that make beings appear; either living beings, or beings that have lived and that can now be seen in and through the traces of cultural objects. In this way, what Arendt sees as the possibilities inherent in the political life of the present, as well as of the future, are altogether dependent on the kind of cultural objects and buildings that create some kind of permanence, some kind of timely horizon, while offering a space that makes people and objects visible at the same time.[12]

This notion finds its background not least in her observations on post-war Berlin. Arendt was devastated by the fracturing of the city. At the same time, cultural life was striving to rebound. Arendt went to observe the unveiling of the Pergamon

5
Ibid., 471.

6
Ibid., 504-507.

7
Hannah Arendt, *Rahel Varnhagen: The Life of a Jewess*, first complete edition, edited by Liliane Weissberg (Baltimore: The John Hopkins University Press, 1997 [1957]).

8
Ibid., 214. English translation from Hannah Arendt, *Within Four Walls: The Correspondence between Hannah Arendt and Heinrich Blücher, 1936-1968*, edited by Lotte Kohler (New York: Harcourt, 1996), 133.

9
Hannah Arendt, '"What Remains? The Language Remains." A Conversation with Günter Gaus', in: Hannah Arendt, *Essays in Understanding, 1930-1954: Formation, Exile, and Totalitarianism*, edited and with an introduction by Jerome Kohn (New York: Schocken Books, 1994).

10
Carol Brightman (ed.), *Between Friends: The Correspondence between Hannah Arendt and Mary McCarthy* (New York: Harcourt 1995), 84.

11
Ibid., 86.

12
See the discussion in Chapters 1 and 2, 'Sensing Space: Art and the Public Sphere' and 'The Work of Art', in: Cecilia Sjöholm, *Doing Aesthetics with Arendt: How to See Things* (New York: Columbia University Press, 2015), 1-68.

culturele leven er alles aan om er weer bovenop te komen. Arendt ging zelf kijken naar de onthulling van het Pergamon-fries. In een brief aan haar man over het evenement merkte ze op dat culturele instellingen in de stad een uiterst belangrijke rol spelen. In feite hielden die de stad bij elkaar. Ze merkte op dat de verschillende culturele instituten – van de opera tot de musea die ze in de verschillende delen van de stad bezocht – als knooppunten functioneerden, en zo de verschillende sectoren van Berlijn aan elkaar verbonden. De knooppunten waren ook opgericht als bruggen naar het verleden: om een wereld te scheppen in een stad die samenhang miste.[13] Deze observatie is in lijn met Arendt's bekende opmerkingen over culturele objecten in haar boek *The Human Condition* uit 1958, waarin ze stelt dat enkel de 'tastbare dingen' uit de 'culturele wereld,' zoals 'boeken, schilderijen, beeldhouwwerken of composities' een wereld kunnen bieden, en ons een bepaald begrip van onze geschiedenis verlenen.[14]

In die zin is het toepasselijk dat we de Hannah-Arendt-Strasse vandaag de dag aantreffen in de buurt van de Brandenburger Tor, die vroeger op de grens tussen Oost- en West-Berlijn stond, en dat deze straat parallel loopt met Peter Eisenman's kunstwerk *Memorial to the Murdered Jews of Europe*, gesitueerd in wat vroeger de dode zone tussen de muren was. Vanuit een Arendt-perspectief maakt een dergelijk gedenkteken niet alleen de vermoorde levens zichtbaar, maar vestigt het ook een ruimte die de huidige politiek uitdaagt. Het trekt zowel een ruimtelijke, historische als politieke lijn in en door de stad.

13
Hannah Arendt en Heinrich Blücher, *Within Four Walls: The Correspondence between Hannah Arendt and Heinrich Blücher 1936-1968*, geredigeerd door Lotte Köhler (New York/San Diego/Londen: Harcourt, 1996), 342-343.

14
Arendt, *De menselijke conditie*, op. cit. (noot 2), 153.

15
Ibid., 182.

16
Hannah Arendt, *On Violence* (New York: Harcourt, 1970), 96.

Architectuur en politieke ruimte

Niet toevallig staat de Griekse *polis* model voor Arendt's notie van het publieke domein, dat haar denken over het politieke bepaalt. Arendt ziet de *polis* in beginsel niet als een fysieke, maar als een politieke ruimte. Zoals ze aangaf in een bekende passage in *The Human Condition*:

> De *polis* in de ware zin des woords is niet in de stadstaat als fysieke lokaliteit; hij is de organisatie van het volk, gegroeid uit het gemeenschappelijk handelen en spreken, en zijn ware ruimte ligt tussen de mensen die voor dit doel samenleven, onverschillig waar zij zich toevallig bevinden.[15]

Ondanks deze opmerking is haar referentie naar (en lezing van) de *polis* zeer concreet en opvallend architectonisch. In het oude Griekenland, schrijft Arendt, werden de ruimten die bedoeld waren om openbaar te zijn ingekaderd. Het plein in het centrum van de *polis* werd beschermd door een muur. Op eenzelfde manier, beargumenteert Arendt, is de wet de onzichtbare grens waarbinnen het publieke domein is gevestigd. De stad wordt gedefinieerd door een muur, die kan samenvallen met de wet, die democratieën gebruiken om de politieke rechten van de inwoners te garanderen. Zo is de politieke ruimte voor Arendt sterk beïnvloed door strategieën uit het domein van de architectuur. Architectuur, volgens Arendt's manier van denken, definieert juist die ruimte die een open politieke samenleving mogelijk maakt. En ook al spreekt ze er niet over met een term als 'architectuur', deze politieke ruimte is volgens Arendt niet alleen virtueel. Ze wordt mogelijk gemaakt en versterkt door de muren en gebouwen die gemaakt zijn voor een gemeenschap, wellicht door een openbaar plein, misschien ook door een publiek instituut, maar vooral door middel van een culturele instelling of historisch monument. Deze elementen geven, volgens Arendt, een stad haar hart en ziel als politieke ruimte. De muren worden niet gedefinieerd door de inwoners. Het is andersom: de muren definiëren de inwoners. Het is deze arbitraire structuur die ervoor zorgt dat binnen een stad of een politieke gemeenschap een menigte en pluriformiteit tot bloei kunnen komen.

Niet toevallig wordt Arendt's waardering voor cultuur volledig afgemeten aan het Europese erfgoed: zijn historische atmosfeer, bestendigheid en waarde. Dit komt niet voort uit een idee van superioriteit van de Europese cultuur, ook al kan men niet om Arendt's miskenning van bijvoorbeeld Afrikaanse literatuur heen.[16] Volgens Arendt bood echter de Europese cultuur, juist omdat ze zo uitermate bestendig is, het juiste model

fresco. Writing to her husband about the event, she remarked on the crucial role of cultural institutions in the city. In fact, they were the only things that kept it together. She observed that the various cultural institutions – from the opera to museums that she visited in various parts of the city – served as knots that tied the different sections of Berlin together. These knots were erected, also, as bridges to the past: serving to create a world in a city that lacked cohesion.[13] This observation is in line with the well-known remarks on cultural objects that Arendt makes in her 1958 book *The Human Condition*, when she asserts that only 'tangible things' from the 'cultural world', things such as 'books, paintings, sculptures, or compositions', can offer a world, and give us some kind of comprehension of our history.[14]

In this sense, it is appropriate that the Hannah Arendt Straße that we may pass in Berlin today runs near the Brandenburg gate, which used to be at the cross section between the East and the West, and that this street runs parallel with Peter Eisenman's *Memorial to the Murdered Jews of Europe*, which is situated in what used to be the death zone between the walls. Such a memorial, from an Arendtian point of view, serves not only to make the murdered lives visible, but also to institute a space which contemporary politics must consider, creating a lineage in and through the city which is both spatial, historical and political.

Architecture and Political Space

It is not a coincidence that the Greek *polis* offers the very model for her notion of the public realm, which informs her thoughts on the political. To Arendt, the *polis* first of all is not a physical space, but a political one. As she famously indicated in *The Human Condition*:

> The *polis*, properly speaking, is not the city-state in its physical location; it is the organization of the people as it arises out of acting and speaking together, and its true space lies between people living for this purpose, no matter where they happen to be.[15]

Despite this remark, her reference to and reading of the *polis* is highly tangible and remarkably architectural. In ancient Greece, Arendt writes, the spaces meant to be public were always framed. The square at the centre of the *polis* was guarded by a wall. In the same way, Arendt argues, the law is the invisible frontier within which the public realm is situated. The city is defined by a wall, which may coincide with the law that democracies use to guarantee political rights to its citizens. Political space, to Arendt, is deeply influenced by architectural strategies. Architecture, from an Arendtian perspective, defines the very space that allows for an open political society to exist. And although it is not spoken of as 'architecture', to Arendt, political space is not just virtual. It is enhanced and made possible by walls and buildings that are created for a community, perhaps through a public square, perhaps through a public institution, but above all through a cultural institution or a landmark. These are, to Arendt, what gives the city its heart and soul as a political space. The walls are not defined by the citizens. It is the other way around: the walls define the citizens. It is this arbitrary structure that allows for multitudes and plurality to arise within a city or a political community.

It is not a coincidence that Arendt's appreciation of culture is altogether measured in terms of the European heritage: its air of history, steadfastness and value. This is not because she considered European culture to be necessarily superior, although one cannot but note her disregard of African literature, for instance.[16] To Arendt, however, European culture, by being so eminently steadfast, offered the very model of what culture is and should be. Culture is the environment against which we measure not only our values, but also our sense of time, our sense of who we are, and our sense of what is possible. Culture is also what offers us a sense of community – not a sense of people or *Volk*, but a sense of a political community, which to Arendt by definition must be multifaceted and plural.

13
Arendt, *Within Four Walls*, op. cit. (note 8), 342-343.

14
Arendt, *The Human Condition*, op. cit. (note 2), 169.

15
Ibid., 198.

16
Hannah Arendt, *On Violence* (New York: Harcourt, 1970), 96.

van wat cultuur is en zou moeten zijn. Cultuur is de omgeving waartegen we niet alleen onze waarden afmeten, maar ook ons gevoel van tijd, van wie we zijn, en van wat mogelijk is. Cultuur is ook wat ons een gevoel van gemeenschap biedt – niet een idee van mensen of een 'volk', maar een gevoel van een politieke gemeenschap, die voor Arendt per definitie meerdere kanten heeft en divers is.

Openbare ruimte als kruispunt

Architectuur helpt een publiek domein te vestigen. Maar wat is dat eigenlijk, het publieke domein? Dit is een van de meest treffende vragen binnen Arendt's gedachtegoed. Arendt zelf gebruikt het concept publiek domein om te denken over wat we normaal gesproken als openbare ruimte zouden typeren. We hebben de stad, haar straten en pleinen, en we hebben haar politieke, sociale en culturele instituten. Door het concept van de openbare ruimte te herleiden tot het oude Griekenland, voorziet een moderne democratie in open ruimten waar meningen en argumenten bij elkaar komen en op elkaar betrokken kunnen raken. Maar laten we het dan hebben over de fysieke toestand van de locatie, die we ons kunnen voorstellen als ruimten met stevig geplaatste muren en harde grenzen.

Men moet Arendt's idealisering van de openbare ruimte in de *polis* in dit licht zien. Juist omdat de moderne openbare ruimte gefaald heeft, keert ze terug naar het oude Griekenland. Volgens Arendt zijn de moderne, openbare ruimten te veel verbonden met de natiestaat. De werkelijke functie van de openbare ruimte is echter nooit het dienen van politieke doeleinden. Wat een openbare ruimte kan doen, is het zichtbaar maken van politieke mensen – hun verschillen, individualiteit en veelheid. Daarom zou alles wat de openbare ruimte omgeeft, zelf niet politiek moeten zijn. De wet, de muur of een gebouw behoren tot het prepolitieke domein; ze gaan aan het politieke vooraf.

Doordat Arendt het publieke domein behandelt als de relatie tussen een virtuele gemeenschap en een fysieke locatie, tussen vertoog en esthetische gevoeligheid, tussen publieke participatie en verschijning, pleit ze voor een opvatting van openbare ruimte die gegrondvest is in belichaamde schepsels. Ze idealiseerde de *polis* uit het oude Griekenland als een retrospectieve visie op politieke vrijheid. Maar in plaats van het publieke domein te definiëren als een product van de rede, beschrijft Arendt het als product van pluraliteit. Als we ons engageren met de wereld vereist dit dat we in het openbaar verschijnen, om daar te midden van anderen te handelen en te spreken, stelt Arendt. Door deze publieke verschijning komt allereerst de pluraliteit aan het licht, wordt het duidelijk dat we anders zijn, anders handelen en spreken, en een andere positie in de wereld innemen. Met deze 'verschijning aan elkaar', 'waar mensen samen zijn in die zin dat zij met elkaar spreken en handelen', schrijft Arendt, ontstaat 'als vanzelf' ook 'de plaats der ontmoeting'.[17] Dit is niet alleen een belangrijk perspectief op pluraliteit als de fundamentele conditie van het politieke domein en de openbare ruimte, het is volgens Arendt ook een belangrijk filosofisch perspectief. Juist omdat in de openbare ruimte duidelijk wordt dat wij de wereld van dingen allen uit verschillende standpunten waarnemen, worden we verzekerd van de 'werkelijkheid' van deze wereld. Tenzij we de dingen via de gezichtspunten van anderen waarnemen, zijn objecten onwerkelijk: ze blijven in het schimmige domein van het onwerkelijke. 'Slechts waar dingen door velen kunnen worden gezien in een verscheidenheid van aspecten zonder van karakter te veranderen, zodat zij die zich met deze dingen bezighouden weten dat zij het zelfde zien, hoezeer verschillend zij het ook mogen zien, kan de werkelijkhei van de wereld haar ware en betrouwbare gestalte krijgen.'[18] Filosofen hebben volgens Arendt dit meervoudig karakter van de wereld genegeerd, omdat het tegen het filosofisch instinct van de synthese ingaat: 'Niets is wellicht meer verbazingwekkend in deze wereld van ons dan de bijna oneindige diversiteit van haar verschijningsvormen, de pure entertainmentwaarde van haar uitzichten, geluiden en geuren, iets wat door de denkers en filosofen nauwelijks wordt genoemd.'[19] In het publieke domein worden mensen bepaald door hun handelingen en geschiedenissen, terwijl de wereld wordt gedefinieerd door haar historiciteit. Het publieke domein is een domein van verschil en dit sluit aan

17 Arendt, *De menselijke conditie*, op. cit. (noot 2), 183

18 Ibid., 52

19 Hannah Arendt, *The Life of the Mind*, vol. 1: *Thinking* (London: Secker & Warburg, 1978), 1:20.

Public Spaces at Crossroads

Architecture helps create a public realm. But what is the public realm? This is one of the most poignant questions in Arendt's philosophy. Arendt herself uses the concept of the public realm in order to consider, also, what we usually think of as public space. We have the city, its streets, squares and political, social and cultural institutions. Tracing the concept of public space back to ancient Greece, modern democracy envisions open spaces where views and arguments can meet and engage with one another. Here, the physicality of the location impinges on us. We are imagining physical spaces with firmly placed walls and limits.

One must look upon Arendt's idealisation of the public space of the *polis* in this light. It is because the public spaces of modernity have failed that she returns to ancient Greece. To Arendt, modern public spaces are too bound up with the nation state. The true function of the public space can never be to serve goal-oriented political purposes. What public space can do is to make political beings visible – their differentiation, individuation and multitude. To this, what surrounds the public space should not be political itself. It is rather pre-political, such as a law, the wall or a building.

Discussing the relation between the public realm as a virtual community and public space as a physical location, between discourse and aesthetic sensibility, between public engagement and appearance, Arendt argues for a conception of public space grounded in embodied beings. Hannah Arendt has idealised the *polis* of ancient Greece as a retrospective vision of political freedom. But rather than defining the public realm as a product of reason, Arendt describes it as the product of plurality. To be engaged in the world requires the appearance in public, where one can act and speak among peers. This appearance first reveals at once the fundamental plurality of men: it immediately becomes clear that everyone acts differently, speaks differently and occupies a different position in the world. But, 'wherever men are together in the manner of speech and action', secondly, simultaneously also 'the space of appearances comes into being', Arendt states.[17] This not only offers an important perspective on the fundamental condition of the realm of politics and public spaces, also in a philosophical perspective this 'space of appearance' is significant. Particularly since it becomes clear in public space that everyone perceives the world from different positions, we are assured of the 'reality' of this world. Unless we perceive things in and through the perspectives of others, objects are not real: they remain in the shadowy realm of the unreal. 'Only where things can be seen by many in a variety of aspects without changing their identity, so that those who are gathered around them know they see sameness in utter diversity, can worldly reality truly and reliably appear.'[18] To Arendt, philosophers have been negligent of the plural character of the world because it goes against the philosophical instinct of synthetisation: 'Nothing perhaps is more surprising in this world of ours than the almost infinite diversity of its appearances, the sheer entertainment value of its views, sounds, and smells, something that is hardly mentioned by the thinkers and philosophers.'[19] In the public realm, human beings are defined through their actions and their histories, and the world is defined through its historicity. The public realm is a realm of plurality, but it corresponds to that which singularises human beings through a history and particularity that can only be realised in the public realm:

> It is indeed as though everything that is alive – in addition to the fact that its surface is made for appearance, fit to be seen and meant to appear to others – has an *urge to appear*, to fit itself into the world of appearances by displaying and showing, not its 'inner self' but itself 'as an individual'.[20]

This quote is crucial, since it connotes a process of individuation, of coming into being, where the appearance of that which is singular, particular or individual is secondary to the plurality into which it fits. In other words, plurality is the category

17
Arendt, *The Human Condition*, op. cit. (note 2), 199.

18
Ibid., 57.

19
Hannah Arendt, *The Life of the Mind*, vol. 1: *Thinking* (London: Secker & Warburg, 1978), 1:20.

20
Ibid., 1:29, 1:33.

bij wat de mens via zijn geschiedenis en eigenheid tot een individu maakt. En dit kan alleen in het publieke domein worden gerealiseerd:

> Het is inderdaad alsof alles wat leeft – naast het feit dat het uiterlijk bedoeld is om te verschijnen, klaar is om gezien te worden en bedoeld om zich aan anderen te tonen – een *drang* heeft om te verschijnen, om een plaats in de wereld van verschijningen in te nemen, niet door haar 'innerlijke zelf' te tonen, maar zichzelf te tonen 'als een individu'.[20]

20 Ibid., 1:29, 1:33.

Dit citaat is cruciaal, aangezien het een proces van individualisering suggereert, een proces van totstandkoming, waarbij de verschijning van wat singulier, particulier of individueel is, ondergeschikt is aan de pluriformiteit waarin zij zich voegt. Met andere woorden, volgens Arendt is pluraliteit de categorie waardoor de wereld werkelijkheid wordt, de conditie waarbinnen ook het menselijk individu kan verschijnen.

Ook bij Arendt's reflecties op het werk van de filosoof Immanuel Kant speelt het begrip pluriformiteit een belangrijke rol. Het kritische project van Kant omvat een onderzoek naar de grenzen van overdracht. Dit betekent dat het de condities van de rede, moraal en het oordeel onderzoekt tegen de achtergrond van de pluriformiteit van schepsels, meervoud, in plaats van de 'mens' in enkelvoud. Pluriformiteit kan dan gedefinieerd worden door mensen, maar nooit als menselijk. Pluriformiteit is eerder het ruimte maken, het tussen, of het verschil dat door de individualisering van mensen en objecten ontstaat. Dit opent een visie op pluriformiteit die duidelijk maakt dat we niet simpelweg te maken hebben met een hoeveelheid individuen. We hebben ook te maken met de aanwezigheid van objecten, die gemaakt zijn met betrekking tot het publieke domein, en die de pluriformiteit, vrijheid en actie conditioneren.

Deze visie op politieke cultuur heeft niet alleen het oude Griekenland als model. Het refereert ook, zoals ik al heb gesuggereerd, aan de Europese stad, met haar pleinen, publieke gebouwen en gedenktekens. Dit betekent echter niet dat de Europese cultuur het toppunt vormt van Arendt's wereldbeeld. In het licht van de agressieve vormen van commodificatie die onze leefwereld vandaag de dag domineren, ons vervreemden van ons culturele erfgoed, en onze alledaagse gewoonten en communicatie vercommercialiseren, is het idee dat kunstvoorwerpen en cultuur een wereld scheppen niet noodzakelijkerwijs reactief – natuurlijk evenmin noodzakelijkerwijs progressief. Het verwijst vooral naar Arendt's opvatting dat het domein van het politieke ideologisch niet vastligt en afhankelijk is van de soorten ruimte die de architectuur construeert. Architectuur maakt het politieke mogelijk.

Het publieke domein, stelt Arendt, is uitgeschakeld en geruïneerd door het kapitalistische systeem van commodificatie en de overheersende kwelling van alles wat we tegenwoordig denken nodig te hebben. De nobele activiteiten van handelen en spreken, waarvan we ons op zijn minst kunnen voorstellen dat ze aanwezig waren in de *polis*, zijn geëlimineerd. Het is het culturele domein dat deze ontwikkeling echter uitdaagt. Arendt doet een beroep op galeries, musea, theaters en andere vormen van openbare ruimte om het politieke leven zichtbaar te maken. Cultuur verzet zich tegen de commodificatie, die Arendt zelf zag als de consequentie van de overwinning van het kapitalisme. Ze verzet zich bovendien tegen de reductie van het leven tot arbeid, en tegen de reductie van culturele objecten tot handelswaar.

Op verschillende manieren heeft Arendt's filosofische achtergrond de heel concrete aspecten van haar notie van de publieke ruimte overschaduwd. Zoals bekend was Arendt een student van filosoof Martin Heidegger, waarbij haar filosofische (en ook amoureuze) relatie met Heidegger vaak is aangehaald. In haar artikel over Arendt en Heidegger wijst de politiek theoreticus Seyla Benhabib op de hechte relatie tussen Arendt's concept van de wereld en dat van Heidegger. Ze laat zien dat Heidegger's notie *Mitsein* bij Arendt transformeert tot 'pluriformiteit', met dat verschil dat Arendt's 'pluriformiteit' een verschijningsvorm impliceert. Daar stoppen dan ook de overeenkomsten. Volgens Heidegger behoren de verschijningen in de publieke ruimte tot een gedegenereerde vorm van alledaagsheid voor 'das Man', waar verschillen gemaskeerd worden. Wat Arendt betreft is

through which the world comes into being for Arendt, a condition for the appearance of human individuals.

The concept of plurality is also conducive to Arendt's reading of the writings of philosopher Immanuel Kant. The critical project in Kant involves an investigation into the limits of communicability. This means that it examines the conditions of reason, moral and judgment through the plurality of beings, rather than Man as such. Plurality may be defined by humans, but it can never be defined as essentially human; plurality is rather the spacing, the in-between, or the differentiation that creates the individuation of human beings as well as of objects. This certainly opens for a view on plurality that makes it clear that we cannot merely deal with a multitude of individuals. We deal, also, with the presence of objects, made with regard to the public realm, conditioning plurality, freedom and action.

This view of political culture does not just hold ancient Greece as its model. It refers, as has been suggested, to the European city as such, with its squares, public buildings and memorials. This does not mean that high, European culture is the peak of world-making to Arendt. But in the light of the aggressive forms of commodification that dominate our life-world today, alienate us from our cultural heritage, commercialise everyday habits and communication, the idea that works of art and culture offer a world is not necessarily reactive. Of course, the idea is not necessarily progressive, either. But what it points to is the fact the political, to Arendt, is not ideologically defined. It is dependent on the kind of space that architecture construes. Architectures make the political possible.

The public realm, Arendt argues, has been taken out and ruined by the capitalist system of commodification and the pangs of necessities governing modern life. This means that the noble activities of action and speech, such as we can at least imagine their presence in the *polis*, have been taken out. But the realm of culture challenges such a development. Arendt invokes galleries, museums, theatres and other forms of public space for the purpose of making political life visible. Culture contests the commodification that Arendt herself saw as a consequence of the victory of capitalism, and contests the reduction of life to labour, and the reduction of cultural objects to commodities.

In many ways, Arendt's philosophical background has overshadowed the very concrete aspects of her notion of public space. Famously, Arendt was a pupil of philosopher Martin Heidegger, and her philosophical relationship (as well as her amorous relationship) with Heidegger has often been evoked. In her article on Arendt and Heidegger, political theorist Seyla Benhabib indicates a close relation between Arendt's concept of the world and that of Heidegger. She shows that Heidegger's *Mitsein* becomes 'plurality' in Arendt, the difference being the very appearance implied by the concept of plurality in Arendt. But there the similarities stop. To Heidegger appearances in public space belong to a degenerate form of everydayness to 'das Man', wherein differences are made obscure. For Arendt, the concept of public space in Heidegger is nothing but provocative. She regards it as a sign of contempt for politics, which he has inherited from a long tradition in philosophy.[21] But what is most remarkable, is the very architectural inclusion of publicness in Arendt's conceptual world. Public space involves both the space of action and the space of appearance. Appearing in public means becoming visible and audible. The public realm is not constituted through discourse, or as a consequence of communication, it is constituted through appearances. In her book *The Life of the Mind*, Hannah Arendt described how a singular being may appear through speech, a work of art, or other forms of acting. Such an appearance is a form of sensual realisation. Only the aesthetic public subject will realise the potential of such an appearance. Rather than merely embracing a metaphysical, or for that matter discursive model of the public sphere, Arendt points to the aesthetic implications of any model of space, sphere or community.[22] Our sense experience is not merely served to us as individual subjects, without mediation. It is in itself submitted

21
'Heidegger, Martin, and Friedrich Nietzsche', Hannah Arendt Papers, 1898-1977, 68/11 024883, Library of Congress, Washington, DC, see also: Hannah Arendt, 'Heidegger at Eighty', in: Michael Murray (ed.), *Heidegger and Modern Philosophy* (New Haven, CN: Yale University Press, 1978), 293-304.

22
Arendt's model of the public realm, as developed in her 1958 book *The Human Condition* is described as agonistic. Around the same time, the German philosopher Jürgen Habermas also developed a model for the public sphere, which is generally characterised as discursive. Jürgen Habermas, *Strukturwandel der Öffentlichkeit. Untersuchungen zu einer Kategorie der bürgerlichen Gesellschaft* (Neuwied/Berlin: Luchterhand, 1962), published in English as *The Structural Transformation of the Public Sphere: An Inquiry into a Category of Bourgeois Society* (Cambridge, MA: MIT Press, 1989).

Heidegger's concept van de openbare ruimte een provocatie, een teken van minachting voor het politieke, dat hij erfde van een lange traditie in de filosofie.[21] Maar wat vooral opvalt is de zeer architectonische inclusie van openbaarheid in Arendt's conceptuele wereld. Openbare ruimte omvat zowel de ruimte voor actie als de ruimte van verschijning. In het openbaar verschijnen betekent zichtbaar en hoorbaar worden. Het publieke domein wordt niet gevestigd door een discours, noch als gevolg van communicatie, maar door verschijningen. In haar boek *The Life of the Mind* heeft Hannah Arendt beschreven hoe een singulier schepsel kan verschijnen door te spreken, via een kunstwerk, of door andere vormen van handelen. Een dergelijke verschijning is een vorm van zintuiglijke bewustwording. Slechts het esthetisch publieke subject zal het potentieel van een dergelijke verschijning verwezenlijken. In plaats van alleen een metafysisch, of discursief model van de publieke sfeer te omhelzen, verwijst Arendt naar de esthetische implicaties van elk model van ruimte, domein of gemeenschap.[22] Onze zintuigelijke ervaring bestaat niet uit individuele subjecten, zonder enige vorm van bemiddeling, maar wordt aangereikt via historische voorbeelden (waaronder architectonische modellen), die het publieke domein samenstellen.

Alleen in het bestaan van een publiek domein kunnen we ervaren wat werkelijk is. Onze waarneming van de werkelijkheid wordt gefilterd door onze zintuigen. Bovendien dirigeert onze perceptie van de werkelijkheid de gezichts- en standpunten die we in politieke zin innemen. Onze ervaringswereld wordt gekleurd door onze sensitiviteit. Dat is de reden dat Arendt's kritiek op de constructie en omgang met de ruimte in totalitaire staten zo ongekend fel is. Hoewel ze erover spreekt aan de hand van metaforen, schetst ze duidelijk een architectonisch beeld. Wat totalitaire systemen doen, schrijft Arendt, is 'het afschaffen van de grenzen van wetten tussen mensen'.[23] Dit houdt volgens Arendt in dat alle verschillen tussen mensen worden genegeerd, door een systeem te creëren waaronder elk verschil bezwijkt. De diversiteit aan verschijningen wordt vernietigd door de verschijning van die ene 'Man' – bijvoorbeeld de Ariër, of de arbeider. In totalitaire systemen wordt de publieke ruimte, die verschijningen bij elkaar brengt maar ook van elkaar scheidt, volledig onderdrukt. Als mensen zo samengeperst worden, schrijft Arendt, zijn we aanbeland in de woestenij van niet-verschijningen: 'Door mensen tegen elkaar te persen, wordt de ruimte tussen hen in vernietigd door een totale terreur.'[24]

Arendt meent dat het onderdrukken en negeren van de openbare ruimte een vorm van atomisering van de mens creëert, die hem vatbaar maakt voor totalitaire systemen. Als er geen openbare ruimten zijn, zijn er ook geen politieke gemeenschappen. Of liever gezegd: dan zijn er in het geheel geen gemeenschappen – elke notie van *Mitsein* is volgens Arendt enkel een zinloos filosofisch spel, als dat slechts verwijst naar existentiële menselijke eigenschappen. Als gemeenschappen de kaders missen, die in de stad worden aangeboden, zoals de aanwezigheid van openbare ruimte, is het gevolg atomisering en het verlies van het politieke leven. (Mogelijk worden er alternatieve sociale ruimten geproduceerd door het totalitaire systeem, maar deze dragen bij aan haar eigen afbraak. Arendt bemerkte dat in 1966, toen ze sprak over de onverwachte bloei van kunst in de oude Sovjet-Unie). Bij Arendt zijn filosofische begrippen dan ook volledig verweven met architectonische begrippen, die hun bron in de stad vinden. Wat oppervlakkig gezien lijkt voort te komen uit een enorme waardering voor het antieke Griekse stadsleven, blijkt uiteindelijk een transcriptie en implementatie van wat Arendt in het hedendaagse, stedelijke politieke leven waarneemt.

Opnieuw Berlijn

Niet toevallig werd Berlijn vanuit politiek oogpunt de meest prangende stad in Arendt's geschriften. Allereerst is daar haar boek over de romantische salon van de bourgeoisie aan het begin van de achttiende eeuw in deze stad; Rahel Varnhagen staat in het centrum van een specifiek soort sociale ruimte. Vervolgens komt de stad voor in haar brieven en dagboeken, en komt ze ook terug in haar boek over het totalitarisme. De twee systemen die in *The Origins of Totalitarianism* centraal staan, het stalinisme en het nationaal-socialisme, hebben beide hun sporen nagelaten in de historische en politieke ruimte van Berlijn.

21
'Heidegger, Martin, and Friedrich Nietzsche', Hannah Arendt Papers, 1898-1977, 68/11 024883, Library of Congress, Washington, DC; zie ook: Hannah Arendt, 'Heidegger at Eighty', in: Michael Murray (red.), *Heidegger and Modern Philosophy* (New Haven, CN: Yale University Press, 1978), 293-304.

22
Arendt's model van het publieke domein dat ze ontwikkelde in *The Human Condition* uit 1958 wordt als agonistisch omschreven. In dezelfde periode bedacht ook de Duitse filosoof Jürgen Habermas een model voor de publieke sfeer. Dit model wordt in het algemeen als discursief gekarakteriseerd. Jürgen Habermas, *Strukturwandel der Öffentlichkeit. Untersuchungen zu einer Kategorie der bürgerlichen Gesellschaft* (Neuwied/Berlijn: Luchterhand, 1962), in het Nederlands uitgegeven als *De structuurverandering van het publieke domein* (Amsterdam: Uitgeverij Boom, 2015).

23
Arendt, *Origins of Totalitarianism*, op. cit. (noot 3), 466.

24
Ibid.

through the historical models, for instance architectural, through which the public realm is constituted.

Only in and through the existence of a public realm do we experience what is real. Our perception of reality is filtered through all of our senses, and our perception of reality directs the views and standpoints we take on matters of politics. The world we experience, therefore, is clearly coloured by our sensibility. Therefore, Arendt's critique of the construction and apprehension of space in totalitarian states is extraordinary. Although she speaks about it in metaphorical terms, what Arendt sketches is a real architecture. What totalitarian systems do, Arendt notes, is to 'abolish the fences of laws between men'.[23] This entails, to Arendt, to abolish all differences, to create a system to which all plurality succumbs. The multitude of appearances is destroyed under the appearance of one Man – for example, the Aryan, or the Labourer. In totalitarian systems, the public space that both joins and separates appearances is suppressed altogether. When men are pressed against each other, Arendt writes, we arrive at the desert of non-appearances: 'By pressing men against each other, total terror destroys the space between them.'[24]

To Arendt, the suppression of public spaces creates a system of atomisation. It is also the atomisation of man that makes him receptive to totalitarian movements. If there are no public spaces, there are no political communities, and indeed no communities at all – indeed, any notion of *Mitsein* is to Arendt a meaningless philosophical game if it refers only to existential attributes of the human being. If communities lack frames, such as those offered in the city, construed with the presence of public spaces in mind, the result is an atomisation that kills political life. (Alternative social spaces may be produced out of the totalitarian apparatus itself, contributing in the end to their breakdown. Arendt understood that, when she speaks in 1966 about the unexpected flourishing of arts in the old Soviet Union). To Arendt then, philosophical notions are altogether intertwined with architectural ones, and take their cue from the city. What may on the surface seem to be construed out of an extraordinary reverence of ancient Greek city life, is in the end a transcription and a transposition of what Arendt observes in contemporary, urban political life.

23
Arendt, *Origins of Totalitarianism*, op. cit. (note 3), 466.

24
Ibid.

Berlin Again

Finally, to conclude, it is not by chance that Berlin becomes the most poignant city in Arendt's writings from a political perspective. Firstly, this happens through her book on the romantic salon in the bourgeois early eighteenth century; Rahel Varnhagen is at the centre of a distinct kind of social space. Then it occurs in her letters and diaries, and comes back, also, in her book on totalitarianism, *The Origins of Totalitarianism*. It is not by chance that the two systems that are the focus of that book, Stalinism and National Socialism, both have marked Berlin as a historical and political space. What Arendt sees in Berlin is the both spatial and political tale of a city. It is no coincidence that the word *wall* recurs: the wall of the *polis* returns in the city of Berlin much later, dividing the East from the West. It may not have been the case that Berlin is Arendt's *polis*. But Berlin is, as she writes to her friend Mary McCarthy, altogether real to her. She lives it through its ghosts, from the present to the past, made alive through its buildings and institutions.

Wat Arendt in Berlijn tegenkomt, is het ruimtelijke én politieke verhaal van een stad. Het woord *muur* komt bijvoorbeeld een aantal keren terug: de muur van de *polis* keert veel later terug in de stad Berlijn – de muur die het Oosten van het Westen scheidt. Berlijn is dan wellicht niet de *polis* van Arendt, maar deze stad is wel, zoals ze aan haar vriendin Mary McCarthy schrijft, helemaal werkelijk voor haar. Ze beleeft de stad door de geesten van het heden tot het verleden, die in stand gehouden worden door haar gebouwen en instellingen.

Vertaling: Hans Teerds

Political Tectonics

Patchen Markell

1

In 1965, when British architect and critic Kenneth Frampton first visited the United States, he was struck by the 'placelessness' of what he saw. His traveling companion, he later recalled, remarked of the New Jersey suburbs: 'It looks as though it could all be blown away tomorrow.'[1] On the same trip, Frampton read Hannah Arendt's 1958 book *The Human Condition* for the first time. He found it to be 'a key to the States, to the condition of advanced capitalist production and consumption'.[2] A few years later, he would draw on Arendt's distinction between processual 'labour' and world-building 'work' to mount a critique of the corrosive effects of automobility, consumerism, and commodification on post-war architecture and urban form.[3] And in his 1983 manifesto for a 'Critical Regionalism', Frampton again invoked Arendt's conception of the 'public realm' as a physically instantiated 'space of human appearance' to clarify the political significance of the 'bounded place-form' as a potential site of resistance to the 'endless processual flux of the megalopolis'.[4]

Political theorists often see in *The Human Condition* something analogous to what Frampton found there: a critical diagnosis of the decline of public, political life – of the very idea that active participation in collective self-government might be a meaningful undertaking – in the face of the atomising and normalising forces of capitalism and the modern bureaucratic state. So it is no surprise that, on those rare occasions when political theorists consider the bearing of Arendt's political thought on architecture, their reflections echo Frampton's. In one recent essay, Ronald Beiner urges theorists concerned with the fate of civic life to take the architectural connotations of Arendt's idea of 'public space' seriously, to acknowledge that meaningful political action depends on the prior existence of a physical environment that can serve as a 'stable horizon of civic experience'. Correspondingly, he also calls upon architects to take up the task of the 'deliberate expression of civic identity' and to design spaces that, against the 'soullessness' of some modern architecture and urban design, 'would feel like real sites of grounded worldliness'. 'People can feel themselves to be citizens among citizens,' Beiner concludes, 'only if they inhabit a world intended to build civic consciousness.'[5]

I share Beiner's interest in the ways in which the built environment conditions political experience, as well as his (and Frampton's) sense of Arendt's relevance to this theme. But I worry about the forthright didacticism of Beiner's charge to architects to produce spaces that 'educate us to citizenship' by expressing civic identity – that is, by cultivating, in their very appearance, a 'shared attachment to a built place that provides an enduring home for members of a political community extended over many generations'.[6] One problem is that in an era of accelerating migration – from countryside to city and from one city to another, within and across international borders – the centrality of transgenerational fixity to this conception of citizenship may resonate with nativist politics in ways Beiner does not intend.[7] But another problem, and the one I pursue here, points back to Frampton and thus also to Arendt. For even as he insisted on the importance of the 'bounded place-form' as a counterpoint to modern placelessness, Frampton also asserted the centrality of the 'tectonic' dimension of architecture – the way a building displays its 'builtness', giving expression to the physical structure by virtue of which it remains standing – against the late-capitalist reduction of architecture to 'scenography,' in which a fundamentally decorative surface is superimposed upon a structure to which it has only an arbitrary relationship, and that it does not express but masks.[8]

1
Stan Allen and Hal Foster, 'A Conversation with Kenneth Frampton', *October* 106 (Fall 2003), 48.

2
Ibid., 43.

3
Kenneth Frampton, 'Labour, Work and Architecture', in: Charles Jencks and George Baird (eds.), *Meaning in Architecture* (London: Barrie & Rockliff, 1969); revised as 'The Status of Man and the Status of his Objects', in: Kenneth Frampton, *Labour, Work and Architecture: Collected Essays in Architecture and Design* (London: Phaidon, 2002).

4
Kenneth Frampton, 'Towards a Critical Regionalism: Six Points for an Architecture of Resistance', in: Frampton, *Labour, Work and Architecture*, 85–86; see also Tom Avermaete et al. (eds.), *Critical Regionalism Revisited, OASE* 103 (2019).

5
Ronald Beiner, 'Durability and Citizenship: Towards an Arendtian Political Philosophy of Architecture', in: Duncan Bell and Bernardo Zacka (eds.), *Political Theory and Architecture* (London: Bloomsbury Academic, 2020), 107, 112, 117.

6
Ibid., 103, 110.

7
For an alternative see Fonna Forman, 'Epilogue: Top-Down / Bottom-Up: Co-Producing the City', in: Bell and Zacka, *Political Theory and Architecture*, op. cit. (note 5).

8
Kenneth Frampton, '*Rappel à l'Ordre*: The Case for the Tectonic', in: Frampton, *Labour, Work and Architecture*, op. cit. (note 4), 93-94; Frampton, 'Towards a Critical Regionalism', op. cit. (note 4), 85.

Politieke tektoniek

Patchen Markell

1

Toen de Britse architect en criticus Kenneth Frampton in 1965 voor het eerst de Verenigde Staten bezocht, werd hij getroffen door de 'plaatsloosheid' van wat hij zag. Later herinnerde hij zich dat zijn reisgenoot over de buitenwijken van New Jersey opmerkte dat 'het eruitziet alsof het morgen allemaal kan worden weggeblazen'.[1] Tijdens die reis las Frampton voor de eerste keer Hannah Arendt's boek *The Human Condition* uit 1958. 'Een sleutel tot de Verenigde Staten,' vond hij het, 'tot de conditie van vergaande kapitalistische productie en consumptie.'[2] Frampton zou enkele jaren later Arendt's onderscheid tussen procesmatige 'arbeid' en 'werk' dat een wereld opbouwt, gebruiken om kritiek te leveren op de schadelijke effecten van automobiliteit, consumentisme en commercialisering op de naoorlogse architectuur en stedelijke vorm.[3] Hij gebruikt Arendt opnieuw in zijn manifest voor een 'kritisch regionalisme' uit 1983. In het manifest doet hij een beroep op haar concept van het 'publieke domein' als een fysieke concretisering van de 'plaats van menselijke verschijning' dat de politieke betekenis van de 'afgebakende plaats-vorm' verduidelijkt als potentiële plek van verzet tegen de 'de eindeloze processtroom van de megalopolis'.[4]

Politiek theoretici bespeuren in *The Human Condition* vaak een analogie met de bespiegelingen van Frampton: een kritische diagnose van het verval van het publieke, politieke leven; van het idee dat actieve deelname aan het gemeenschappelijk zelfbestuur een betekenisvolle onderneming zou kunnen zijn, tegen de achtergrond van de atomiserende en normaliserende krachten van het kapitalisme en de moderne bureaucratische staat. Het is dan ook geen verrassing dat op de zeldzame momenten dat politiek theoretici de invloed van het politieke gedachtegoed van Arendt op de architectuur overwegen, hun reflecties die van Frampton weerspiegelen. In een recent essay dringt Ronald Beiner er bij theoretici die zich bekommeren om het lot van het publieke leven, op aan om de architectonische aspecten van Arendt's idee van 'publieke ruimte' serieus te nemen. Theoretici zouden, Arendt indachtig, moeten erkennen dat zinvolle politieke actie afhankelijk is van een bestaande fysieke omgeving, die kan dienen als 'stabiele horizon voor de ervaring van burgerschap'. Parallel daaraan roept hij architecten op om de taak op zich te nemen, 'de burgerlijke identiteit bewust uit te drukken' en ruimten te ontwerpen die, in tegenstelling tot het 'gebrek aan ziel' van sommige moderne architectuur en stedenbouw, 'ervaren kunnen worden als echte plaatsen van inherente wereldgerichtheid'. 'Mensen kunnen zichzelf slechts burger onder burgers voelen,' concludeert Beiner, 'als zij een wereld bewonen die bedoeld is om het burgerbewustzijn op te bouwen.'[5]

Ik deel Beiner's interesse in de manieren waarop de gebouwde omgeving de politieke ervaring conditioneert, alsmede zijn (en Frampton's) gevoel dat Arendt relevant is wat dit thema betreft. Ik maak me echter zorgen over de ronduit didactische opdracht van Beiner aan architecten om ruimten te produceren, die door de uitdrukking van een burgerlijke identiteit 'ons opvoeden tot burgerschap' en die door de eigen verschijning een 'gedeelde gehechtheid aan een gebouwde plaats die een duurzaam thuis biedt voor de leden van een politieke gemeenschap die zich over vele generaties uitstrekt' cultiveren.[6] Problematisch is dat in een tijd van steeds sneller verlopende migratie – van platteland naar de stad en van de ene stad naar de andere, zowel nationaal als over internationale grenzen heen – de fixatie op het generatie-aspect binnen deze opvatting van burgerschap kan resoneren met een nationalistische politiek, wat Beiner niet bedoelt.[7]

Een ander probleem, en dat wil ik hier uitwerken, heeft met Frampton te maken en dus ook met Arendt. Behalve dat Frampton aandringt op het belang van de 'afgebakende plaats-vorm' als tegenhanger van de modernere plaatsloosheid, stelt hij ook de 'tektonische'

1
Stan Allen en Hal Foster, 'A Conversation with Kenneth Frampton', *October* 106 (najaar 2003), 48.

2
Ibid., 43.

3
Kenneth Frampton, 'Labour, Work and Architecture', in: Charles Jencks en George Baird (red.), *Meaning in Architecture* (Londen: Barrie & Rockliff, 1969); gereviseerd als 'The Status of Man and the Status of his Objects', in: Kenneth Frampton, *Labour, Work and Architecture: Collected Essays in Architecture and Design* (Londen: Phaidon, 2002).

4
Kenneth Frampton, 'Towards a Critical Regionalism: Six Points for an Architecture of Resistance', in: Frampton, *Labour, Work and Architecture*, op. cit. (noot 3), 85-86; Nederlandse vertaling: Kenneth Frampton, 'Naar een kritisch regionalisme: Zes punten voor een architectuur van verzet', in: Tom Avermaete et al. (red.), *Kritisch regionalisme heroverwogen*, *OASE* 103 (2019), 24.

5
Ronald Beiner, 'Durability and Citizenship: Towards an Arendtian Political Philosophy of Architecture', in: Duncan Bell en Bernardo Zacka (red.), *Political Theory and Architecture* (Londen: Bloomsbury Academic, 2020), 107, 112, 115.

6
Ibid., 103, 110.

7
Voor een alternatief, zie: Fonna Forman, 'Epilogue: Top-Down / Bottom-Up: Co-Producing the City', in: Bell en Zacka, *Political Theory and Architecture*, op. cit. (noot 5).

The prospect that concerns me, in effect, is that didactic architectural expressions of civic identity may themselves become scenographic, offering uplifting images of commonality or publicness to (some of) the occupants of these spaces, while at the same time obscuring the social conditions of their own production, and drawing attention away from severe forms of inequality and unfreedom that characterise the larger environments in which they are situated.[9]

One might well doubt that this problem can be addressed in Arendtian terms. Given *The Human Condition*'s apparent debt to classical Athenian political ideology – in which, on Arendt's representation, the 'public realm' acquired its significance as a space of glorious appearance and political freedom precisely by virtue of its opposition to a 'private realm' in which unfree women and slaves were supposed to perform, unseen, the 'servile' activities needed to sustain life – perhaps this idea of public space has been indelibly scenographic from the start.[10] Moreover, Arendt's phenomenological commitment to the register of 'appearance' – which, as she put it, is not opposed to but 'constitutes' reality – seems to offer little ground from which to diagnose or indict the way a scenographic surface 'masks' or 'obscures' an underlying structure.[11] Nevertheless, in the rest of this essay, I pursue an unorthodoxly Arendtian response to this problem by carrying Frampton's idea of the tectonic – in which, after all, structure is not disjoined from but articulated with its appearance – back to Arendt's work.[12] Rather than return to her well-known treatments of public space or the space of appearance, however, I attend to two other tantalising moments at which Arendt might have, but didn't *quite*, talk or write about architecture.

2

In the autumn of 1950, after putting the finishing touches on *The Origins of Totalitarianism*, Hannah Arendt began rereading some classic texts of European political philosophy, aided by the arrival in New York of the library she had left behind when she fled Europe a decade earlier. She appears to have started with Plato's *Statesman*, in Greek.[13] And this text seems to have drawn her attention to the centrality of the idea of rule, *arkhê*, in what she would come to call the 'the tradition of Western political thought'. Over the next several years, Arendt developed a complex critique of the traditional representation of politics as a matter of rule – which, on her understanding, meant something very specific, for 'rule' was not simply a synonym for 'legitimate authority', nor for 'domination'. Instead, the object of Arendt's critique was the notion that politics could be organised around a strict distinction between those who know what has to be done, and who therefore act by 'giving commands', and those who supposedly merely carry out 'the function of executing' the orders of their superiors, as if mechanically.[14] For Arendt, this idea of politics was rooted a specific experience of freedom – the freedom of the ruler of a household, who achieves independence from material necessity by subordinating others. Ancient political philosophers like Plato, she argued, had taken up this understanding of freedom as independence in rulership, transposing onto politics the discourse through which free Athenians represented to themselves the nature of the private, household realm, 'where nothing would ever be done if the master did not know what to do and give orders to the slaves who executed them without knowing'.[15] Indeed, for Arendt, the problem was not simply that Plato had exported the idea of rule beyond its appropriate domain, for the idea that rule in this sense *had* an 'appropriate domain' was central to Athenian civic ideology; it was what gave the experience of political freedom, understood as an escape from the household won through the subjection of others, its pathos and value.[16] What Plato had supposedly transposed into a new register, Arendt thought, was this whole contrast between a realm of unfreedom and a realm of freedom, which he identified not with the distinction between household and *polis*, but with the distinction between *all* forms of worldly human activity and the philosophical escape into the quiet of contemplation.[17] Political philosophy, in other words, had become anti-political by

9
For a detailed example of this sort of problem, see Margaret Kohn's Lefebvrian critique of Jane Jacobs in 'Making Superstar Cities Work: Jane Jacobs in Toronto', in: Bell and Zacka, *Political Theory and Architecture*, op. cit. (note 5).

10
Hannah Arendt, *The Human Condition* (Chicago: University of Chicago Press, 1958), 28-37.

11
Ibid., 50.

12
Frampton, '*Rappel à l'Ordre*', op. cit. (note 4), 93; Frampton, 'Towards a Critical Regionalism', op. cit. (note 4), 88.

13
Hannah Arendt, *Denktagebuch 1950 bis 1973*, edited by Ursula Ludz and Ingeborg Nordmann, vol. 1 (September 1950) (Munich: Piper, 2002), 19-28; Barbara Hahn, James McFarland and Ingeborg Nordmann, 'Editors' Afterword', in: Hannah Arendt, *The Modern Challenge to Tradition: Fragmente eines Buchs*, vol. 6 of the *Kritische Gesamtausgabe/Complete Works* (Göttingen: Wallstein, 2018), 860-866.

14
Arendt, *The Human Condition*, op. cit. (note 10), 189-190.

15
Ibid., 223.

16
Ibid., 84.

17
Ibid., 14-15, 85.

dimensie van architectuur (de manier waarop een gebouw toont dat het een bouwwerk is, door de uitdrukking van fysieke structuur die het geheel overeind houdt) aan de orde. Hij stelt deze 'tektonische' dimensie tegenover de laat-kapitalistische reductie van architectuur tot 'scenografie', waarin een voornamelijk decoratief oppervlak over een structuur wordt gelegd. Oppervlak en structuur hebben alleen maar een arbitraire relatie: het oppervlak drukt niet de structuur uit, maar bedekt die juist.[8] Waar ik hier in feite bezorgd over ben, is dat leerzame architectonische uitingen van burgerlijke identiteit zelf scenografisch kunnen worden. Het gevaar is dat ze opbeurende beelden van gemeenschappelijkheid of openbaarheid bieden aan (enkele van) de gebruikers van deze ruimten, terwijl ze tegelijkertijd de sociale omstandigheden waaronder ze zijn gemaakt verdoezelen en bovendien de aandacht afleiden van ernstige vormen van ongelijkheid en onvrijheid, die hun bredere omgeving kenmerken.[9]

We kunnen betwijfelen of deze problemen wel in de termen van Arendt geadresseerd kunnen worden. *The Human Condition* is immers duidelijk gebaseerd op de klassieke Atheense politieke ideologie, waarin, volgens Arendt, het 'publieke domein' zijn belang als ruimte van glorieuze verschijning en politieke vrijheid verwierf, juist doordat het werd afgezet tegen het 'privédomein', waar de onvrije vrouwen en slaven, ongezien, de 'nederige' activiteiten die nodig waren om in leven te blijven, moesten uitvoeren. Misschien is het idee van de publieke ruimte dus al vanaf het begin onmiskenbaar scenografisch geweest.[10] Bovendien lijkt Arendt's fenomenologische toewijding aan het geheel van de 'verschijning' – die volgens haar niet tegengesteld is aan de werkelijkheid maar deze juist 'vestigt' – niet te wijzen in de richting van analyses of kritiek op een scenografisch oppervlak dat een onderliggende structuur 'maskeert' of 'verduistert'.[11] Toch zal ik in dit essay proberen een onorthodox weerwoord à la Arendt te geven, door Frampton's idee van het tektonische – waar structuur en verschijningsvorm samenvallen en gearticuleerd worden – terug te koppelen naar Arendt's werk.[12] In plaats van terug te keren naar de overbekende manier waarop ze de publieke ruimte of de 'ruimte van verschijning' behandelde, ga ik naar twee andere prikkelende momenten waarop Arendt hàd kunnen spreken of schrijven over architectuur – maar het niet deed.

2

In de herfst van 1950, nadat ze de laatste hand had gelegd aan haar boek *The Origins of Totalitarianism*, herlas Hannah Arendt enkele klassieke teksten uit de Europese politieke filosofie. Haar bibliotheek, die ze achter had moeten laten toen ze een decennium eerder Europa ontvluchtte, kwam eindelijk in New York aan. Waarschijnlijk begon ze met Plato's *De staatsman*, dat ze in het Grieks las.[13] Deze tekst lijkt haar aandacht te hebben gevestigd op het centrale idee van heerschappij, *arkhê*, wat zij later 'de traditie van westers politiek denken' zou noemen. In de volgende jaren ontwikkelde Arendt een complexe kritiek op het traditionele beeld van politiek als een zaak van heerschappij. Dit betekende volgens haar iets heel specifieks: 'heerschappij' was niet eenvoudigweg een synoniem voor het 'legitieme gezag', of voor 'overheersing'. Arendt's kritiek betrof vooral het idee dat de politiek georganiseerd kon worden rondom een strikt onderscheid tussen degenen die wisten wat er gedaan moest worden, en daardoor handelen konden door 'bevelen te geven', en anderen die zogenaamd enkel de functie hadden om de bevelen van hun superieuren 'uit te voeren', als het ware mechanisch.[14] Volgens Arendt was dit concept van politiek geworteld in een specifieke ervaring van vrijheid: de vrijheid van degene die heerst over het huishouden en die, door anderen ondergeschikt te maken, onafhankelijk is van materiële noodzakelijkheden. Antieke politiek filosofen als Plato, zo betoogde ze, hadden dit begrip van 'vrijheid als onafhankelijkheid' in het idee van heerschappij geïntegreerd. Op die manier introduceerden ze binnen het politieke domein het discours waaronder de vrije inwoners van Athene een privé huishouden begrepen: 'waar niets ooit zou worden gedaan indien niet de meester wist wat er te doen stond en niet zijn bevelen gaf aan de slaven, die deze bevelen uitvoerden zonder te weten waarom of waartoe'.[15] Volgens Arendt was niet alleen problematisch dat Plato het idee van heerschappij had toegepast buiten haar geëigende domein (dat heerschappij een 'eigen passend domein'

8 Kenneth Frampton, '*Rappel à l'Ordre*: The Case for the Tectonic', in: Frampton, *Labour, Work and Architecture*, op. cit. (noot 4), 93-94; Frampton, 'Naar een kritisch regionalisme', op. cit. (noot 4), 15.

9 Voor een gedetailleerd voorbeeld van een dergelijk probleem, zie: Margaret Kohn's kritiek in de lijn van Henri Lefebvre op Jane Jacobs, in: 'Making Superstar Cities Work: Jane Jacobs in Toronto', in: Bell en Zacka, *Political Theory and Architecture*, op. cit. (noot 5).

10 Hannah Arendt, *De menselijke conditie* (Amsterdam: Uitgeverij Boom, 2009), 32-39.

11 Ibid., 51.

12 Frampton, '*Rappel à l'Ordre*,' op. cit. (noot 4), 93; Frampton, 'Naar een kritisch regionalisme', op. cit. (noot 4), 31.

13 Hannah Arendt, *Denktagebuch 1950 bis 1973*, redactie Ursula Ludz en Ingeborg Nordmann, deel 1 (september 1950) (München: Piper, 2002), 19-28; Barbara Hahn, James McFarland en Ingeborg Nordmann, 'Editors' Afterword', in: Hannah Arendt, *The Modern Challenge to Tradition: Fragmente eines Buchs*, deel 6 van de *Kritische Gesamtausgabe/Complete Works* (Göttingen: Wallstein, 2018), 860-866.

14 Arendt, *De menselijke conditie*, op. cit. (noot 10), 173-174.

15 Ibid., 209.

repeating the founding gesture of division and subordination that had supposedly made political life possible: as Arendt put it in a notebook entry in 1953: 'The revenge of slavery consists in the fact that it transformed all political questions into problems of rule.'[18] To respond to this development, it was not enough simply to restore the old division between an unfree household and a free *polis*: instead, Arendt set out in *The Human Condition* to ask what 'freedom' might mean if it were to be understood as something manifest when people interact as peers in a world they share, rather than as a privilege to be won through rule, whether of others or of oneself.[19]

Although Arendt would ultimately focus on slaveholding ideology as the most vivid and extreme example of the representation of human relationships as a matter of rule, it was not the only one she encountered when she sat down with Plato's *Statesman*. Early in the dialogue, the Eleatic Stranger, in conversation with a young student, begins the 'search for the statesman' by distinguishing between two kinds of expertise, theoretical and practical. The former is exemplified by arithmetic, which gives knowledge without being involved in action, while the latter is exemplified by 'carpentry' (*tektonikê*) and other kinds of handicraft, whose knowledge is 'bound up with practical actions' and is used to produce material things.[20] The Stranger then groups kingship, statesmanship, rule over slaves and household management together on the grounds that the expertise proper to each is more theoretical than practical: the power of a king, for example, depends more on 'the understanding and force of his mind' than on 'the use of his hands or his body in general'.[21] Yet that does not mean that sheer numerical calculation, which is finished when it arrives at a judgment, is just the same as kingship, statesmanship or rule over slaves, for these employ judgments to issue directives or commands. To explicate *this* distinction, the Stranger introduces the example of the architect, whose very name, *arkhi-tektôn*, suggests that he is not simply a 'master builder' in the sense of an especially accomplished builder, but a master *of* builders, who issues commands rooted in his powers of mind to those workers whose bodies merely carry them out.[22]

Arendt marked this passage in the margin of the edition of the *Statesman* she read in 1950, though she does not seem to have mentioned it in her writing.[23] But the Platonic understanding of architecture as fundamentally different from and superior to the craft of building that it directs would come to constitute one pole of a fundamental tension in the self-understanding of the field, vividly captured in Alberti's famous characterisation of the 'carpenter' as 'but an instrument in the hands of the architect', who employs 'sure and wonderful reason and method' to give form to his constructions.[24] And against this background, though he did not put it quite this way, Frampton's insistence on the centrality of the tectonic dimension of the architectural enterprise – that 'the built is first and foremost a construction and only later an abstract discourse based on surface, volume, and plan' – might be seen as a way of pushing back against this picture of architecture as a form of rule, freeing building from the neo-Platonic conceit that it involves nothing other than mechanically executing a design produced elsewhere and by fundamentally non-material means, and regrounding the 'poetics' of architectural design in the 'constructional and structural modes by which, of necessity, it has to be achieved'.[25] And while Frampton's concern has largely been with the expression of structure in the appearance of a completed architectural work, his defence of the tectonic may also have implications for the organisation of *processes* of design and construction in an age when the work of the 'starchitect', leveraging visual spectacle to cultivate patronage and enjoy global celebrity, is ever more distant from the exploitative international market for migrant construction labour.[26] There was a little of Plato – or at least of the Eleatic Stranger[27] – in Zaha Hadid's response to questions about the deaths of labourers at the site of the Al Wakrah World Cup stadium in Qatar: 'I have nothing to do with the workers.'[28]

18
Arendt, *Denktagebuch*, vol. 1 (May 1953), op. cit. (note 13), 368.

19
I develop and defend these claims at length in a book in progress, *Politics Against Rule: Hannah Arendt and* The Human Condition.

20
Plato, *Statesman*, edited and translated by C.J. Rowe (Warminster: Aris & Phillips, 1995), 258b3, 258d4-e5.

21
Ibid., 259c1-d4.

22
Ibid., 259e8-9.

23
Platonis, *Dialogi Graece et Latine*, edited by Immanuel Bekker, pt. 2, vol. 2 (Berlin: G. Reimer, 1817), 251. Arendt's library is housed at Bard College's Stevenson Library; scans of annotated pages of this and many other volumes can be found online: https://blogs.bard.edu/arendtcollection/.

24
Leon Battista Alberti, *On the Art of Building in Ten Books*, translated by Joseph Rykwert, et al. (Cambridge, MA: MIT Press, 1988), 3; see also: Adrian Forty, *Words and Buildings: A Vocabulary of Modern Architecture* (London: Thames & Hudson, 2000), 137ff.

25
Kenneth Frampton, *Studies in Tectonic Culture* (Cambridge, MA: MIT Press, 1995), 2.

26
But see Frampton's discussion of the relationship of the idea of the tectonic to the 'division of labor' in architecture (and between architecture and building) in: Allen and Foster, 'A Conversation', op. cit. (note 1), 49-50.

27
Arendt, like many readers, flatly treated the utterances of characters in Plato's dialogues as expressions of his doctrine. For a critique and a powerful alternative see: Jill Frank, *Poetic Justice: Rereading Plato's Republic* (Chicago: University of Chicago Press, 2018), 27ff.

28
James Riach, 'Zaha Hadid Defends Qatar World Cup Role Following Migrant Worker Deaths', *The Guardian*, 25 February 2014, see: www.theguardian.com/world/2014/feb/25/zaha-hadid-qatar-world-cup-migrant-worker-deaths (accessed 24 January 2017). For an antihierarchical vision of the relation of architecture to the work of building see Peggy Deamer, 'Architects, Really', in: Nadir Lahiji (ed.), *Can Architecture Be an Emancipatory Project?* (Alresford: Zero Books, 2016).

had, was een cruciaal idee in de burgerlijke ideologie van Athene). Juist de bevrijding uit het huishouden, mogelijk gemaakt door anderen te onderwerpen, verleende de ervaring van politieke vrijheid haar pathos en waarde.[16] Plato, dacht Arendt, heeft dit hele contrast tussen het domein van de vrijheid en het domein van de onvrijheid overgezet in een nieuw register. Hij identificeerde dit onderscheid niet als het contrast tussen het huishouden en de *polis*, maar met een onderscheid tussen *alle* vormen van wereldlijke menselijke activiteit enerzijds en de filosofische vlucht in de stilte van contemplatie anderzijds.[17] De politieke filosofie was, met andere woorden, anti-politiek geworden door het diepgewortelde idee van onderscheid en onderwerping te introduceren, dat het politieke leven schijnbaar mogelijk maakt. 'De wraak van de slavernij bestaat uit het feit dat het alle politieke kwesties omvormde tot kwesties van heerschappij,' schreef Arendt in een dagboekaantekening in 1953.[18] Om hierop te reageren was het niet genoeg om eenvoudigweg het oude onderscheid tussen het onvrije huishouden en de vrije *polis* te herstellen. Vandaar dat Arendt *The Human Condition* begint met de vraag wat 'vrijheid' zou kunnen betekenen, als iets dat zich manifesteert als mensen als gelijken met elkaar omgaan in de wereld, in plaats van als een privilege dat verworven wordt door te heersen – over anderen of over zichzelf.[19]

Hoewel Arendt zich uiteindelijk zou richten op de ideologie van de slavernij als het meest heldere en extreme voorbeeld van het idee dat menselijke relaties een kwestie van heerschappij zijn, was dit niet het enige dat ze tegenkwam toen ze Plato's *De Staatsman* herlas. Al vroeg in de dialoog met een jonge student begint de 'vreemdeling uit Elea' een 'zoektocht naar de staatsman' door een verschil te maken tussen twee soorten deskundigheid: theoretische en praktische expertise. De eerste wordt geïllustreerd door de rekenkunde, dat kennis biedt zonder betrokken te zijn in handelingen, terwijl de laatste geïllustreerd wordt door timmerwerk (*tektonikê*) en andere vormen van handwerk, waarvan de kennis 'gebonden is aan praktische handelingen' en gebruikt wordt om materiële dingen mee te maken.[20] De 'vreemdeling' groepeert vervolgens koningschap, staatsmanschap, heerschappij over slaven en het beheer over het huishouden bijeen, op grond van het feit dat de benodigde deskundigheid voor elk van deze categorieën meer theoretisch dan praktisch van aard is. De macht van de koning berust, bijvoorbeeld, meer op 'het begrip en de kracht van zijn geest' dan op 'het gebruik van zijn handen of lichaam in het algemeen'.[21] Dat betekent natuurlijk niet dat de zuiver numerieke calculatie van de rekenkunde, die in logische stappen de som oplost en dan het antwoord klaar heeft, hetzelfde is als koningschap, staatsmanschap of de heerschappij over slaven. Deze gebruiken hun oordeel immers om richtlijnen en bevelen uit te vaardigen. Om *dit* verschil te verduidelijken, introduceert de 'vreemdeling' het voorbeeld van de architect. Precies deze titel, *arkhi-tektôn*, suggereert dat hij niet alleen maar 'meester-bouwer' is, in de zin van een bijzonder vaardige bouwer, maar een meester *van* bouwers die met zijn krachtige geest bevelen geeft aan de werklui, die deze commando's fysiek uitvoeren.[22]

Arendt markeerde deze passage in de kantlijn van haar exemplaar van *De Staatsman* dat ze in 1950 las, al lijkt ze er in haar eigen werk niet naar te verwijzen.[23] Het Platoonse begrip van architectuur als totaal anders dan (en superieur aan) het bouwambacht dat zij aanstuurt, zou echter wel een fundamentele spanning in het zelfbegrip van het veld veroorzaken. Door Alberti is deze spanning helder neergezet in zijn beroemde karakterisering van de 'timmerman' als 'slechts een instrument in de handen van de architect', die 'betrouwbare en prachtige redenen en methoden' hanteert om zijn constructies vorm te geven.[24] Ook al stelde hij het niet op deze manier, ook Frampton's nadruk op de centrale tektonische dimensie van de architectuurpraktijk – dat 'het gebouwde allereerst en vooral constructie is en pas later een abstract betoog, gebaseerd op oppervlak, volume en plattegrond' – kan men zien als een manier om afstand te nemen van dit beeld van architectuur als een vorm van heerschappij. Op die manier bevrijdt Frampton het bouwen van de neo-Platoonse gedachte dat het niets anders inhoudt dan het mechanisch uitvoeren van een ontwerp dat elders (en via niet-materiële middelen) is ontwikkeld. Tegelijkertijd situeert hij de 'poëzie' van architectonisch ontwerp in de 'constructie en structurele middelen die noodzakelijk zijn om het te realiseren'.[25] Terwijl Frampton zich

16
Ibid., 80.

17
Ibid., 20-22, 81.

18
Arendt, *Denktagebuch*, deel 1 (mei 1953), op. cit. (noot 13), 368.

19
Ik ontwikkel/verdedig deze claim uitgebreid in een boek dat ik bezig ben te schrijven: *Politics Against Rule: Hannah Arendt and* The Human Condition.

20
Plato, *Statesman*, redactie en vertaling C.J. Rowe (Warminster: Aris & Phillips, 1995), 258b3, 258d4-e5.

21
Ibid., 259c1-d4.

22
Ibid., 259e8-9.

23
Platonis, *Dialogi Graece et Latine*, in: Immanuel Bekker (red.), pt. 2, deel 2 (Berlijn: G. Reimer, 1817), 251. Arendt's bibliotheek is gehuisvest in de Stevenson bibliotheek van Bard College. Scans van geannoteerde pagina's van deze en veel andere uitgaven zijn online te raadplegen: https://blogs.bard.edu/arendtcollection/.

24
Leon Battista Alberti, *On the Art of Building in Ten Books*, vertaling Joseph Rykwert et al. (Cambridge, MA: MIT Press, 1988), 3; zie ook: Adrian Forty, *Words and Buildings: A Vocabulary of Modern Architecture* (Londen: Thames & Hudson, 2000), 137ff.

25
Kenneth Frampton, *Studies in Tectonic Culture* (Cambridge, MA: MIT Press, 1995), 2.

3

In June 1959, a year after the appearance of *The Human Condition*, Hannah Arendt attended a seminar on 'mass culture' sponsored by the Tamiment Institute, an educational organisation in New York City with roots in the American socialist movement. Tamiment's headquarters were in an old neo-Romanesque building on East Fifteenth Street, which had once been known as the 'People's House' – a 'gathering place of the sons and daughters of the working class' and an 'eloquent monument to the dream of Socialism', as Eugene V. Debs had put it in 1917 – whose tenants had included the Institute's older sibling, the Rand School of Social Science; it had been a target of government raids during the first Red Scare.[29] But the Tamiment seminar on mass culture did not take place in the bustle of Union Square; instead, it was held at a sprawling lakeside retreat in eastern Pennsylvania. Founded in the 1920s as a camp and summer school for workers, by the 1950s Tamiment-in-the-Poconos had become a mainstream resort whose revenue quietly sustained the less lucrative activities of the Rand School and the Tamiment Institute back in the city. It was profiled in *Architectural Forum* for its sleek new buildings that left the 'log cabin era' of resort construction behind; it was featured in a special section of *Progressive Architecture* on the post-war boom in 'leisure time'; and it was advertised in the *New York Times* as 'the happiest of all hunting grounds for golf, tennis, swimming, dancing, cocktail parties, and downright luxury living'.[30]

Arendt spoke on the first morning of the seminar in response to the sociologist Edward Shils, who had recently published a polemic against post-war critics of mass culture who feared that a 'sea of base and unredeemable vulgarity' threatened to drown the 'heights of the high culture of the West'.[31] As Shils's comments at the seminar made clear, it wasn't the language of high and low that bothered him, for he too distinguished among 'refined', 'mediocre' and 'brutal' culture,[32] but he charged these critics (many of whom were or had been Marxists) with having sublimated their economic critique of capitalism into an aesthetic critique of the working classes by whom they felt betrayed – thereby vastly overestimating the danger posed by mass society to refined culture. Arendt declined to take sides in this debate, but instead zeroed in on something that both perspectives shared: the practice of rank-ordering cultural objects into what Shils had called 'levels of quality measured by aesthetic, intellectual, and moral standards'.[33] This, Arendt worried, could all too easily become a form of 'cultural and educated philistinism', in which the appreciation of supposedly superior cultural objects was mobilised as a marker of status and a source of social capital. In this way, she proposed, high or 'good' society engaged in a problematic 'functionalisation' of culture, different from the 'consumption' of cultural objects characteristic of mass society, but no less corrosive of what Arendt proposed was the 'most important and elemental quality' of cultural objects: their enduring power to 'grasp and move the reader or spectator, through the centuries', not merely by their 'use value' but by their 'shape and appearance'.[34]

In the conversation that followed, participants in the seminar pressed Arendt on the relationship between objects of art and culture and 'use objects'. What about a Greek black-figured vase, one questioner asked, once used to store honey but now displayed in a museum? It wasn't the physical configuration of the object that mattered, Arendt affirmed, but how the object was treated: 'For the Greeks it was a use object and for us it has become an object of art because of its rarity.' Another participant invoked a category of cultural objects that seemed to be artistic and useful *simultaneously*: 'The buildings we inhabit or the materials we use in them: are they art objects, ever? We use them.' Arendt agreed: 'You don't have to go to architecture; if it is great architecture, it is obvious, but even ordinary use objects transcend their functional use, because they have a shape.'[35] This was an echo of a thought she had expressed in *The Human Condition* and repeated in her prepared remarks: that 'whatever has a shape at all and is seen cannot help being beautiful, ugly, or something in-between' and that 'if we wanted to judge an object by its use value alone,

29
Eugene V. Debs, 'The Vision of the People's House', *The New York Call*, 2 September 1917, 8; on 7 E. 15th St. (built in 1887 for the YWCA) see: Marjorie Pearson (ed.), *Ladies' Mile Historic District Designation Report*, vol. 2 (New York: New York City Landmarks Preservation Commission, 1989), 405-410; on Tamiment and the Rand School see: Dorothy Swanson, 'The Tamiment Institute/Ben Josephson Library', *Labor History* 31/1-2 (winter/spring 1990), 48-54.

30
'Summer Resorts', *Architectural Forum* (March 1948), 110-119: 114; 'More Leisure Time', *Progressive Architecture* (March 1954), 77-97; *The New York Times*, 29 May 1959, 28. On Tamiment-in-the-Poconos see: Lawrence Squeri, *Better in the Poconos: The Story of Pennsylvania's Vacationland* (University Park: Pennsylvania State University Press, 2002), 127-133, 157-163, 175-180, 201-206.

31
Edward Shils, 'Daydreams and Nightmares: Reflections on the Criticism of Mass Culture', *Sewanee Review* 64/4 (October/December 1957), 587-608: 587. A version of Arendt's remarks was published as 'Society and Culture', *Daedalus* 89/2 (spring 1960), 278-287. This text served as one source for 'The Crisis in Culture', in: Hannah Arendt, *Between Past and Future: Six Exercises in Political Thought* (New York: Viking, 1961), along with 'Kultur und Politik', *Merkur* 12/12 (December 1958), 1122-1145; translated as 'Culture and Politics', in: Hannah Arendt, *Reflections on Literature and Culture*, edited by Susannah Young-Ah Gottlieb (Stanford: Stanford University Press, 2007). See also: Patchen Markell, 'Arendt, Aesthetics, and "The Crisis in Culture"', in: Nikolas Kompridis (ed.), *The Aesthetic Turn in Political Thought* (London: Bloomsbury, 2014).

32
Edward Shils, 'Mass Society and its Culture', *Daedalus* 89/2 (spring 1960), 288-314: 291.

33
Ibid.

34
Arendt, 'Society and Culture', op. cit. (note 31), 286, 280.

35
'Problems of Mass Culture', transcript, Tamiment Institute Records, Tamiment Library, New York University, box 7, folder 4, 62-63.

vooral bezighield met de manier waarop structuur zichtbaar wordt gemaakt in een voltooid bouwwerk, kan zijn verdediging van de tektoniek ook implicaties hebben voor de organisatie van de *processen* van ontwerp en constructie. Zeker in een tijdperk waarin het werk van de 'starchitect', die met zijn visuele spektakel een clientèle cultiveert en wereldwijd bekendheid geniet, steeds verder af is komen te staan van de uitbuiting van migrerende bouwvakkers op de internationale arbeidsmarkt.[26] Er was iets van Plato – of op zijn minst iets van 'de vreemdeling uit Elea'[27] – in Zaha Hadid's reactie op vragen naar de dood van arbeiders op de bouwplaats van het Al Wakrah World Cup stadion in Qatar: 'Ik heb niets te maken met de arbeiders.'[28]

3

In juni 1959, een jaar na de verschijning van *The Human Condition*, bezocht Hannah Arendt een congres over 'massacultuur' dat gesponsord werd door het Tamiment Instituut, een educatieve organisatie uit New York met wortels in de Amerikaanse socialistische beweging. Het hoofdkantoor van het instituut was gevestigd in een oud neo-Romaans gebouw in East Fifteenth Street, dat eerder bekend stond als het 'People's House' – een 'plaats waar de zonen en dochters van de werkende klasse konden samenkomen' en een 'sprekend monument voor de droom van het socialisme', zoals de socialistische presidentskandidaat Eugene V. Debs schreef in 1917 – en waar het oudere zusje van het instituut, de Rand School of Social Science, een van de huurders was. Het gebouw was een van de doelwitten van overheidsinvallen tijdens de eerste *Red Scare*.[29] Het Taminent-congres over massacultuur werd echter niet gehouden in het drukke Union Square, maar op een uitgestrekte buitenplaats aan de oever van een meer in het oosten van Pennsylvania. De buitenplaats was in de jaren 1920 opgericht als kamplocatie en zomerschool. In de jaren 1950 was Taminent-in-the-Poconos echter een gewoon vakantieoord geworden waarvan de opbrengsten de minder lucratieve activiteiten van de Rand School en het Tamiment Instituut in de stad opvijzelden. In *Architectural Forum* werden de chique nieuwe gebouwen die 'het tijdperk van de blokhutten' achter zich hadden gelaten, besproken. *Progressive Architecture* nam het vakantieoord op in een speciaal gedeelte over de groei van 'vrije tijd' in de periode na de Tweede Wereldoorlog. En in de *New York Times* werd het aangeprezen als 'de gelukkigste vindplaats voor golf, tennis, zwemmen, dansen, cocktailparty's, en ronduit luxueus verblijven'.[30]

De eerste ochtend van het congres reageerde Arendt op de bijdrage van socioloog Edward Shils, die juist een polemiek had gepubliceerd tegen de naoorlogse critici van massacultuur. De kritiek was gericht op de 'zee van platte en ondragelijke vulgariteit' die de 'schatten van de hoge westerse cultuur' dreigde te overspoelen.[31] Uit Shils' toelichting blijkt dat niet de taal van 'hoge' en 'lage' cultuur hem dwars zat; zelf maakte hij immers onderscheid tussen 'verfijnde', 'middelmatige' en 'grove' cultuur.[32] Hij beschuldigde echter de critici, veelal (oud-)marxisten, dat ze hun economische kritiek op het kapitalisme hadden gesublimeerd tot een esthetische kritiek op de arbeidersklasse, door wie ze zich verraden voelden. Tegelijkertijd waren ze, volgens Shils, geneigd het gevaar van de massacultuur voor de verfijnde cultuur zwaar te overschatten. Arendt weigerde partij te kiezen in dit debat, maar legde de nadruk op iets wat beide gezichtspunten gemeen hadden: de praktijk om culturele objecten te rangschikken in, zoals Shils het noemde, 'kwaliteitsniveaus gemeten naar esthetische, intellectuele en morele normen'.[33] Dit kan al te gemakkelijk leiden tot een vorm van 'cultureel en geleerd filistinisme', vreesde Arendt, waarbij de waardering voor vermeende superieure culturele objecten gebruikt wordt om een bepaalde status te verkrijgen en als bron van sociaal kapitaal. Op deze manier, stelde ze, raakte de hoge of 'goede' samenleving betrokken in een problematische 'functionalisering' van cultuur. Hoewel anders dan de 'consumptie' van culturele objecten die kenmerkend is voor de massamaatschappij, is deze functionalisering niet minder bedreigend voor wat Arendt als de 'meest belangrijke en elementaire kwaliteit' van culturele objecten benoemt: hun blijvende kracht om 'door de eeuwen heen de lezer of kijker te begeesteren en te ontroeren,' niet slechts door hun 'gebruikswaarde', maar juist door hun 'vorm en verschijning'.[34]

26
Zie hiervoor Frampton's discussie over de relatie tussen het idee van de tektoniek en het 'onderscheid van arbeid' in architectuur (en tussen architectuur en bouwen) in: Allen en Foster, 'A Conversation', op. cit. (noot 1), 49-50.

27
Arendt, zoals veel lezers, behandelt de uitingen van de karakters in Plato's dialogen als uitingen van zijn doctrine. Voor een kritiek en een krachtig alternatief zie: Jill Frank, *Poetic Justice: Rereading Plato's Republic* (Chicago: University of Chicago Press, 2018), 27ff.

28
James Riach, 'Zaha Hadid Defends Qatar World Cup Role Following Migrant Worker Deaths', *The Guardian*, 25 februari 2014, zie: www.theguardian.com/world/2014/feb/25/zaha-hadid-qatar-world-cup-migrant-worker-deaths (geraadpleegd 24 januari 2017). Voor een anti-hiërarchische visie op de relatie tussen architectuur en het werk van het bouwen, zie: Peggy Deamer, 'Architects, Really', in: Nadir Lahiji (red.), *Can Architecture Be an Emancipatory Project?* (Alresford: Zero Books, 2016).

29
Eugene V. Debs, 'The Vision of the People's House', *The New York Call*, 2 september 1917, 8; wat betreft 7 E. 15th St. (gebouwd in 1887 voor de YWCA) zie: Marjorie Pearson (red.), *Ladies' Mile Historic District Designation Report*, deel 2 (New York: New York City Landmarks Preservation Commission, 1989), 405-410; wat betreft Tamiment en de Rand School, zie: Dorothy Swanson, 'The Tamiment Institute/Ben Josephson Library', *Labor History* 31/1-2 (winter/voorjaar 1990), 48-54.

30
'Summer Resorts', *Architectural Forum* (maart 1948), 110-119: 114; 'More Leisure Time', *Progressive Architecture* (maart 1954), 77-97; *The New York Times*, 29 mei 1959, 28. Voor info over Tamiment-in-the-Poconos, zie: Lawrence Squeri, *Better in the Poconos: The Story of Pennsylvania's Vacationland* (University Park: Pennsylvania State University Press, 2002), 127-133, 157-163, 175-180, 201-206.

31
Edward Shils, 'Daydreams and Nightmares: Reflections on the Criticism of Mass Culture,' *Sewanee Review* 64/4 (oktober/december 1957), 587-608: 587. Een versie van Arendt's opmerkingen werd gepubliceerd als 'Society and Culture', in: *Daedalus* 89/2 (voorjaar 1960), 278-287. Deze tekst functioneert als bron voor 'The Crisis in

> p. 50

and not also by its appearance (that is, by whether it is beautiful or ugly or something in between), we would first have to pluck out our eyes'.[36] Indeed, in *The Human Condition*, Arendt had gone one step further, suggesting not only that things could be judged both by their usefulness and by their appearance, but that these were, somehow, *interrelated* considerations; that 'the standard by which a thing's excellence is judged is never mere usefulness, as though an ugly table will fulfill the same function as a handsome one, but its adequacy or inadequacy to what it should *look* like'.[37] Now, stimulated by her questioner's reference to architecture, Arendt seemed to be on the verge of elaborating this difficult idea, which she had stated only telegraphically in her book. 'The point we are trying to decide is, how should our world look,' Arendt began. 'If you have a building of a certain architectural character . . .' But just then, the transcript of the session shows, the chair of the seminar interrupted, invoked the 'soap opera technique' of leaving the audience in suspense, and suggested that they resume their discussion 'after lunch'.[38]

4

If the conversation about architecture continued, it was not recorded; and so we do not know whether Arendt was reaching towards architecture because of its conspicuous suspension between fine art and useful craft. But whatever Arendt herself had been about to say, Frampton's idea of the 'tectonic' may offer a way of grasping her elusive suggestion that the 'look' of the built environment is not something superimposed upon an (aesthetically indifferent) 'function' – that the use of a construction and its appearance are, instead, inseparable – without lapsing into a reductive functionalism. For while the point of the adaptation of visible form to a given function is to lubricate its performance, the tectonic dimension of architecture, for Frampton, involves the *expression* or *display* of a function – in the first instance, the functional interrelation of the elements of the structure – and the point of such display can't be to facilitate functionality in a technical sense: a building that covers the mechanisms of its integrity behind a decorative façade can easily remain standing. Rather, Frampton's point is that this display achieves something else that cannot be accomplished if the look of a building is disconnected from its function: it enables an apprehension of the *meaning* of the performance of this function (the enduring resistance to gravity) in a particular way and a particular place.[39] By the same token, the trouble with the proposition about ugly and beautiful tables that Arendt rejected is not that it is strictly untrue – an ugly table *can* easily fulfil the same function as a handsome one – but rather that it is true only from a perspective that takes functions or uses as given, a perspective whose instability Arendt had diagnosed earlier in *The Human Condition*, in her account of the 'unending chain of means and ends' characteristic of instrumental reasoning.[40] If things are to be judged not by their 'mere' use or function but also by their 'look', and if we are to understand the look of a thing not to be superimposed over but rather to *display* its use or function, this is because judgments about how a thing is 'supposed to look' is ultimately inseparable from wider judgments and decisions about 'how [the world] is to look henceforth, what kind of things are to appear in it'.[41] The question of whether something is 'really' useful bottoms out in the question of what it means and whether we wish to live in a world in which it counts as useful. That question is at once aesthetic and political.

But is the idea of the tectonic intelligible once it is taken, as I have done, beyond the 'function' of the structural elements of a building, towards the broader field of functions, uses and purposes with which a work of architecture, or any other human artifact, may be involved? Frampton himself has noted that Louis Kahn regarded mechanical services as having the 'same tectonic status as structural form', and rather than conceal ductwork, pipes, conduits and lift equipment in order to produce what Reyner Banham called 'invisibly serviced glass enclosures', he insisted on adjusting the basic form of the building to provide space for these

36
Arendt, *The Human Condition*, op. cit. (note 10), 173; Arendt, 'Society and Culture', op. cit. (note 31), 286.

37
Arendt, *The Human Condition*, op. cit. (note 10), 173.

38
'Problems of Mass Culture', op. cit. (note 35), 63-64.

39
This is the point at which Frampton's idea of the tectonic joins up with his 'critical regionalism', and thus also with Beiner's appeal to 'grounded worldliness'.

40
Arendt, *The Human Condition*, op. cit. (note 10), 154.

41
Arendt, 'The Crisis in Culture', op. cit. (note 31), 223.

In het volgende gesprek bestookten de congressisten Arendt over de relatie tussen kunstobjecten en cultuur enerzijds en 'gebruiksvoorwerpen' anderzijds. Wat te denken van een Griekse zwartfigurige vaas, vroeg een van de aanwezigen, ooit gebruikt om honing in te bewaren, maar nu tentoongesteld in een museum? Het ging niet om het andere gebruik van het voorwerp, bevestigde Arendt, maar hoe we het object beschouwen: 'Voor de Grieken was het een gebruiksvoorwerp, voor ons is het een kunstvoorwerp geworden, vanwege de zeldzaamheid.' Een andere deelnemer schoof een categorie culturele objecten naar voren die *tegelijkertijd* artistiek en functioneel leken te zijn: 'De gebouwen die we bewonen of de materialen die we ervoor gebruiken: zijn dit ooit kunstwerken? We gebruiken ze immers?' Arendt stemt in: 'Je hoeft niet naar architectuur te verwijzen. Als het geweldige architectuur is, is het vanzelfsprekend. Maar ook alledaagse gebruiksvoorwerpen overstijgen hun functionele gebruik, omdat ze een vorm hebben.'[35] Dit antwoord echoot een gedachte die ze al in *The Human Condition* had geformuleerd en die ze op deze bijeenkomst herhaalt: dat 'alles wat op enigerlei wijze vorm heeft gekregen, onvermijdelijk mooi of lelijk of iets daartussenin [zal] zijn', en 'als we een oordeel zouden willen vellen over een object strikt op basis van de gebruikswaarde en niet ook op basis van het uiterlijk (dat is op basis of het mooi, lelijk of iets daar tussenin is), zouden we eerst onze ogen moeten verwijderen'.[36] In *The Human Condition* gaat Arendt nog een stap verder door niet alleen te suggereren dat dingen niet louter beoordeeld kunnen worden op basis van hun bruikbaarheid en hun uiterlijk, maar dat dit op een of andere manier aan elkaar *gerelateerde* overwegingen zijn. 'De maatstaf voor kwaliteit is nooit uitsluitend in de bruikbaarheid van een ding gelegen, alsof een lelijke tafel dezelfde functionaliteit zou kunnen vervullen als een mooie, maar hierin, of het ding er al dan niet uitziet als wat het zou moeten zijn.'[37] Gestimuleerd door de verwijzing naar architectuur, leek Arendt nu op het punt te staan om dit ingewikkelde idee, dat ze in haar boek slechts in telegramstijl genoteerd had, uit te werken. 'Het punt dat we proberen te beslissen is hoe onze wereld eruit moet zien,' begon Arendt. 'Als je een gebouw hebt met een bepaald architectonisch karakter ...' Precies op dit moment onderbrak de congresvoorzitter Arendt, zo laat het transcript zien, en maakte hij gebruik van de 'soap opera techniek' om het publiek in spanning achter te laten. De discussie zou 'na de lunch' worden voortgezet.[38]

4

Of het gesprek over architectuur inderdaad werd voorgezet, is niet vastgelegd. En zo weten we niet of Arendt naar het onderwerp architectuur greep vanwege het spanningsveld tussen de schone kunsten en bruikbaar ambacht. Hoewel we dus niet weten wat Arendt zelf zou hebben gezegd, kan Frampton's concept van het 'tektonische' ons misschien een ingang bieden om haar ongrijpbare opmerking te duiden, dat de 'verschijningsvorm' van de gebouwde omgeving niet iets is dat over een (esthetisch onverschillige) 'functie' gedrapeerd wordt, maar dat het gebruik van een constructie en het uiterlijk ervan juist onafscheidelijk zijn – zonder in een beperkend functionalisme te vervallen. Het hele doel van de aanpassing van de zichtbare vorm aan een gegeven functie is om haar prestatie te bevorderen. De tektonische dimensie van architectuur daarentegen heeft, volgens Frampton, betrekking op de *expressie* of *weergave* van een functie – allereerst de functionele verwevenheid van structurele elementen. En die weergave is niet bedoeld om het functioneren in technische zin te vergemakkelijken. Ook een gebouw dat de mechanismen van zijn bestaan verbergt achter een decoratieve façade, kan immers gemakkelijk overeind blijven. Frampton's stelling is eerder dat deze weergave iets anders bereikt, wat niet gerealiseerd kan worden als het voorkomen van het gebouw losgekoppeld is van zijn functie: dat we gegrepen kunnen worden door de *betekenis* van de specifieke manier waarop een gebouw op een specifieke plaats deze functie (de blijvende weerstand tegen de zwaartekracht) vervult.[39] Het probleem met de door Arendt afgewezen stelling over de lelijke en mooie tafels is tegelijkertijd dat het niet helemaal onwaar is; een lelijke tafel *kan* immers dezelfde functie vervullen als een fraai exemplaar. Het is echter alleen waar vanuit een perspectief dat functies of gebruik als gegeven beschouwt.

Culture', in: Hannah Arendt, *Between Past and Future: Six Exercises in Political Thought* (New York: Viking, 1961); Ned. vertaling door Jacques de Visscher: Hannah Arendt, *De Crisis in de Cultuur. Haar sociale en politieke betekenis* (Kampen/Kapellen: Kok Agora/ Pelckmans, 1995); samen met 'Kultur und Politik', *Merkur* 12/12 (december 1958), 1122-1145; vertaald als 'Culture and Politics', in: Hannah Arendt, *Reflections on Literature and Culture*, redactie Susannah Young-Ah Gottlieb (Stanford: Stanford University Press, 2007). Zie ook: Patchen Markell, 'Arendt, Aesthetics and "The Crisis in Culture"', in: Nikolas Kompridis (red.), *The Aesthetic Turn in Political Thought* (Londen: Bloomsbury, 2014).

32 Edward Shils, 'Mass Society and its Culture', *Daedalus* 89/2 (voorjaar 1960), 288-314: 291

33 Ibid.

34 Arendt, 'Society and Culture', op. cit. (noot 31), 286, 280.

35 'Problems of Mass Culture', transcript, Tamiment Institute Records, Tamiment Library, New York University, box 7, folder 4, 62-63.

36 Arendt, *De menselijke conditie*, op. cit. (noot 10), 157; Arendt, 'Society and Culture', op. cit. (noot 31), 286.

37 Arendt, *De menselijke conditie*, op. cit. (noot 10), 157-158.

38 'Problems of Mass Culture,' op. cit. (noot 35), 63-64.

39 Dit is het punt waarop Frampton's ideeën over tektoniek een verband leggen met zijn 'kritisch regionalisme', en dus ook met Beiner's oproep tot 'inherente wereldgerichtheid'.

'interstitial servicing elements', thereby making them visible in and through the building's structure.[42] (To a political theorist concerned with the theme of 'rule', it is striking to learn that Kahn framed this problem in terms of a basic distinction between 'served' and 'servant' spaces, and to read his explanation of his accommodation of mechanical services: 'I do not like ducts; I do not like pipes. I hate them really thoroughly, but because I hate them so thoroughly, I feel they have to be given their place. If I just hated them and took no care, I think they would invade the building and completely destroy it.'[43])

As this example indicates, the visible form of a building may display or conceal functions that go well beyond the transmission and bearing of structural loads; and if mechanical functions (heating, cooling, lighting, the disposal of waste) are candidates for expression, then so too are those performed not by machines but by human beings, beginning with the cleaning and maintenance of the building itself, and extending to the whole range of social functions whose performance involves circulation into and out of a space.[44] Thus, the form of a building may also display or conceal in an even broader sense, directing the attention of its occupants to certain vistas rather than others, making more or less visible various aspects of its own place in the social topography and political economy of its surroundings. If architecture is a site of political education, this is not, or not only, a matter of expressing civic identity or inducing a feeling of attachment to a place. It is a matter of disclosing, and thereby making available for public attention and critical judgment, the tectonics of an architectural work: the arrangement of material elements by which a building transmits and bears loads, and also the social arrangements by which burdens are transmitted and borne, both in the processes of the construction and maintenance of the built environment and in the multifarious human practices it houses.

42
Frampton, *Studies in Tectonic Culture*, op. cit. (note 25), 215-217; Reyner Banham, *The Architecture of the Well-Tempered Environment* (London: Architectural Press, 1969), 234.

43
Quoted in: Frampton, *Studies in Tectonic Culture*, op. cit. (note 25), 217.

44
See: Hilary Sample, *Maintenance Architecture* (Cambridge, MA: MIT Press, 2016).

In haar ontrafeling van de 'oneindige reeks van middelen en doelen' van het instrumentele denken heeft Arendt in *The Human Condition* de instabiliteit van dit standpunt al vastgesteld.[40] Als de dingen niet alleen beoordeeld worden op basis van 'louter' hun nut of functie, maar ook op basis van hun 'verschijningsvorm' – en als we inzien dat dit 'voorkomen' van iets niet gedrapeerd wordt over de functie, maar deze juist *uitdrukt*, dan is dat omdat het vellen van een oordeel over hoe een ding 'eruit zou moeten zien' uiteindelijk onlosmakelijk verbonden is met bredere oordelen en besluiten over 'hoe [de wereld] er voortaan uit moet zien, en welk soort dingen er in kunnen verschijnen'.[41] De vraag of iets 'echt' nuttig is, leidt tot de vraag naar de betekenis ervan, en vervolgens tot de vraag of we willen leven in een wereld waarin dat iets nuttig wordt gevonden. Die vraag is tegelijkertijd esthetisch en politiek.

Maar is het idee van het tektonische beter te begrijpen, wanneer het (zoals ik deed) van de 'functie' van structurele elementen van een gebouw wordt overgeheveld naar het bredere veld van functies, gebruiken en doelen waarbij een architectonisch werk, of elk ander menselijk artefact, betrokken is? Louis Kahn stelde, zo merkte Frampton op, dat de mechanische voorzieningen in een gebouw 'dezelfde tektonische status als de structurele vorm' moesten hebben. In plaats van het leidingwerk, de buizen en de installaties voor de lift te verbergen met als doel – volgens Reyner Banham – 'onzichtbaar bediende glazen omhulsels' te maken, bleef Kahn hameren op de aanpassing van de basisvorm van het gebouw, om ruimte te verschaffen voor 'tussenliggende service-elementen', en ze zichtbaar te maken in en door de structuur van het gebouw.[42] (Voor een politiek theoreticus die zich bezighoudt met het thema 'heerschappij' is het saillant om te weten dat Kahn dit probleem presenteert als een fundamenteel onderscheid tussen 'bediende' en 'bedienende' ruimte, en om zijn uitleg over de organisatie van deze mechanische services te lezen: 'Ik hou niet van leidingen, ik hou niet van pijpen. Ik haat ze door en door. Maar omdat ik er zo'n afkeer van heb, heb ik het gevoel dat ze een plek moeten krijgen. Als ik er alleen een afkeer van had en ik zou me er geen zorgen over maken, denk ik dat ze het gebouw overnemen en het totaal vernietigen.'[43])

De zichtbare vorm van een gebouw is in staat functies, die meer doen dan het overbrengen en dragen van structurele belastingen, te tonen of te verbergen. Als mechanische functies (verwarming, koeling, verlichting, verwijdering van afval) getoond mogen worden, laten dan ook de functies die niet door machines maar door mensen worden uitgevoerd, getoond worden, te beginnen bij de schoonmaak en het onderhoud van het gebouw, en vervolgens de hele reeks aan sociale functies met hun bewegingen door de ruimte heen, naar binnen en naar buiten.[44] De vorm van een gebouw kan dan ook iets in een bredere betekenis tonen of verhullen, en de aandacht van de gebruikers naar bepaalde vergezichten richten (en dus andere daarvan uitsluiten). Daarmee maakt het verschillende aspecten van de eigen plaats in de sociale topografie en politieke economie van de omgeving meer of juist minder zichtbaar. Als architectuur een plek is van politieke educatie, dan is dit niet (of niet alleen) de uitdrukking van een burgerlijke identiteit of het opwekken van een bepaalde gehechtheid aan een plek. Het gaat erom de tektoniek van een architectonisch werk openbaar te maken, beschikbaar voor het publiek en toegankelijk voor een kritisch oordeel: de ordening van materiële elementen waarmee een gebouw lasten draagt en overdraagt, plus de sociale regelingen waarmee lasten worden overgedragen en gedragen, zowel in de processen van de bouw en het onderhoud van de gebouwde omgeving, als in de diverse menselijke praktijken die erin zijn ondergebracht.

Vertaling: Hans Teerds

40
Arendt, *De menselijke conditie*, op. cit. (noot 10), 127.

41
Arendt, 'The Crisis in Culture', op. cit. (noot 31), 223.

42
Frampton, *Studies in Tectonic Culture*, op. cit. (noot 25), 215-217; Reyner Banham, *The Architecture of the Well-Tempered Environment* (Londen: Architectural Press, 1969), 234.

43
Citaat uit: Frampton, *Studies in Tectonic Culture*, op. cit. (noot 25), 217.

44
Zie: Hilary Sample, *Maintenance Architecture* (Cambridge, MA: MIT Press, 2016).

What I propose, therefore, is very simple: it is nothing more than to think what we are doing.

Hannah Arendt, *The Human Condition* (Chicago: The University of Chicago Press, 1998 [1958]), 5

Wat ik beoog, is derhalve heel eenvoudig: het pretendeert niet meer te zijn dan nadenken over wat wij doen.’

Hannah Arendt, *De menselijke conditie* (Amsterdam: Uitgeverij Boom, 2009), 14

Redactionele noot: In het veld van de architectuur zijn arbeid en werk asymmetrisch verdeeld, zowel in het ontwerpproces als op de bouwplaats. In de praktijk wordt deze asymmetrie nauwelijks ter discussie gesteld, aangezien het een radicale verandering van het vakgebied vereist.

Architectuur voorbij de schepping

Pier Vittorio Aureli

De verpleegster denkt dat ik slim ben, omdat ik gitaar speel
Ik denk dat zij slim is, omdat ze mensen ervan weerhoudt te sterven
Courtney Barnett, *Avant Gardener*, 2013

Als we naar middeleeuwse Franse of Engelse kathedralen kijken, zoals die in Chartres, Amiens, York of Lincoln, zijn we niet alleen onder de indruk van de pure schoonheid van deze artefacten, maar ook van het feit dat hun 'makers' anoniem zijn gebleven. In onze gangbare verbeelding zijn deze artefacten bedacht en gerealiseerd door gemeenschappen van bouwers, waarin het onderscheid tussen ontwerp en constructie nog niet zo afgebakend was als tegenwoordig. Dit is gedeeltelijk waar. Deze gigantische structuren zijn, in tegenstelling tot de meeste huidige bouwwerken, niet vóór de start van de bouw al volledig ontworpen. De meeste formele kenmerken werden *ex tempore* bepaald tijdens de bouw.[1] Deze manier van bouwen zorgde voor een ondermijning van de status van het *project*, een categorie die later juist de architect als de onbetwistbare 'schepper', of beter gezegd, *auteur* (en autoriteit), van het gebouw mandaat zou geven. De enorme schaal van deze artefacten vereiste echter een veel geavanceerdere en meer gearticuleerde arbeidsverdeling dan die bij meer bescheiden structuren zoals de romaanse kerken of benedictijnenkloosters. Op de bouwplaats van een kathedraal waren voor elke geschoolde steenhouwer twee of meer ongeschoolden aanwezig, die zich bezighielden met eenvoudige werkzaamheden, zoals het schoonmaken en verplaatsen van materiaal.[2] Bovendien vereiste de coördinatie van de grote hoeveelheid arbeiders een zekere hiërarchie en in toenemende mate een scheiding tussen degenen die de besluiten namen, en degenen die ze moesten uitvoeren. Vanaf de twaalfde eeuw vond bij de kathedralen in aanbouw een toenemende versplintering en professionalisering van het arbeidspotentieel plaats, zoals mijnwerkers, transporteurs van materiaal (onder wie veel vrouwen), steenhouwers, de bouwmeester, die steeds vaker werd aangeduid als 'architect', en een interessante figuur, die bemiddelde tussen architect en steenhouwers en bekend stond als de *parler*, omdat hij het ontwerp van de architect in mondelinge instructies aan de bouwers vertaalde. Het is belangrijk om te beseffen dat al deze arbeiders verschillend werden beloond, en dat geschoold of ongeschoold werk het hoofdcriterium was om een werknemer meer of minder te betalen. Deze conditie heeft ertoe geleid dat veel bewindvoerders over de bouwplaats van de kathedraal het aantal geschoolde werknemers verminderden, om zo de kosten te drukken. Het is bovendien interessant om te weten dat juist bij de bouw van deze monumenten voor het eerst op ongekende schaal loonarbeid werd gïntroduceerd.[3] Het is niet overdreven te stellen dat de kathedralen als fordiaans-georganiseerde fabrieken waren, waar de arbeidsverdeling, standaardisatie van materialen en taken, en de toenemende afhankelijkheid van de werknemers van salaris belangrijke kwesties werden in zowel het ontwerp als de bouw. Toen Leon Battista Alberti in de vijftiende eeuw zijn theorie van het gezag van de architect over de bouwvakkers formuleerde, bevestigde hij een trend die al vanaf het begin van de twaalfde eeuw bezig was zich te ontvouwen, toen er voor het eerst sinds de val van het Romeinse Rijk weer grootschalige bouwwerken werden gerealiseerd.[4]

Deze beknopte weergave van de kathedraal als een plek van gefragmenteerde arbeidsdeling is niet alleen een manier om een concreet voorbeeld te geven van hoe arbeid en het management daarvan gemeengoed zijn geworden in de moderne samenleving. Als we spreken over kathedralen, moeten we ons ook een fundamenteel (ik zou het

1
Over het thema van ontwerp en bouwen in de middeleeuwse architectuur, zie: Marvin Trachtenberg, *Building-In-Time: From Giotto to Alberti and Modern Oblivion* (New Haven, CT: Yale University Press, 2011), 103-143.

2
Richard A. Jones, 'Gleaning from 1253 Building Accounts of Westminster Abbey', *AVISTA* 11/2 (1999), 19.

3
Franco Franceschi, 'Il mondo della produzione urbana: artigiani salariati, corporazioni', in: Franco Franceschi (red.), *Storia del lavoro in Italia: Il Medioevo: Dalla dipendenza personale al lavoro contrattato* (Rome: Castelvecchi, 2017), 374-420.

4
Leon Battista Alberti, *On the Art of Building in Ten Books*, vertaald door Joseph Rykwert, Neil Leach en Robert Tavernor (Cambridge, MA: MIT Press, 1988), 3.

Editorial Note: Architecture always implies an asymmetry between labour and work, with regard to the design work, as well as to the work of construction. In practice this asymmetry is hardly ever challenged, as it requires a radical change of the discipline.

Architecture beyond Creation

Pier Vittorio Aureli

The paramedic thinks I'm clever cos i play guitar
I think she's clever cos she stops people dying
Courtney Barnett, *Avant Gardener*, 2013

When we look at Medieval French or English Cathedrals such as those in Chartres, Amiens, York or Lincoln, we are impressed not just by the sheer beauty of these artifacts, but also by the fact that their 'creators' have remained anonymous. In our common imagination these artifacts were conceived and realised by communities of builders where the distinction between design and construction was not as marked as it is today. This is partly true, in the sense that – unlike with most of today's architecture – these gigantic structures were not fully designed prior to construction, and most of their formal features were decided *ex-tempore* when construction was already underway.[1] This way of building architecture undermined the authority of the *project*, a category that later on would empower the architect as the indisputable 'creator' or, better, *author* (and authority) of the building. Yet the sheer scale of these artifacts required a division of labour that was far more advanced and articulated that the one at more modest structures such as Romanesque churches or Benedictine monasteries. On the building site of a cathedral for one skilled stonecutter there were two or even more unskilled workers attending to menial activities like cleaning or moving material.[2] Moreover, the coordination of a vast amount of workers required hierarchy and, increasingly, a separation between those who decided and those who had to execute. From the twelfth century on, cathedrals under construction became the site of a progressive splintering of the workforce into many professional figures such as the workers at the quarry, the movers of materials (among them many women), the stonecutters, the master builder who is increasingly addressed as the 'architect', and an interesting figure who mediates between architects and stonecutters known as the *parler*, because he translated the design of the architect into verbal instructions to the builders. What is important to emphasise is that all these workers were remunerated differently and that skilled versus unskilled work became the main criteria to pay a worker less or more. This condition led many cathedral-site administrators to reduce the number of skilled workers in order to reduce costs. It is moreover interesting to know that it was in the building of these monuments that wage labour was introduced for the first time on an unprecedented scale.[3] It is not an exaggeration to say that cathedrals were like Fordist factories in which the division of labour, standardisation of materials and tasks, and increasing dependence of workers on a wage became major issues of both design and building. When in the fifteenth century Leon Battista Alberti theorised the authority of the architect over the builders, he was simply theorising a trend that had already been underway since the beginning of twelfth century, when large-scale edifices were once again being built in massive quantity for the first time since the fall of the Roman Empire.[4]

This succinct evocation of the cathedral as a place in which building is fragmented into many labouring activities is not only a way to offer a concrete example of how labour and its management became ubiquitous within modern society. To talk about cathedrals is to remind ourselves of a fundamental – I would say almost

1
On the issue of design and building in Medieval architecture see: Marvin Trachtenberg, *Building-In-Time: From Giotto to Alberti and Modern Oblivion* (New Haven, CT: Yale University Press, 2011), 103-143.

2
Richard A. Jones, 'Gleaning from 1253 Building Accounts of Westminster Abbey', *AVISTA forum* 11/2 (1999), 19.

3
Franco Franceschi, 'Il mondo della produzione urbana: artigiani salariati, corporazioni', in Franco Franceschi (ed.), *Storia del lavoro in Italia: Il Medioevo: Dalla dipendenza personale al lavoro contrattato* (Rome: Castelvecchi, 2017), 374-420.

4
Leon Battista Alberti, *On the Art of Building in Ten Books*, translated by Joseph Rykwert, Neil Leach and Robert Tavernor (Cambridge, MA: MIT Press, 1988), 3.

bijna *ontologisch* willen noemen) probleem met architectuur in herinnering brengen: dat het maken ervan altijd een asymmetrie impliceert tussen degenen die de taak hebben om te bepalen hoe de architectuur moet worden gebouwd en degenen die geacht worden aan deze opdracht te gehoorzamen. Het spreekt voor zich dat elke architectonische structuur precisie en efficiëntie bij de uitvoering vereist en dit zorgt ervoor dat bouwen onvermijdelijk een *algoritmisch* proces wordt. Algoritme moet hier begrepen worden als 'stapsgewijze instructies, die nagenoeg mechanisch uitgevoerd moeten worden'. Alles wat daarom van doen heeft met voorschriften, technieken, procedures of methoden wordt een algoritme, een conditie waarin de instructies min of meer strikt gevolgd moeten worden om het beoogde resultaat te bereiken. Op deze manier wordt architectuur een bevel aan de bouwers, een bevel dat is ingebed in de term architectuur. Het duidt immers op een baas (*arché*) die de handelingen van ambachtslieden (*tekton*) aanstuurt.

Als we Hannah Arendt's bekende onderscheid tussen arbeid en werk volgen, dan is er binnen de architectuur zowel werk, begrepen als het scheppen van duurzame objecten, en arbeid, als de activiteit die gericht is op noodzakelijkheden. Immers, velen die architectuur ontwerpen en bouwen, doen het als een gespecialiseerde activiteit, om hun salaris te verdienen, en dus als bestaansmiddel.[5] We kunnen wel stellen dat architectuur zoals we haar kennen, als het scheppen van duurzame en markante *kunstwerken*, onmogelijk is zonder de inspanning van een veelheid aan werknemers. Dit is al lang het geval, ruim voordat Arendt de opkomst van arbeid duidde als alomvattende conditie van de samenleving – dat wil zeggen, van de moderniteit. We kunnen ook stellen dat de architectuur, met haar uitdrukking van orde, harmonie, evenwicht en ambachtelijkheid, haar eigen karakter van onbetwistbare status beoogde (en nog steeds beoogt) te versterken. Denk aan Alberti's idee van *concinnitas*, dat suggereert dat de samenhang van het architectonisch geheel aangetast wordt als een deel van het gebouw niet op zijn plaats is. Wat er echt op het spel staat achter de metafysische ondertoon van dit soort theorieën, die sinds de Renaissance in overvloed aanwezig zijn in de architectuur, is de totale onderwerping van de bouwers aan ontwerpinstructies, en de reductie van hun werk tot mechanische arbeidsactiviteiten.

Deze gang van zaken is al zichtbaar in de Griekse architectuur vanaf de zevende eeuw v.Chr., toen tempels niet langer in hout maar in steen werden gebouwd, waardoor een veel nauwkeuriger uitvoering en volgen van ontwerprichtlijnen nodig waren, die het autonome vakmanschap van de bouwers beperkten.[6] Deze asymmetrie tussen ontwerp en arbeidskracht verschilt niet veel van de hedendaagse bouwplaats. Zoals de architect en theoreticus Pedro Fiori Arantes al opmerkte, vragen de steeds gesofisticeerdere vormen, ornamenten en bouwtechnieken van veel hedendaagse 'iconische' gebouwen om een veel striktere organisatie (en uitbuiting) van arbeidskrachten op de bouwplaats.[7] Het lijkt bijna een paradox dat architectuur die bedoeld is de creativiteit van de architect uit te drukken, uiteindelijk zo op exploitatie is gericht. Dit betreft niet alleen de exploitatie van arbeiders op de bouwplaats, maar ook van de vele ontwerpers die de architect bijstaan, terwijl het auteurschap van de architect geheel wordt uitgevlakt door de manier waarop het eindproduct door de media wordt gerepresenteerd.

Bij onze praktijk Dogma hebben we nog een lange weg te gaan om deze situatie fundamenteel op te lossen. We zijn tenslotte toch een typische architectuurpraktijk, waar oprichters en partners geassisteerd worden door betaalde medewerkers, van wie de arbeid essentieel is, ondanks het feit dat het werk dat door het bureau wordt geproduceerd, meestal slechts aan de partners wordt toegeschreven. Bovendien werken we nu aan projecten, die naar verwachting volgens onze ontwerpinstructies gebouwd gaan worden. Toch hebben we, uitgedaagd door onze samenwerking met coöperatieven en Community Land Trusts (een combinatie van particulier eigendom van opstallen en collectief eigendom van de grond), waarvoor we *pro bono* modellen voor woningbouw hebben ontworpen, alternatieve manieren van bouwen onderzocht, die onvermijdelijk de relatie tussen architectuur als werk en de arbeidsactiviteiten die nodig zijn om architectuur te realiseren vanaf het moment van ontwerp tot aan de bouw, aan de orde stellen.[8] Bij dit project kwamen we op het idee het collectieve karakter van de woningen (voorvloeiend uit het collectieve bezit van de grond) niet alleen typologisch te vertalen, maar dit uit te breiden naar het bouwproces. Door een CLT-constructie (cross-laminated timber) van kruislings verlijmde houten platen toe te passen, hebben we niet alleen geprobeerd om de bouw te vereenvoudigen en op kosten te besparen, maar ook om het ontwerp en bouwproces open te breken voor samenwerking en participatie tussen ontwerpers en bouwers, die misschien ook de bewoners zullen zijn. Dit is niets nieuws. Er zijn tal van voorbeelden van ontwerpers die geprobeerd hebben om zowel hun ontwerp als bouwpraktijk open te stellen voor de inbreng van bouwers, zoals Hannes Meyer's woongebouw in Dessau-Törten (1928), of het zelfbouw woningbouwsysteem van Walter

5
Hannah Arendt, *De menselijke conditie* (Amsterdam: Uitgeverij Boom, 2009), 124-126.

6
J.J. Coulton, *Ancient Greek Architects at Work: Problems of Structure and Design* (Ithaca, NY: Cornell University Press, 1977), 15-29. Zie ook: Maria Chiara Barone, *La Colonna Greca: Origini costruttive* (Lausanne: EPFL Architecture, 2016), 191-207.

7
Pedro Fiori-Arantes, *The Rent of Form* (Indianapolis: Minnesota University Press, 2019).

8
Dit onderzoek is uitgevoerd in samenwerking met bureau New Academy (Helsinki) en werd ondersteund door het Finse ministerie van Cultuur. Zie: Dogma & New Academy, *Promised Land: Ownership, Construction and Typology of Affordable Housing* (Milaan: Black Square, verschijnt binnenkort).

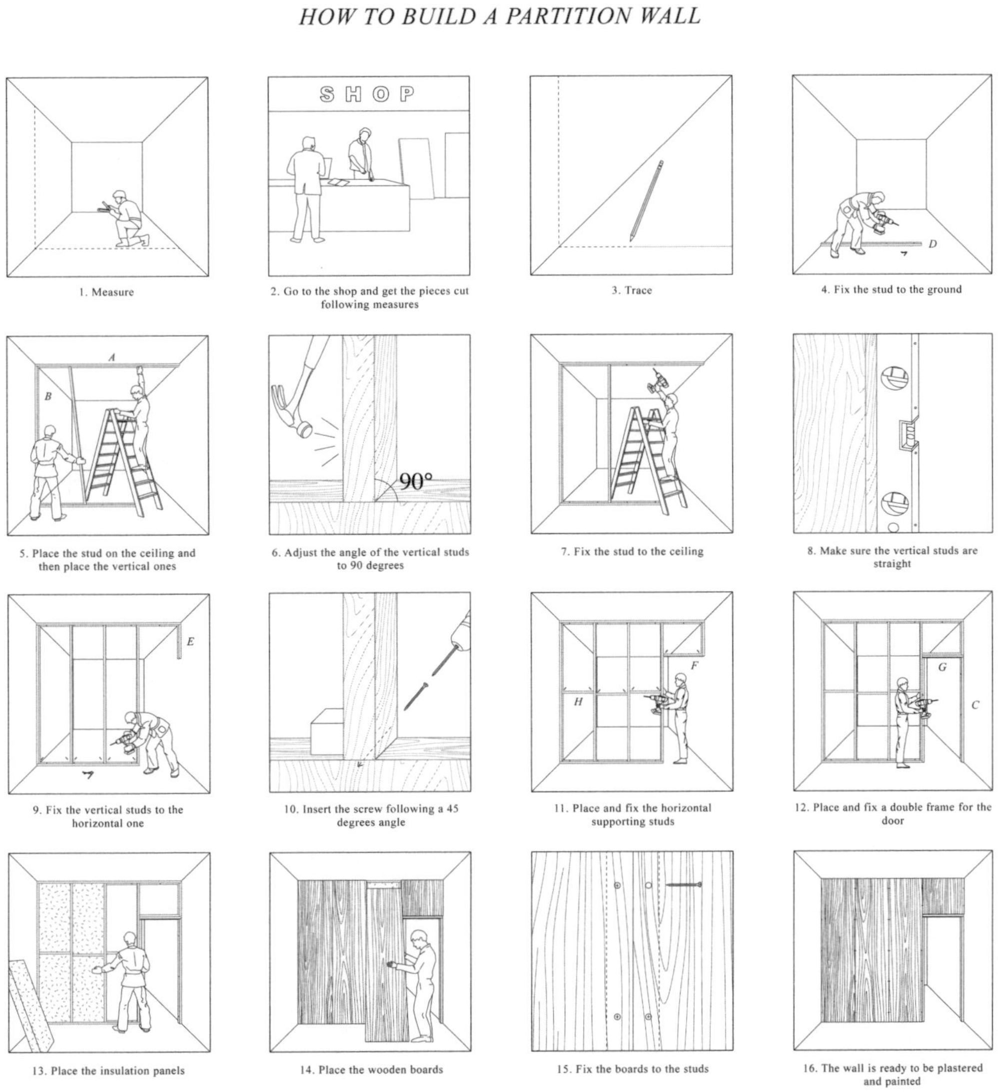

Do you see me when we pass? Housing for Community Land Trust in Brussels, 2019. Instruction Drawings/ Zie je me als we elkaar passeren? Huisvesting voor een Community Land Trust in Brussel, 2019. Instructietekeningen

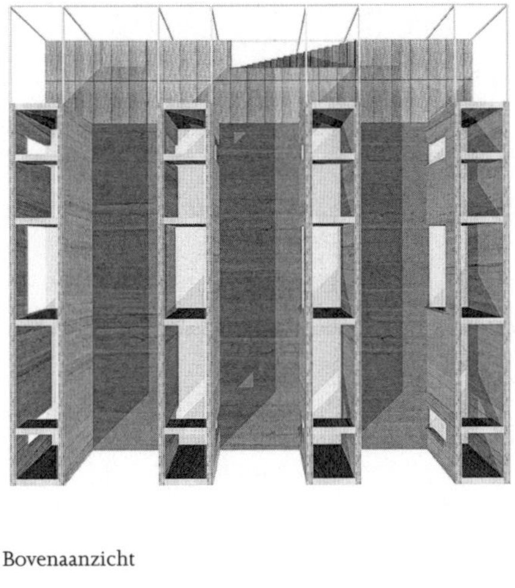

Top view/ Bovenaanzicht

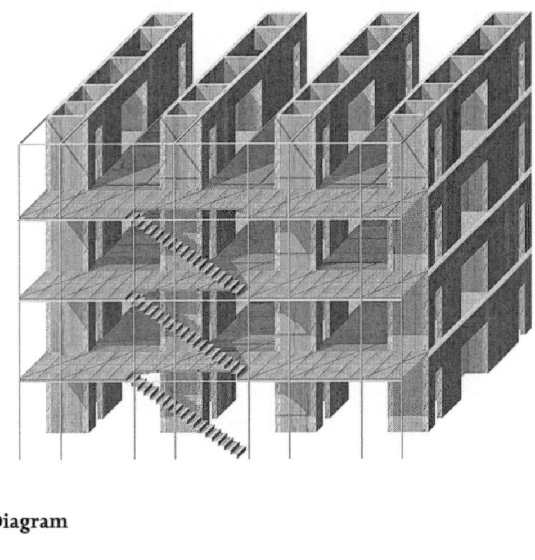

Diagram

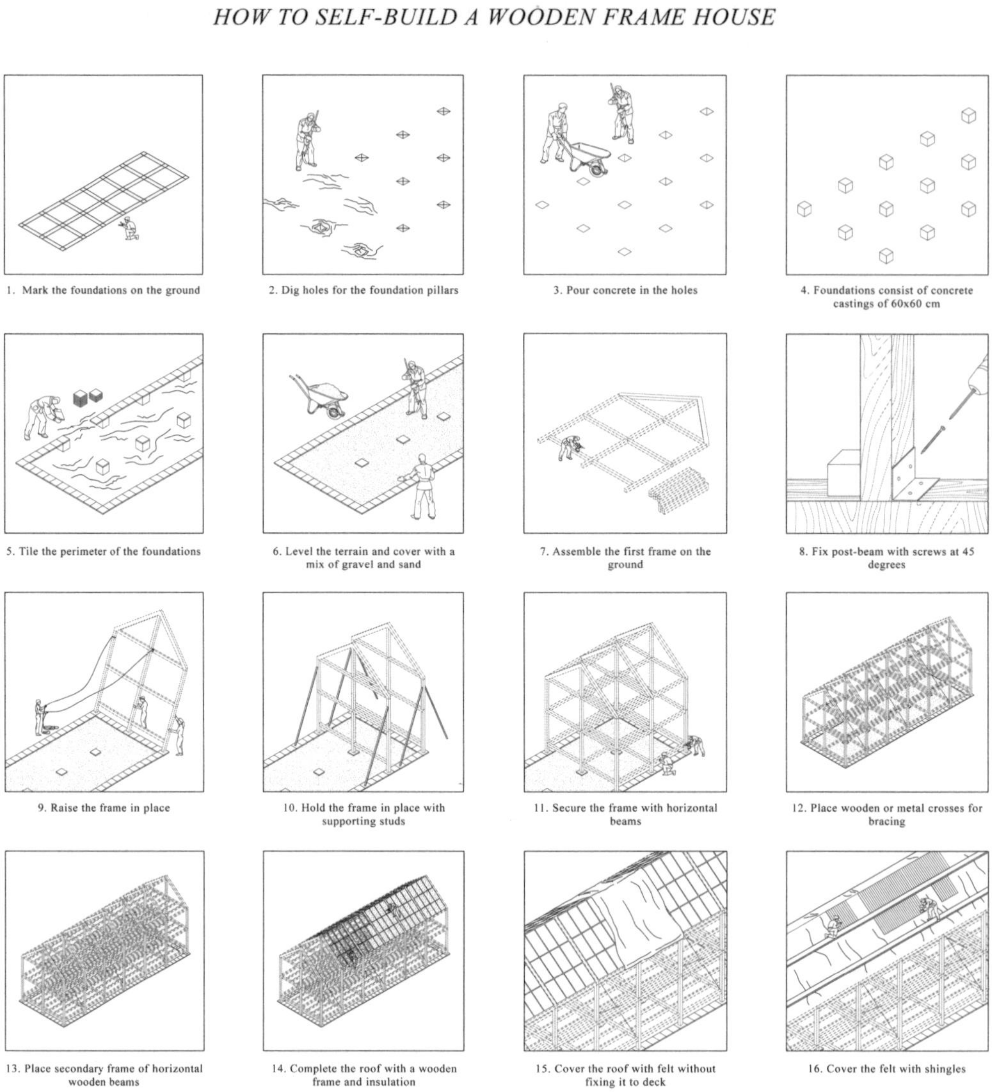

Do you hear me when you sleep? Proposal for a Cooperative House in London, 2019. Instruction Drawings/ Hoor je me als je slaapt? Voorstel voor een coöperatief huis in Londen, 2019. Instructietekeningen

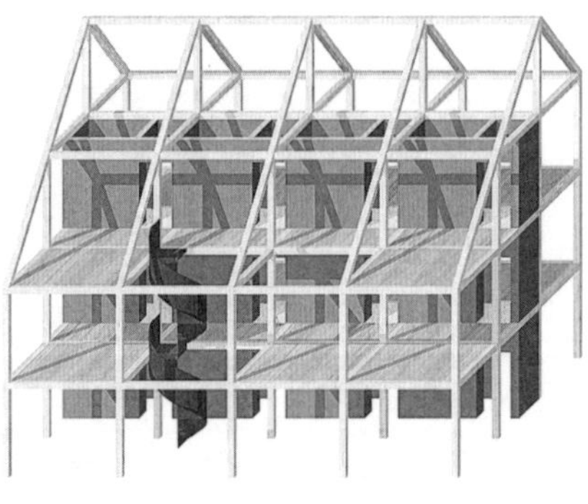

Diagram

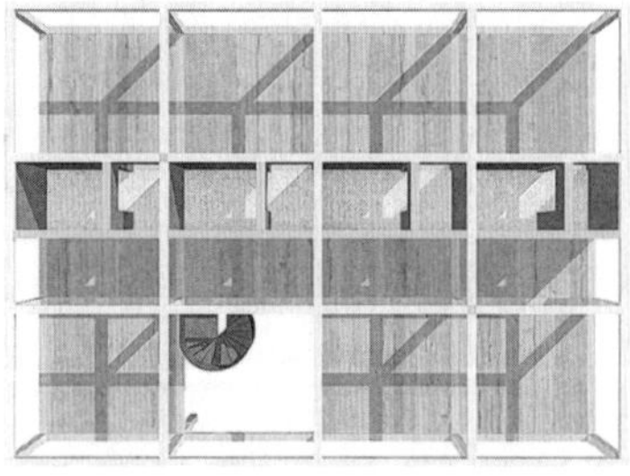

Top view/ Bovenaanzicht

ontological – problem with architecture, which is that its making always implies an asymmetry between those who are in charge of commanding how architecture should be built and those who are supposed to obey this command. Needless to say, any architectural structure requires precision and efficiency of construction and this condition implies that building inevitably becomes an *algorithmic* process. Here, algorithm is understood as 'step by step instructions to be carried out quite mechanically'. Therefore, anything that has to do with recipes, techniques, procedures or method becomes an algorithm, a condition in which instructions have to be followed more or less strictly in order to achieve the expected result. Understood in this way, architecture becomes an act of *command* to builders, an act that is embedded in the very name architecture, which means that a principle (*arché*) commands the actions of the craftsmen (*tekton*).

If we follow Hannah Arendt's famous distinction between labour and work, within architecture there is both work understood as the creation of lasting objects, and labour understood as activity directed to the necessity, since many of those who design and build architecture do it as a specialised labouring activity to earn their wage, and thus as their means of subsistence.[5] We can say that architecture as we know it – as the creation of lasting and remarkable *works of art* – is impossible without the labouring toil of a multitude of workers and this was the case long before the moment that for Arendt marked the rise of labour as the totalising condition of society – that is to say, modernity. We can also say that in many cases architecture with its tropes of order, harmony, balance and craft was and still is meant to reinforce its own nature of unquestionable command. Think of Alberti's idea of *concinnitas*, which implies that the congruity of the architectural whole can be compromised if a part of the building is not in its proper place. Behind the metaphysical overtones of theories like these – which have abounded in architecture since the Renaissance – what is really at stake is the total obedience of builders to design instructions and the downgrading of their work into mechanical labouring activities.

This condition has been visible in Greek architecture since the sevent century BCE, when the construction of temples shifted from timber to stone, thereby requiring a much more exacting execution and obedience to design guidelines, restricting the autonomous craftsmanship of builders.[6] This asymmetry between design and labour force is not so different from the contemporary building site in which, as noted by architect and theorist Pedro Fiori Arantes, the increasingly sophisticated shapes, ornaments and building techniques of many contemporary 'iconic' buildings imply a much more rigidly organised (and exploited) labour force at the building site.[7] It is only an apparent paradox that architectures that are meant to express the creativity of the architect end up being so exploitative, not just to workers at the site, but also to the multitude of designers that assist the architect, whose authorship is completely effaced by the way the final product is represented by various media.

At Dogma we are far from challenging this situation. After all, we are a typical architecture practice where the founding partners are assisted by paid collaborators whose labour is essential in spite of the fact that the work the office produces is often attributed only to the partners. Moreover, we are currently working on projects that we expect to be built following our design instructions. Yet, prompted by our collaboration with cooperatives and community land trusts for which we have designed *pro bono* housing models, we have researched alternative ways of construction that inevitably question the relationship between architecture as work and the labouring activities that are necessary to realise architecture from design to building.[8] For these housing models we have thought to extend the communal nature of the dwellings (which starts from the collective ownership of land) not just to their typological organisation as communal houses, but also to their construction process. By proposing a Cross Laminated Timber (CLT) construction system we have tried not just to ease construction and reduce costs, but to open up the design and building process as a collaborative and participative effort between the designers and the builders, who in this case can be the inhabitants themselves. There is nothing new in this. There are plenty of examples of architects that have tried to open up both design and building to the participation of builders, including Hannes Meyer's housing unit in Törten, Dessau (1928) or Walter Segal's self-built housing system and more recently the work of the housing cooperative Usina in Brazil.

Our contribution consists in imagining construction as a method that is adaptable to different interpretations (without being demagogically ad hoc) while giving to anyone the possibility to train their skills at construction and maintenance. The simplicity

5
Hannah Arendt, *The Human Condition* (Chicago: University of Chicago Press, 1998 [1958]), 136-138.

6
J.J. Coulton, *Ancient Greek Architects at Work: Problems of Structure and Design* (Ithaca, NY: Cornell University Press, 1977), 15-29. See also: Maria Chiara Barone, *La Colonna Greca: Origini costruttive* (Lausanne: EPFL Architecture, 2016), 191-207.

7
Pedro Fiori-Arantes, *The Rent of Form* (Indianapolis: Minnesota University Press, 2019).

8
This research is conducted in collaboration with Helsinki-based office New Academy and was supported by the Finnish Ministry of Culture. See: Dogma & New Academy, *Promised Land: Ownership, Construction and Typology of Affordable Housing* (Milan: Black Square, Forthcoming).

Segal, of meer recent het werk van de woningcorporatie Usina in Brazilië.

Onze bijdrage bestaat hierin, dat we ons de constructie voorstellen als een methode die aanpasbaar is aan verschillende manieren van interpretatie (zonder dat er sprake is van een demagogisch ad-hocisme), terwijl iedereen de kans krijgt zijn vaardigheden in de bouwen en het onderhoud te trainen. De eenvoud van zowel de architectonische elementen als de montage, fungeert als leidraad voor de bouwers, maar ook als uitnodiging om de constructie te verbeteren of aan te passen. Het bouwsysteem is niet zomaar een bouwpakket, maar een pedagogisch kader dat architecten, bouwers en bewoners in staat stelt om samen te werken, zelfs als ze vastzitten in een strikte arbeidsverdeling. Bovendien biedt het gebruik van hout meer mogelijkheden om de arbeidskrachten op de bouwplaats evenwichtig te scholen in het werk, dan het gebruik van beton dat, net als staal, niet alleen geïntroduceerd werd in de architectuur om brandgevaar te verminderen en de sterkte van constructies te verbeteren, maar ook (vooral) om bouwers te 'ont-scholen'.

Het plegen van *zelf*bouw is zo niet alleen een excuus voor het gebrek aan aanbod van behoorlijke volkshuisvesting door de staat, maar biedt bouwers ook de kans om hun werk te verzilveren buiten de marktgedreven condities van de commerciële bouw. Een vervolgstap voor deze coöperatieve manier van bouwen zou kunnen zijn, dat de betrokkenen hun kennis delen via zelfgeorganiseerde digitale fora, waarbij men moet opletten dat deze fora buiten de commerciële logica van de 'gedeelde economie' blijven functioneren. Het moet duidelijk zijn dat we niet uit zijn op mythen als 'informaliteit' of 'architectuur zonder architecten'; dat zijn mythen die de illusie wekken dat bouwen *spontaan* kan gebeuren. Bouwen is en blijft een zeer arbeidsintensieve activiteit die noodzakelijkerwijs een *project* veronderstelt. Toch kan zowel planning als arbeid een frame vormen, dat intellectuele arbeid en praktische vaardigheid opnieuw verenigt in een voor iedereen toegankelijk proces.

Met ons onderzoek naar bouwmethoden stellen wij ons het bouwen voor als een rituele activiteit die niet alleen participatie mogelijk maakt, maar ook zeggenschap over hoe de veranderingen of aanpassingen die noodzakelijk zijn in het arbeidsproces – de kosten en de manier waarop de activiteiten verdeeld zijn over de bouwers – tot stand kunnen komen. We zijn ons ervan bewust dat deze prille onderzoeken naar alternatieve manieren van bouwen nog lang geen oplossing bieden voor de sociale en culturele asymmetrie die eeuwenlang de disciplinaire identiteit van ons vakgebied heeft uitgemaakt. Toch bieden deze pogingen om de relatie tussen ontwerp en bouwen opnieuw te overdenken, een glimp van welke ideeën we over architectuur kunnen koesteren, voorbij haar logica van *heerschappij*. Het spreekt vanzelf dat zo'n streven naar een collectieve en waardige manier om architectuur te realiseren, waarbij werk en arbeid gelijkwaardig verdeeld zijn over alle betrokkenen bij het proces, ook uitgebreid moet worden tot het ontwerp. Als we deze ambitie rigoureus zouden volgen, betekent dit dat we het sterk disciplinaire instituut van de architectuur, haar politiek en vooral haar professionele mandaat, radicaal moeten heroverwegen.

Vertaling: Hans Teerds

of both the architectural elements and their assemblage functions as a guiding principle for the builders but also as an invitation to improve or modify the structure. The construction system is not simply a kit-of-parts, but a pedagogical framework that allows architects, builders and dwellers to cooperate even while they entrench themselves in a strict division of labour. Moreover, the use of timber offers more opportunities for evenly skilling the workforce at the building site than the use of concrete which, much like steel, was introduced not for just reducing the risk of fire or increasing structural strength, but also – and especially – to deskill builders.

In this way the act of *self*-building is not just a palliative to the state's lack of an offer of decent public housing, but the possibility for builders to self-valorise their work outside the market-driven conditions of for-profit construction. A further step in this cooperative way of building would be that those involved in it share their knowledge through self-organised digital platforms making sure that these platforms remain outside the profit-driven logic of the 'sharing economy'. It should be made clear that we are not after myths such as 'informality' or 'architecture without architects', myths that reinforce the illusion that building can happen *spontaneously*. Building was and remains a very labour-intensive activity that necessarily implies a *project*. Yet both planning and labour can become a framework that reunites intellectual and manual labour into one process accessible to all.

Through these studies on construction we have imagined the act of building as a ritualistic activity that allows not just participation, but also agency on how to change or modify the necessary labouring process, its costs and the way labouring activities are distributed among the builders. We are aware that these early studies on alternative modes of construction are far from solving the social and cultural asymmetry that for millennia has shaped the very disciplinary identity of our profession. Yet these attempts in rethinking the relationship between design and construction offer us a glimpse of how to think architecture beyond its *commanding* logic. Needless to say, such aspiration to a collective and dignifying way to build architecture in which both work and labour are shared by anyone involve in the process should be extended to design as well. Yet to rigorously follow up this aspiration would imply radically rethinking the very disciplinary institution of architecture, its politics and, above all, its professional mandate.

Redactionele noot: Er kan geen rechtstreekse relatie gelegd worden tussen filosofische gedachten en architectonische typologie en vorm. In de architectuurpraktijk kunnen deze echter wel degelijk – bewust en onbewust – met elkaar verweven raken.

Bouwen aan de wereld
Arendt's werk als uitdaging

George Baird

Enige jaren geleden constateerde Kenneth Frampton in een gesprek met mij dat hij in de jaren 1960 van onze gezamenlijke Londense collega en docent aan de AA School of Architecture, Sam Stevens, het advies had gekregen om Hannah Arendt te lezen. Nadat hij me dit had verteld, vermoedde ik dat hetzelfde weleens voor mij zou kunnen gelden. Ik haalde dus mijn oude paperbackeditie met de gekrulde hoeken van *The Human Condition* tevoorschijn, en ontdekte dat ik het boek in 1965 had gekocht en gelezen. Ik herinnerde me dat ik, toen ik het boek las, sterk gegrepen werd door haar manier van denken. Op dat moment worstelde ik met de vraag hoe ik zou moeten reageren op zowel de opkomende theorie van de 'systematische ontwerpmethode' in de architectuur, als op de reductie van architectuur tot louter kunst. Arendt's vernietigende kritiek op het achttiende- en negentiende-eeuwse 'utilitarisme' bleek heel nuttig voor mijn polemische doeleinden. Terwijl ze de reductie van de rol van de 'dingen van de wereld' tot louter 'nut' betreurde, nam ze afstand van het zien van deze 'dingen' als pure 'kunst om de kunst'. Deze intellectuele posities, concludeerde ik op basis van Arendt's reflecties, kunnen begrepen worden als de twee zijden van dezelfde medaille. Beide zijn gebaseerd op dezelfde utilitaire filosofische aannames, zo schreef ik dan ook in mijn artikel '"La Dimension Amoureuse" in Architecture' in 1967.[1]

Al snel was ik nog enthousiaster over Arendt's verbluffende begrip van 'openbaarheid'. Zoals ze het zo mooi verwoordde in het citaat dat ik als opschrift opnam in mijn boek *The Space of Appearance* uit 1995: '[Handelen] heeft (...) om in zijn volheid aan de wereld te verschijnen, de stralende belichting nodig van wat wij eens het aureool van de roem noemden, die slechts mogelijk is op het publieke domein.'[2]

Op dit punt verschilt mijn beschouwing van Arendt met de reflecties van Frampton. In *The Space of Appearance* schreef ik:

> Het is misschien wel in het licht van Arendt's visie op de relatie tussen 'handelen' en architectuur dat het verschil tussen van Frampton's argumenten [die het meest duidelijk uitgedrukt zijn in zijn essay 'The Status of Man and the Status of His Objects'] en mijn visie, het duidelijkst verwoord kunnen worden. Hoewel het essay een overtuigende beschrijving geeft van het belang van de begrippen arbeid en werk in de architectuur, gaat Frampton verder niet in op haar concept van handelen. Zeker, 'de wereld' is voor haar een gepassioneerd liefdesobject, maar zoals ik haar begrijp, dient het slechts als kader om de 'stralende belichting' van de actie te leveren. (...) Het lijkt me dat ze zich zou verzetten tegen de bekende politieke 'goede bedoelingen' van de orthodoxe moderne architectuur die Frampton blijft bewonderen. (...) Eigenlijk plaatst Frampton Arendt in de Frankfurter Schule. Ik denk dat het zijn onopvallende preoccupatie met het consumentisme is dat hem op dit idee brengt. Volgens mij heeft het echter het teleurstellende effect dat zijn voorschriften voor de architectuur daardoor te utopisch of onnodig somber zijn.[3]

Hoewel we dergelijke filosofische gezichtspunten niet direct op het veld van de architectuur en de praktijk van architecten kunnen toepassen, versterkten haar teksten mijn interesse in het concept van 'het publieke' in architectuur. Het maakte me, bijvoorbeeld, een vroege criticus van het idee van de *gated community*. Zoals ik later

1
George Baird, '"La Dimension Amoureuse" in Architecture', in: Charles Jencks en George Baird (red.), *Meaning in Architecture* (Londen: Barrie and Rockliff, The Cresset Press, 1969), 97.

2
Hannah Arendt, *De menselijke conditie* (Amsterdam: Uitgeverij Boom, 2009), 165; George Baird: *The Space of Appearance* (Cambridge, MA: MIT Press, 1995), 1.

3
Baird, *The Space of Appearance*, op. cit. (noot 2), 356; Kenneth Frampton publiceerde het genoemde essay 'The Status of Man and the Status of His Objects' verschillende keren, maar als eerste in: Melvin A. Hill (red.), *Hannah Arendt: The Recovery of the Public World*. (New York: St. Martin's Press, 1979).

Editorial Note: There is no straightforward relationship between philosophical thoughts and architectural typology and form. In architectural practice, however, they can – consciously and unconsciously – be allowed to intertwine.

World-building
Arendt's Writings as Challenge

George Baird

A few years ago, Kenneth Frampton observed in conversation with me that he had first been advised to read Arendt by his and my mutual London colleague and teacher at the AA School of Architecture in the 1960s: Sam Stevens. Having been told this by Frampton, I suspected that the same might be true for me. So I checked my dog-eared paperback copy of *The Human Condition*, and discovered that I had, upon buying it, indeed dated it 1965. Reading Arendt in the 1960s, I was hit quite hard by her thinking. Struggling at that time to respond to the then-ascendant theory of 'systematic design method', as well as to the reduction of architecture to merely art, I found her devastating critique of eighteenth- and nineteenth-century 'utilitarianism' quite helpful for my polemical purposes. However, at the same time that she deplored the reduction of the role of 'the things of the world' to mere 'utility', she was equally averse to seeing them as pure 'art for art's sake'. These intellectual positions, I concluded from Arendt's reflections, should be understood as two sides of the same coin. Both stem from the same utilitarian philosophical premises, I noted in my 1967 article '"La Dimension Amoreuse" in Architecture'.[1]

That having been said, I was soon even more exhilarated by Arendt's dazzling conception of 'publicness'. As she so memorably put it in the quote I used as an epigraph in my 1995 book *The Space of Appearance*: 'Action needs for its full appearance the shining brightness we once called glory, and which is possible only in the public realm.'[2]

I should note that it is at this point that my reflections on Arendt deviate from Frampton's. In *The Space of Appearance*, I wrote:

> It may be in an account of Arendt's view of the relationship of 'action' to architecture that my departures from Frampton's arguments [set out most definitively in his essay 'The Status of Man and the Status of His Objects'], can be articulated most clearly. While it gives an utterly cogent account of the import of the concepts of labour and work in architecture, Frampton's essay does not similarly pursue her concept of action. To be sure, 'the world' is for her an impassioned object of love, but as I understand her, it is so only as a frame to provide the 'shining brightness' of action. . . . It seems to me that she would deeply resist the well-known political 'good intentions' of orthodox modern architecture that Frampton continues to admire. . . . Frampton . . . virtually assimilates Arendt to the Frankfurt School. I think it is his unyielding preoccupation with consumerism that causes him to do this, but it has the disappointing effect, as I see it, of rendering his architectural prescriptions either overly utopian or unnecessarily bleak.[3]

Even though we cannot apply such philosophical perspectives directly to the field of architecture and to the practices of architects, her writings reinforced my interest in the concept of 'the public' in architecture. It made me, for example, an early critic of the concept of 'the gated community'. As I argued later in a 2007 essay entitled 'The New Urbanism and Public Space', such communities truncate the life experience of individuals who were excluded from them, at the same time that it also similarly impacted less-than-fully-mobile internal members of such communities, including teenagers and

1
George Baird, '"La Dimension Amoreuse" in Architecture', in: Charles Jencks and George Baird (eds.), *Meaning in Architecture* (London: Barrie and Rockliff, The Cresset Press, 1969), 97.

2
Hannah Arendt, *The Human Condition* (Chicago: Chicago University Press, 1958), 180; George Baird: *The Space of Appearance* (Cambridge, MA: MIT Press, 1995), 1.

3
Baird, *The Space of Appearance*, op. cit. (note 2), 356; Kenneth Frampton published the mentioned essay 'The Status of Man and the Status of His Objects' several times, but first in: Melvin A. Hill (ed.), *Hannah Arendt: The Recovery of the Public World* (New York: St. Martin's Press, 1979).

beargumenteerde in een essay met de titel 'The New Urbanism and Public Space' (2007) beknotten dergelijke gemeenschappen niet alleen de levenservaring van individuen die buitengesloten worden, maar dezelfde beperking geldt ook voor de minder mobiele bewoners van dergelijke gemeenschappen, zoals tieners en ouderen.[4] In deze tekst schoof ik bovendien het idee van de 'straat' als een 'buitengewoon robuuste en veerkrachtige stedelijke vorm' naar voren. 'De straat is en blijft vandaag de dag nog steeds de belangrijkste plaats van openbaarheid in de architectuur en de stedenbouw,' schreef ik. Mijn stelling was dat de straat in essentie een 'set van belangrijke sociale en fysieke omstandigheden biedt' met als belangrijkste kenmerken 'anonimiteit, a-focaliteit en onderlinge verbondenheid':

> Anonimiteit vanwege de pure mogelijkheid om in de ruimte van de straat 'vreemden te ontmoeten'; a-focaliteit omdat de straat, in tegenstelling tot het plein, niet is ontworpen om de aandacht van de bewoners op iets speciaals te richten (...); en onderlinge verbondenheid omdat elke goed functionerende stadstraat altijd uitkomt op talloze andere.[5]

Aan de hand van dit soort overwegingen concludeerde ik dat de openbare ruimte, om werkelijk publiek te zijn, zowel doorgaand als ononderbroken moet zijn. Dergelijke reflecties en stellingen komen niet alleen voort uit mijn lezing van de teksten van Arendt en andere theoretici, maar ook uit mijn ervaringen als praktiserend architect. Het lezen van het werk van Arendt beïnvloedde mijn praktijk, maar het omgekeerde is ook waar: bewust en

4
Zie: George Baird, 'The New Urbanism and Public Space', in: George Baird, *Writings on Architecture and the City* (Londen: Artifice Books, 2015).

5
Ibid., 255.

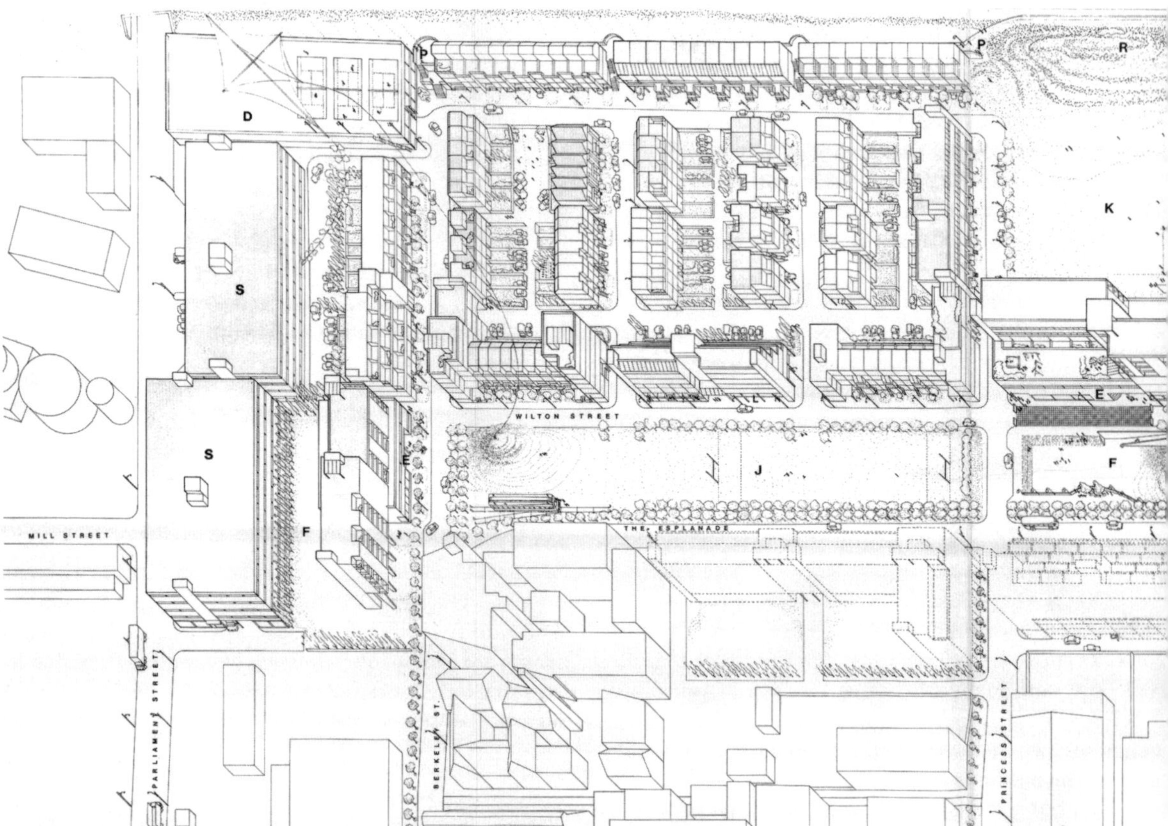

Axonometric drawing of the St. Lawrence Neighborhood, 1974. The historical urban fabric of the surrounding neighbourhoods is continued and the warehouses that formerly dominated this area are preserved/ Axonometrie van de St. Lawrence-buurt, 1974. Het historische stratenpatroon uit de buurt wordt voortgezet; pakhuizen die eerder deze omgeving domineerden, worden bewaard

the elderly.[4] In this text, I also put forward the idea of 'the street' as an 'extraordinarily robust and resilient urban form. . . . The street everywhere endures, and continues to be – and deserves to be – the primary locus of publicness in architecture and urbanism today.' I went on there to argue that the street essentially offers a 'set of key social and physical conditions: anonymity, a-focality and interconnectedness.

> Anonymity because of the sheer possibility in the space of the street for 'strangers to meet'; a-focality because the street, unlike the square, is not configured to focus the attention of its occupants in any particular way . . .; and interconnectedness because every efficacious urban street always leads to numerous others.[5]

Similar reflections led me further to the conclusion that public space, in order to be fully effectively public, needs to be both continuous and unimpeded. These reflections and statements found their source not only in my reading of the writings of Arendt and other theoretical sources, but also in my experiences as an architecture practitioner. Reading Arendt did influence my practice, but the reverse is also true: my experiences informed my reading of Arendt consciously and unconsciously. I will discuss three of my projects briefly here, and stress how they can be understood vis-à-vis Arendt's concept of public space.

4
See: George Baird, 'The New Urbanism and Public Space', in: George Baird, *Writings on Architecture and the City* (London: Artifice Books, 2015).

5
Ibid., 255.

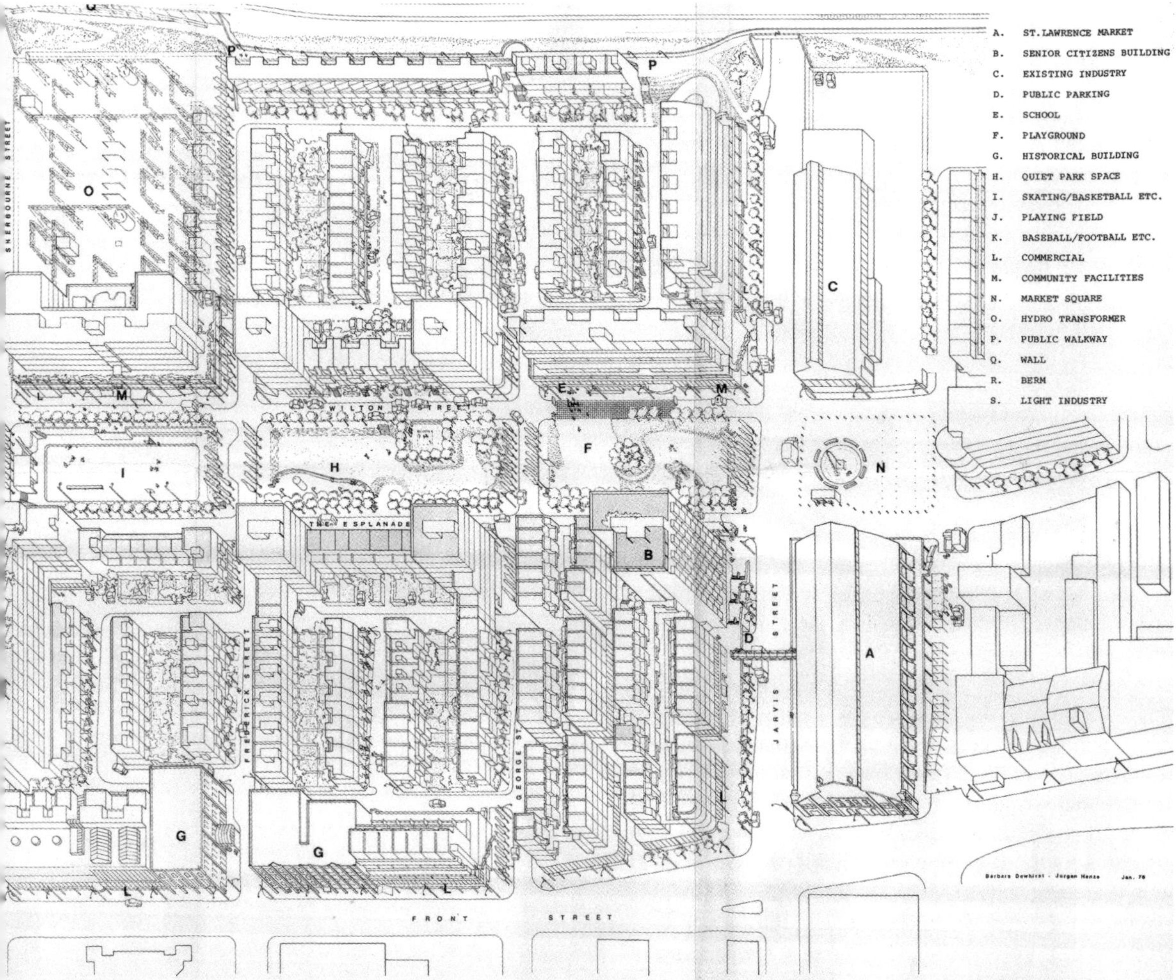

onbewust bepaalden mijn ervaringen uit de praktijk ook hoe ik Arendt las. Ik wil hier drie van mijn projecten kort bespreken, waarbij ik zal aangeven hoe deze projecten begrepen kunnen worden in het licht van Arendt's concept van de openbare ruimte.

Project 1: Stedenbouwkundig plan voor de St. Lawrence-buurt, Toronto (1974)
Ontwerp: George Baird, Barry Sampson

Mijn overtuiging dat openbare ruimten, en vooral straten, noodzakelijk zijn, heeft sterk mijn inbreng in van mijn eerste belangrijke stedelijke projecten beïnvloed. De afdeling huisvesting van de stad Toronto nodigde me uit te adviseren bij de ontwikkeling van een complete nieuwe stadsbuurt in Toronto met de naam 'St. Lawrence'. Op dat moment waren er in het centrum van de stad al vier grootschalige sociale woningbouwprojecten gebouwd: Regent Park North (einde jaren 1940), Regent Park South (jaren 1950), Moss Park (jaren 1960) en Alexandra Park (einde jaren 1960). De eerste drie waren min of meer uitgevoerd als tabula-rasa herontwikkelingsprojecten, waarvoor complete bestaande en historische buurten gesloopt waren. Alleen in het laatste project werd deze strategie heroverwogen en werd een deel van het bestaande stedelijk weefsel, waar de nieuwbouw zou plaatsvinden, behouden.
De projecten baseerden zich alle vier op de orthodoxe modernistische planningsprincipes: ze braken met het aaneengesloten negentiende-eeuwse stratenraster van de historische stadskern, en introduceerden een reeks doodlopende straten en cul-de-sacs binnen het eigen terrein. De bedoeling hiervan was een naar binnen gerichte buurt zonder doorgaand verkeer te maken. In de loop van de jaren veranderden de vier projecten in stedelijke getto's, met alle sociale stigma's die typisch zijn voor dergelijke geïsoleerde Noord-Amerikaanse sociale woningbouwprojecten. Ze waren zowel sociaal als zichtbaar afgesneden van de omliggende wijken.

De nieuwe afdeling huisvesting van de stad Toronto, in 1972 opgericht door het zojuist benoemde hervormingsgezinde stadsbestuur, was zich bewust van de problemen van dit stigma en had zich stellig voorgenomen om te voorkomen dat de nieuwe St. Lawrence-buurt hetzelfde lot ten deel zou vallen. Ik was dus gevraagd om te adviseren over het ontwerp van de straten en blokken voor de nieuwe buurt, die gebouwd zou worden in een voormalig pakhuisdistrict vlak bij Toronto's waterkant. In tegenstelling tot de poging om een volledig aparte nieuwe wijk te creëren, adviseerde ik om het historische raster van straten in het deel van de stad, dat grensde aan de locatie van St. Lawrence, gewoon te vervolgen en uit te breiden. Mijn aanbevelingen werden overgenomen, en de St. Lawrence-buurt werd gebouwd op basis van een dergelijk stratenpatroon. De buurt is nu ruim 40 jaar oud en past (zoals men achteraf kan concluderen) volledig binnen het omringende stedelijke netwerk. Volgens mij is dit de sociale en politieke kracht van de doorgaande openbare ruimte, waarover ik eerder schreef. De ruimtelijke continuïteit van het stratenraster bemiddelt tussen het nieuwe en het oude, en verenigt en verbindt uiteindelijk verschillende delen van de stad tot één geheel.

Project 2: Prijsvraaginzending voor een nieuw stadhuis voor Edmonton, Alberta (1980)
Ontwerp: George Baird, Barry Sampson

In 1980 werd een prijsvraag uitgeschreven voor het ontwerp van een nieuw stadhuis voor Edmonton, een snelgroeiende stad in het noorden van de provincie Alberta. Een lokaal architectenbureau had in 1957 een vroegrijp modernistisch stadhuis ontworpen, maar dat was veel te klein geworden voor de behoeften van de stedelijke administratie. Het prijsvraagprogramma vroeg om de sloop van het bestaande gebouw en de bouw van een nieuw, groter stadhuis.

Het ontwerp van mijn bureau had twee primaire kenmerken. Allereerst stelden we voor om het bestaande gebouw niet te slopen, maar het merendeel te behouden en te integreren in ons ontwerp. Ten tweede waren we vastbesloten om een nieuwe openbare ruimte te maken, geschikt voor de specifieke situatie van Edmonton. Beide beslissingen hebben betrekking op Arendt. De beslissing

Project 1: Site Plan for the St. Lawrence Neighbourhood, Toronto (1974)
Design Credit: George Baird, Barry Sampson

The conviction as to the necessity of publicness, and especially that of streets, strongly influenced my thinking about one of the first major urban projects for which I was invited to consult in the mid-1970s by the City of Toronto's housing department: the development of an entire new urban neighbourhood in Toronto, called 'St. Lawrence'. At that time, the core area of the city already contained four major social housing projects: Regent Park North (developed in the late 1940s), Regent Park South (1950s), Moss Park (1960s) and Alexandra Park (late 1960s, early 1970s). The first three of these had been more or less tabula rasa urban renewal projects, for which entire existing historical neighbourhoods had been destroyed. Only the last of the set reconsidered that design approach, retaining some of the existing urban fabric of the precinct into which it was inserted. Following orthodox modernist planning principles, all four of the projects severed the continuous nineteenth century street grid of the historical core area of the city, creating instead a series of dead-end and cul-de-sac streets within the territory of each of the projects proper, which was intended to make each one an internally focussed neighbourhood without through traffic. Over the years of their existence after their creation, each of the four projects turned into an isolated urban ghetto, cut off socially and perceptually from the surrounding neighbourhoods, with all of the social stigma typically associated with such isolation in North American social housing projects.

The newly established housing department, created by the City of Toronto's 1972 reform council, was well aware of the problem of this stigma, and was determined to prevent the new St. Lawrence neighbourhood from becoming another ghetto. I was called in as a consultant, to advise on street and block planning for the new neighbourhood, which was to be constructed in a former warehouse district close to the Toronto waterfront. As opposed to attempting to create a distinctly discrete new neighbourhood, I recommended that the historical pattern of streets in the part of the city adjacent to the St. Lawrence site be straightforwardly extended into and through it, in effect simply extending the historical street grid. My recommendations were adopted, and the St. Lawrence neighbourhood was built out on such a street grid. It is now some 40 years old, and – as one can conclude in hindsight – fits seamlessly within the surrounding city fabric. Such, in my view, is the social and political power of the continuity of public space, which I stressed above. The spatial continuity of the street grid mediates between the new and the old, uniting and connecting ultimately different areas of the city into a singular entity.

Edmonton City Hall competiton entry, 1980. The 1957 building is the lozenge-shaped element at the near right. Below and to the right of it is the new council chamber. The long bar crossing it is the public services wing. To the immediate left of the 1957 building is the new enclosed civic assembly space. To the lower left is the tower housing the smaller administrative departments, and at the far left is the slab block housing engineering services/ Prijsvraaginzending voor Edmonton City Hal, 1980 . Het ruitvormige gebouw rechts stamt uit 1957. Onder rechts de nieuwe raadszaal; het lange kruisende element bevat publieke dienstverlening. Links van het bestaande gebouw staat de nieuwe gesloten zaal voor raadsvergaderingen, linksonder de schijf met administratieve afdelingen; uiterst links het blok met technische diensten

Edmonton City Hall Competition Entry, 1980. Interior view of the civic assembly space: the public services wing is to the left; the rear façade of the 1957 city hall building is in the centre of the view, and the monumental staircase to the council chamber is to the right/ Prijsvraaginzending voor Edmonton City Hall, 1980. Interieurbeeld van het overdekte plein: links de vleugel met publieke diensten; in het midden de achtergevel van het stadhuisgebouw (1957); rechts de monumentale trap naar de raadszaal

om het bestaande gebouw niet te slopen, had betrekking op haar bewering dat:

> Het leven van de mens is, voor zover het bouwt aan de wereld, een onafgebroken proces van reïficatie, van het produceren van dingen, en de mate van wereldsheid van deze dingen, die met elkaar het menselijke kunstproduct vormen, is recht evenredig aan de meerdere of mindere mate van duurzaamheid die ze in deze zelfde wereld bezitten.[6]

We meenden dat het afbreken van een bestaand gebouw in een stad, die nog niet kan bogen op een lange geschiedenis, een betreurenswaardig en onnodig zwaktebod zou betekenen ten aanzien van de 'wereld' van haar inwoners. Zoals eerder opgemerkt, benadrukt Arendt dat deze 'wereld van dingen' een voorwaarde is voor het 'handelen'. De permanentie van menselijke artefacten is volgens Arendt cruciaal: ze schept een conditie waarin het menselijk 'handelen' betekenisvol kan verschijnen. Een dergelijke 'wereld' ontstaat niet zomaar; dat heeft tijd nodig. Bij het ontwerpen van het nieuwe stadhuis – dat is eigenlijk het participeren in een proces van reïficatie – ontdekten we ook de behoefte aan publieke ruimte in het centrum van Edmonton. Een ruimte die tegemoet zou komen aan de condities die Arendt benoemde als: 'de plaats van ontmoeting (...), het platform waarop ik verschijn aan anderen zoals anderen aan mij verschijnen, waar mensen (…) nadrukkelijk *acte de présence* geven'.[7]

Gezien de ligging van Edmonton in het hoge noorden, en het zeer koude klimaat, besloten we dat onze ontmoetingsplaats binnen zou moeten zijn. Dat bleek een belangrijke beslissing. Openbare ruimte is immers niet beperkt tot buitenruimte. Rondom de oude *agora*, het centrale plein in de Griekse *polis*, Arendt's referentie van openbare ruimte in *The Human Condition*, stonden de *stoa* – langgerekte, smalle, overdekte colonnades. Ze boden een overdekte plek voor de bezigheden van de burgers, en beschermden tegen regen en zonlicht. In ons plan konden we het bestaande gebouw uit 1950 gebruiken als een arcade aan de zijlijn van een zeer grote, overdekte stedelijke ruimte. We wonnen de prijsvraag niet, maar als het stadhuis zou zijn gebouwd, zou deze verafgelegen stad haar eigen *stoa* hebben gehad.

Project 3: Cloud Gardens Park, Toronto (1994)
Ontwerp: George Baird, Barry Sampson, Jon Neuert

Hoewel Arendt het woord 'perceptie' in *The Human Condition* niet gebruikt, kan haar boek toch zeker begrepen worden

6
Arendt, *De menselijke conditie*, op. cit. (noot 2), 89.

7
Ibid., 183. Noot van de vertaler: de vertaler van de Nederlandse editie van *The Human Condition*, C. Houwaard, kiest hier voor 'plaats der ontmoeting' als vertaling van 'space of appearance'. Gezien de context hier kan dat. 'Appearance' is volgens Arendt allereerst 'verschijning': in het publiek verschijnen (wat niet meteen 'ontmoeting' is). Elders wordt dit dan ook vertaald als 'plaats van verschijning'. In de Duitse vertaling die Arendt zelf maakte, *Vita Activa, Oder Vom tätigen Leben* (1960), noemde ze *the space of appearance* overigens *Erscheinungsraum*.

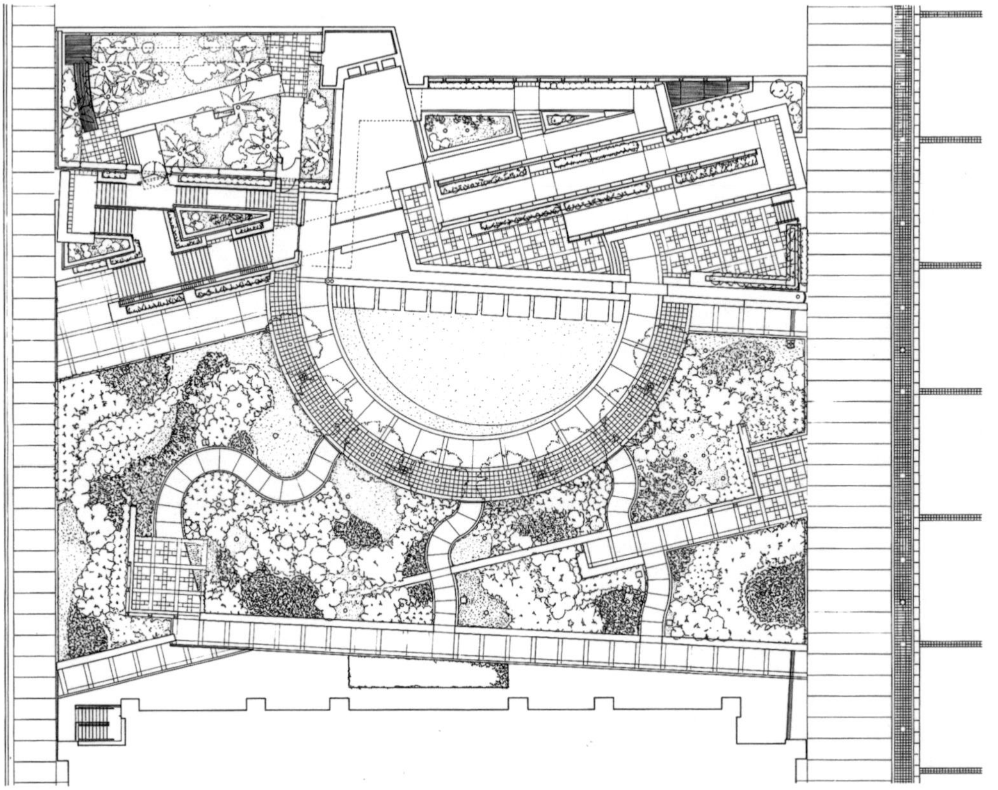

Plan drawing of the Cloud Gardens Park, 1994/
Ontwerp voor het Cloud Gardens Park, 1994

Project 2: Competition Entry for a New City Hall for Edmonton, Alberta (1980)
Design Credit: George Baird, Barry Sampson

In 1980, a design competition was held for a new city hall for Edmonton, a fast-growing city in northern Alberta. A local firm of architects had designed a precocious modernist city hall there in 1957, but it had become far too small to accommodate the city's administrative needs. The competition conditions called for the demolition of the existing building, and its replacement by a much larger one.

The design prepared by my firm had two primary features: first of all, as opposed to demolishing the existing building, we proposed to retain most of it, and to incorporate it into our design. Second, we determined to create a major new public space that we thought would be appropriate to Edmonton. Both of these decisions relate back to Arendt. The decision not to demolish the existing building related to her claim that:

> Human life, insofar as it is world-building, is engaged in a constant process of reification, and the degree of worldliness of produced things, which all together form the human artifice, depends on their greater or lesser permanence in the world itself.[6]

It seemed to us that to demolish the existing building, in a city that did not itself have a very long history, was a regrettable and unnecessary truncation of the 'world' of its citizens. As has already been indicated, Arendt stresses this 'world of things' as a prerequisite of 'action'. The permanence of human artefacts is crucial, according to Arendt, as a condition wherein 'action' can appear and make sense. It takes time to become such a 'world'. Developing the design of the new city hall – that is, participating in the process of reification – we also felt the need to create a public space in downtown Edmonton that would meet the conditions of what Arendt called 'the space of appearance . . . the space where I appear to others as others appear to me, where men . . . make their appearance explicitly.'[7]

Given Edmonton's far north location and seasonally very cold climate, we decided that our civic assembly space would need to be interior. This was an important decision. Public space is not limited to outdoor spaces, but can also incorporate interior space. Encircling the old agora, the central square in the Greek *polis*, which is Arendt's reference of public space in *The Human Condition*, were the so-called *stoa*, elongated narrow covered colonnades. These offered a covered space to the activities of citizens – protected from both rain and direct sunshine. In our plan, we could use the existing 1950s building as a portico to a very large new roofed civic

6
Arendt, *The Human Condition*, op. cit. (note 2), 96.

7
Ibid., 198.

Cloud Gardens Park, 1994

Cloud Gardens Park. View of the waterfall and the monument to construction workers by Margaret Priest/ Cloud Gardens Park met de waterval en het monument voor bouwvakkers van Margaret Priest

als een fenomenologie van de menselijke wereld die we met elkaar delen. Als gevolg van het lezen van haar boek in de jaren 1960 werd ik langzamerhand diepgaand geïnteresseerd in de fenomenologie van de waarneming en heb ik de implicaties van een dergelijke fenomenologie voor de architectuur geprobeerd te begrijpen. Een vroeg voorbeeld van deze poging is een tekst over het werk van de Finse architect Alvar Aalto die ik in 1970 publiceerde, en waarin ik een poging deed om een fenomenologische constructie, die ik 'de ruimte van de balustrade' noemde, te schetsen.[8] Via deze constructie probeerde ik de zeer kenmerkende openbare trappen, trapportalen, mezzanines en balkons in zijn werk te interpreteren. Volgens mij zijn dergelijke 'ruimten' gerelateerd aan Arendt's bekende observatie dat: 'Slechts waar dingen door velen kunnen worden gezien in een verscheidenheid van aspecten zonder van karakter te veranderen (...) kan de werkelijkheid van de wereld haar ware en betrouwbare gestalte krijgen.'[9]

Het opdoen van (en de confrontatie met) verschillende gezichtspunten is een cruciale ervaring van wereldsheid. Deze observatie beïnvloedde ook ons ontwerp voor het Cloud Gardens Park. In 1994 won mijn bureau de prijsvraag voor dit nieuwe parkje in het financiële hart van Toronto, waar we ons best deden een fenomenologische ruimte te creëren, die zou passen in deze context en de zintuigelijke ervaringen van bezoekers zouden versterken. De situatie was compact; het beoogde terrein voor het park lag binnen een *downtown* stadsblok en strekte zich uit van de ene straat naar de andere. Het park moest bovenop een parkeergarage komen te liggen, waarvan de toegangshelling een hoek van het perceel zou opslokken. Ten slotte zou aan een zijde van het park mogelijk een nieuw kantoorgebouw gebouwd worden, terwijl de andere zijde afgesloten werd door bestaande scheidingsmuren. Geconfronteerd met deze ongewone randvoorwaarden, ontwikkelden we een in doorsnede complex ontwerp dat nogal verschilde van de bestaande en vooral vlakke en harde zakelijke pleinen in het financiële district, waaronder het nabijgelegen Toronto-Dominion centrum van Mies van der Rohe. In plaats daarvan, en geïnspireerd door Piranesi's perspectieven van het overgroeide Romeinse forum en door Hervé Alphand's adembenemende ontwerp voor Parc des Buttes-Chaumont in Parijs, stelden wij een geconstrueerd landschap van heuvels, hellingen, trappen en uitsteeksels voor. Dit voorzag in een 'verscheidenheid van aspecten' op verschillende niveaus, rondom een waterval die het jaar rond in bedrijf was en geïnspireerd was door de Niagara-watervallen. Bovenop de kunstmatige heuvels en tegen de oostelijke scheidingsmuur werd een kunstwerk van onze collega Margaret Priest geplaatst: een groot raster met panelen die de verschillende technieken verbeelden, waarmee de bouwvakkers van Toronto aan de slag zijn. We hoopten daarmee een dramatisch tegenwicht te bieden aan de meer gebruikelijke vormen van publieke open ruimte in het centrum. Een tegenwicht dat mythologisch, ofwel fenomenologisch, zou zijn.

Een niet-dogmatische uitdaging

Toegegeven, er bestaat geen lineair verband tussen het lezen van Arendt's werk en de ontwikkeling van bepaalde architectonische interventies. Desalniettemin heeft Arendt me duidelijk uitgedaagd, vooral wat betreft de aspecten van de gebouwde omgeving, zoals continuïteit, permanentie en openbaarheid, die vandaag de dag nog steeds relevant zijn.[10] Bovendien biedt Arendt haar inzichten op een open, niet-dogmatische manier aan. Dit is voor mij heel belangrijk geweest, zowel in mijn eigen teksten, als in mijn praktijk – van mijn eerste overpeinzingen over het dubbele gezicht van het architectonische utilitarisme al die jaren terug, tot mijn huidige reflectie op de openbare ruimte.

Vertaling: Hans Teerds

8
George Baird, *Alvar Aalto* (Londen: Thames & Hudson, 1970). Ik nam deze tekst ook op in mijn verzamelde essays: George Baird, 'Alvar Aalto', in: Baird, *Writings on Architecture*, op. cit. (noot 4), 78-92.

9
Arendt, *De menselijke conditie*, op. cit. (noot 2), 59.

10
Ik heb de architectonische aspecten van openbaarheid in meer detail uitgewerkt in het boek: George Baird, *Public Space: Cultural/Political Theory: Streetphotography: An interpretation by George Baird* (Amsterdam: Uitgeverij SUN, 2011).

space. We did not win the competition, but had it been constructed, this remote city would have gained its *stoa*.

Project 3: Cloud Gardens Park, Toronto (1994) Design Credit: George Baird, Barry Sampson, Jon Neuert

Although Arendt does not use the word 'perception' in *The Human Condition*, her book can certainly be understood as a phenomenology of the human world that we all share with each other. As a result of reading her book in the 1960s, I gradually developed a deep interest in the phenomenology of perception, and subsequently tried to work out what its implications might be for architecture. One early example of this is a text I published in 1970 on the work of Finnish architect Alvar Aalto, in which I attempted to frame a phenomenological construct I called it 'the space of the balustrade'.[8] More specifically, I tried to articulate an interpretation of the very distinctive public staircases, stair landings, mezzanines and balconies in his work, by means of this construct. To my understanding, such 'spaces' are related to Arendt's famous observation that: 'Only where things can be seen by many in a variety of aspects without changing their identity . . . can worldly reality truly and reliably appear.'[9]

The possibility to inhabit (and be confronted with) different perspectives is a crucial experience of worldliness. This observation also informed our design for the Cloud Gardens Park. In 1994, my firm won the design competition for this small new park in the very heart of Toronto's financial district. In it, we made efforts to create a phenomenological space appropriate to that urban setting, within which visitors perceptual experience of the city would be expanded and intensified. The site was very small, stretching through the middle of a downtown city block, from one street to the next. What is more, the park was to be constructed on top of a parking garage, an entrance ramp to which occupied one corner of the available parcel of property. Finally, one side of the park would eventually become a new office building; the other was a pair of exposed party walls of existing adjacent buildings. Faced with this unusual set of site constraints, we conceived of a sectionally complex design that would be quite distinct from the series of already existing mostly flat and hard-surfaced corporate plazas in the financial district, one example being Mies van der Rohe's nearby Toronto-Dominion Centre. Instead, inspired by Piranesi's views of the overgrown Roman forum, and by Herve Alphand's astonishing design for Buttes-Chamont Park in Paris, we proposed a constructed landscape of hills, ramps, stairs and promontories that provided a 'variety of aspects' of the evolving urban form of the downtown from multiple levels, all centred on a waterfall that ran continuously all year long, on the model of Niagara Falls. At the top of the artificial hill, against the exposed east party walls, an art installation by our colleague Margaret Priest was constructed: a large grid of panels illustrating the techniques of the varied construction trades that were rebuilding Toronto. By this means we hoped to provide a dramatic counterpoint to the more typical forms of public open space in the downtown, which would be frankly mythological, not to say phenomenological.

An Undogmatic Challenge

Admitted, there certainly is not a linear relationship between reading Arendt and developing specific architectural intentions. Nevertheless, to me it is clear that Arendt challenged me, particularly on aspects of the urban built environment – it's continuity, it's permanence and its publicness – that still are relevant today.[10] Moreover, Arendt does offer her perspectives in an open, undogmatic way. This has been crucial for me both in my writings and in my practice, from my first reflections on the double face of utilitarian perspectives in architecture all those years ago, up until today, in my current reflections on public space.

8
George Baird, *Alvar Aalto* (London: Thames & Hudson, 1970). I included the text also in my collected writings: George Baird, 'Alvar Aalto', in: Baird, *Writings on Architecture* op. cit. (note 4), 78-92.

9
Arendt, *The Human Condition*, op. cit. (note 2), 57.

10
I developed an architectural view on aspects of publicness in the book: George Baird, *Public Space: Cultural/Political Theory: Streetphotography: An interpretation by George Baird* (Amsterdam: Uitgeverij SUN, 2011).

Redactionele noot: Onder welke omstandigheden maken stedelijke ruimten deel uit van het publieke domein? Vooral in kleinere steden hebben bestaande pleinen vaak hun betekenis en functie van podium voor informele ontmoetingen en belangrijke bijeenkomsten verloren. Het project 'Free Market' zoekt naar strategieën om de schijnbaar onverbiddelijke teloorgang van het publieke domein ten goede te keren.

Over marktplaatsen en de architectuur van het publieke domein

Jeffrey Bolhuis, Tara Kennedy

Het publieke domein, gezien als de wereld die wij gemeen hebben, brengt ons tezamen en verhindert tevens dat wij, bij wijze van spreken, over elkaar struikelen.[1]

Het bestaan echter van een publiek domein, met de daaruit voortvloeiende transformatie van de wereld in een samenhangend bestel van dingen, dat mensen bijeen en in relatie met elkaar brengt, is geheel afhankelijk van permanentie.[2]

Stadjes op het platteland vormen een wezenlijk onderdeel van de historische en hedendaagse Ierse samenleving. In Ierland woont één op de drie mensen in een provinciestad. Dit zijn plaatsen met een heel eigen identiteit, die een belangrijke functie hebben in de wijdere rurale omgeving.

Ierse provinciesteden ontwikkelden zich veelal rond marktplaatsen, die fungeerden als het economische en sociale middelpunt van de stad en haar agrarische achterland. Deze marktplaatsen waren generaties lang onmisbaar voor de plattelandsgemeenschap. Hier kwamen de stedelingen, bezoekers, handelaren en de boeren met hun vee samen; de markten boden plaats aan belangrijke bijeenkomsten in het kader van het economisch, cultureel en sociaal verkeer. Tegenwoordig hebben veel Ierse marktpleinen hun functie van essentiële openbare ruimte verloren en daarmee hun belang als plaats van uitwisseling en samenkomst. Marktpleinen worden nu vaak alleen nog als parkeerplaats gebruikt, terwijl de grote supermarkten aan de rand van de stad zich hebben ontwikkeld tot de belangrijkste handels- en winkelcentra. Veel winkels en markthallen in de binnensteden staan leeg of zijn zelfs in verval geraakt. Ierse provinciesteden hebben nog steeds te lijden onder de gevolgen van de economische crisis, die meer dan tien jaar geleden begon, en lijken achter te blijven bij de wereld(economie), die gericht is op de snelgroeiende centra van de grote steden. Ook vallen provinciesteden meestal buiten het hedendaagse discours over ruimtelijke ontwikkeling, omdat ze niet goed in de heersende tweedeling tussen stad en platteland passen.

In 2017 kreeg ons, toen recent gevormde collectief van zes architecten en ontwerpers de opdracht om het Nationaal Iers Paviljoen op de biënnale van Venetië 2018 te cureren en te ontwerpen.[3] Ons ontwerp voor een paviljoen, genaamd Free Market, bestond uit een architectuurtentoonstelling en een doorlopend gezamenlijk project dat het belang en de mogelijke toekomst van kleine marktsteden in Ierland verkent.

Met Free Market hebben we onderzocht of vergeten marktruimten opnieuw een rol kunnen gaan spelen bij de wederopbouw van duurzame gemeenschappen in kleine steden; een actuele vraag in het licht van de vele maatschappelijke en ecologische uitdagingen waar onze wereld voor staat. Gegeven hun bescheiden omvang en de aanwezige sterke sociale verbanden kunnen provinciesteden mogelijk opnieuw de veerkrachtige, inclusieve gemeenschappen worden, die verbonden waren met het productieve en natuurlijke landschap er omheen. De centra zouden niet alleen de dagelijkse voorzieningen kunnen bieden, maar ook een plek zijn voor informele bijeenkomsten en culturele evenementen – op loopafstand van de meeste woningen.

De naam van het project, Free Market, kan op twee manieren worden gelezen: enerzijds suggereert deze dat marktruimten uit hun huidige situatie – inclusief de prioritering van auto's boven mensen – moeten worden bevrijd; anderzijds verwijst de naam naar het onderliggende

1
Hannah Arendt, *Vita Activa. De mens, bestaan en bestemming* (Utrecht/Antwerpen: Uitgeverij Het Spectrum, 1986), 59.

2
Ibid., 61.

3
Free Market is bedacht, georganiseerd, geïnitieerd en ontworpen door Jeffrey Bolhuis (AP+E), Jo Anne Butler (Superfolk), Miriam Delaney (TU Dublin), Tara Kennedy (Culturstruction), Orla Murphy (Custom) en Laurence Lord (AP+E).

Editorial Note: Which are the conditions for urban spaces to be understood as a public realm? Especially in smaller towns the existing squares have often lost their meaning and their function as a stage for informal encounters and significant gatherings. The 'Project Free Market' examines strategies for turning around the seemingly inexorable demise of the public realm.

On Marketplaces and an Architecture of the Common

Jeffrey Bolhuis, Tara Kennedy

The public realm, as the common world, gathers us together and yet prevents our falling over each other, so to speak.[1]

Only the existence of a public realm and the world's subsequent transformation into a community of things which gathers men together and relates them to each other depends entirely on permanence.[2]

Small rural towns are an essential part of historical and contemporary Irish society. One in three people in Ireland live in a town and these are places with a very distinct identity that occupy an important place in their wider rural context.

Irish towns often evolved around marketplaces, which functioned as the economic and social hubs of the towns and their agricultural hinterland. For generations, these marketplaces had a vital function in the life of rural communities. These were the places where townsfolk, visitors, traders, farmers and even livestock would congregate and in this way formed the stage for important gatherings as well as economic, cultural and social exchange. Today, many of Ireland's market squares have lost their function as important public spaces and have seen their role as a place for exchange and congregation significantly diminished. This is illustrated by the fact that many are now used merely as car parks and that large supermarkets on the edge of towns have taken over as the main places for commerce and shopping, leaving many shops and market houses in the town vacant or even derelict. Many towns themselves are still suffering the effects of the economic crisis – which started now more than ten years ago – and seem to have fallen by the wayside in a world (economy) that is focussed on fast-growing urban centres. Small towns are also mostly left out of the contemporary discourse on spatial development, as they do not neatly fit in the prevailing dichotomy of urban versus rural.

In 2017 our newly formed group of six architects and designers received the commission to curate and design the National Irish Pavilion at the Venice Biennale 2018.[3] Our proposal for the pavilion, named Free Market, is an architecture exhibition and on-going collaborative project that explores the importance and possible future of small market towns in Ireland.

With Free Market we explored whether the currently overlooked market spaces can once again play a critical role in re-establishing sustainable communities in small towns. This is a very timely question in light of the many societal and ecological challenges that our world is facing. With their modest scale and inherent strong social bonds, towns could potentially support resilient and inclusive communities that are directly connected with their surrounding productive and natural landscape. Their centres could offer everyday amenities, a place for informal social gatherings as well as important cultural events – within walking distance of most homes.

The project title, Free Market, can be read in two different ways: on the one hand it suggests that we should free the market spaces from their current predicament, including the prioritisation of cars over people, and on the other it alludes to the underlying mechanisms of the 'free market' economy, which prioritise

1
Hannah Arendt, *The Human Condition* (Chicago: The University of Chicago Press, 1998 [1958]), 50.

2
Ibid., 50.

3
Free Market was conceived, curated commissioned and designed by Jeffrey Bolhuis (AP+E), Jo Anne Butler (Superfolk), Miriam Delaney (TU Dublin), Tara Kennedy (Culturstruction), Orla Murphy (Custom) and Laurence Lord (AP+E).

mechanisme van de vrijemarkteconomie waar geldelijk gewin op de korte termijn belangrijker wordt gevonden dan gezonde gemeenschappen, sociaal kapitaal en duurzame ontwikkeling.

Arendt beschrijft hoe in 'de wereld' de begrippen 'werk', 'arbeid' en 'handelen' (en daarmee de domeinen van het sociale, het economische, het culturele en het politieke) met elkaar samenhangen. Evenzo was het voor ons cruciaal om niet alleen de ruimtelijke aspecten van de marktpleinen te onderzoeken, maar ook de culturele, sociale, economische en politieke. Centraal in ons onderzoek stond een nauwkeurige verkenning van het dagelijkse leven in provinciesteden en de manier waarop dat zich verhoudt tot onderliggende sociale, ruimtelijke, culturele, politieke en economische structuren. Met deze aanpak hebben we ook willen benadrukken hoe belangrijk het is om bestaande gebouwde en sociale weefsels te waarderen en om ervan te leren; om over de ontwikkeling van plattelandsgemeenschappen te kunnen nadenken zonder te leunen op de huidige, op groei gebaseerde modellen.

De oorspronkelijke marktplaats is ontworpen als een open en vrij toegankelijke, uitnodigende ruimte waar mensen zich zonder voorafgaande toestemming of andere belemmeringen konden verzamelen. Iedereen kon er gebruik van maken, zonder expliciet deel uit te maken van een bepaalde groepering. Sociale structuren vormden en hergroepeerden zich tegen de achtergrond van niet alleen reguliere evenementen zoals weekmarkten, maar ook buitengewone gebeurtenissen zoals jaarmarkten of (voorheen) rituelen. Maar het feit dat deze inclusieve ruimten mensen in staat stelden vrijelijk in grote groepen samen te komen, had ook duidelijke politieke implicaties. Zoals Mark Pimlot schreef in zijn commentaar bij ons project: 'Het marktplein als openbare ruimte is ook een politieke ruimte, waar verschil mogelijk is, waar betrokkenheid gewenst is, waar het individu geneigd is zich kwetsbaar op te stellen en waar aandacht voor de ander nodig is.'[4]

Zoals deze pleinen zich nu voordoen, zijn ze meestal niet beschikbaar voor mensen of enige (ongeplande) samenkomst. Ze zijn vol met verkeer, geparkeerde auto's en een overvloed aan borden en paaltjes. Aan de randen van het plein projecteren handgemaakte winkelborden, die meestal alleen de familienaam van de eigenaar tonen, nog steeds een bescheiden menselijke aanwezigheid op het plein, maar meestal zijn de pleinen niet langer het speelveld van het openbare leven.

Het gaat hier om de vraag, voor wat of voor wie de gemeenschappelijke ruimte in onze provinciesteden bedoeld is en hoe die zich verhoudt tot hun ontwerp en gebruik, onderliggend beleid en de politiek. Achteraf gezien hebben we een project ontwikkeld dat in de lijn ligt van Arendt's bespiegelingen over de politieke aspecten van de openbare ruimte:

> Het door anderen worden gezien en gehoord ontleent zijn betekenis aan het feit, dat ieder ziet en hoort vanuit een andere positie. Dit is de zin van het openbare leven (...) Slechts waar dingen door velen kunnen worden gezien in een verscheidenheid van aspecten zonder van karakter te veranderen, zodat zij die zich met deze dingen bezighouden weten dat zij hetzelfde zien, hoezeer verschillend zij het ook mogen zien, kan de werkelijkheid van de wereld haar ware en betrouwbare gestalte krijgen.[5]

Parallel aan Arendt's visie op de betekenis van het openbare leven is de belangrijkste functie van een marktruimte, en van het publieke domein in het algemeen, om mensen, geschiedenissen, verhalen en verschillende perspectieven bij elkaar te brengen. Deze notie hebben we als primaire drijfveer voor ons project en aanpak gebruikt. We waren dus niet geïnteresseerd in het presenteren van een enkele didactische visie, maar we kozen voor een open platform, met als doel de collectieve intelligentie te benutten en verschillende gezichtspunten te verzamelen, waaraan we ons huidige denken en gedrag konden toetsen. Een open platform dat uitdaagde om verder te discussiëren en dat kansen zou opperen en interdisciplinaire samenwerking stimuleren.

Free Market exhibition at the Irish Pavillion, Venice Biennial, 2018/
De Free Market tentoonstelling in het Ierse paviljoen, biënnale van Venetië, 2018

4 Mark Pimlott, *Free Market News*, gepubliceerd ter gelegenheid van de architectuurbiënnale in Venetië, 2018.

5 Arendt, *Vita activa*, op. cit. (noot 1), 64.

short-term financial gain over healthy communities, social capital and sustainable development.

Just as Arendt describes how in 'the world' the concepts of 'work', 'labour' and 'action' (and with that the social, economic, cultural and political realms) are all interrelated, it was crucial for us to investigate the market spaces not merely as a spatial question but also as a cultural, social, economic and political one. Central to our research was the close examination of the everyday life in towns and how this relates to the underlying social, spatial, cultural, political and economic structures. With this approach we also sought to highlight the importance of valuing existing built and social fabrics and learning from them, in order to consider the development of rural communities beyond current growth-based models.

The marketplaces in their original form were designed as open and freely accessible spaces that invited people to gather without any permission or obstruction. Anyone could use them, without explicitly being part of a particular group or predesigned configuration. Social structures were formed and reformed against the backdrop of regular events like the weekly market, but also through extraordinary events such as annual fairs or, formerly, rituals. These were inclusive spaces allowing for chance meetings and encounters. Yet the fact that these spaces allowed people freely to congregate in large groups also had clear political implications. As Mark Pimlot wrote in his reflection on our project: 'The market square as a public space is also a political space, which accommodates difference, and obliges engagement, and induces vulnerability of the self and necessitates attention to the other.'[4]

In their contemporary configuration these spaces are for the most part unavailable for people or any (unplanned) congregation. They are filled with traffic, parked cars and an abundance of signs and bollards. At the edges of the square handmade shop signs, which commonly only display the family name of the owner, still project a small sense of human presence onto the square, but mostly the marketplaces are no longer the territory of public life.

What is at stake here is the question of what or who the shared spaces of our towns are meant for and how this is connected to their design, use and underlying policies and politics. In hindsight, we have developed the project in line with Arendt's reflection on the political aspects of public space:

> Being seen and being heard by others derive their significance from the fact that everybody sees and hears from a different position. This is the meaning of public life . . . Only where things can be seen by

4
Mark Pimlott, *Free Market News*, published on the occasion of the Biennale di Architettura, Venice, 2018.

Drone photo of the market square in Kilrush, Ireland/ Dronefoto van het marktplein van Kilrush, Ierland

Historical image of the market square of Clones, Ireland/ Historisch beeld van het marktplein van Clones, Ierland

De biënnaletentoonstelling in Venetië in 2018 bestond uit een grote verscheidenheid aan beeldmateriaal van casestudies, maquettes, fotografische studies, geluidspanorama's, verhalen en analyses van een scala aan medewerkers, zoals kunstenaars, planners, academici, marktkooplui, schrijvers, beleidsmakers en fotografen. Deze belichtten niet alleen de problemen en mogelijkheden van de provinciestad, maar presenteerden ook verschillende visies op het leven in deze marktstadjes met hun rijke sociale, gebouwde en ervaren kwaliteiten. De tentoonstelling was in grote lijnen ontworpen als een marktplein, om een ruimte te scheppen waar mensen konden vertoeven, elkaar ontmoeten, rondsnuffelen en in gesprek raken. Een deel van het paviljoen had de vorm van een toonbank of marktkraam, waar bezoekers en paviljoenhouders elkaar konden spreken en wij het verband tussen economische en sociale uitwisseling (of waarde) konden vertolken.

Uit de presentatie van dit specifiek Ierse onderwerp tijdens de biënnale van 2018 bleek dat het onderwerp universele ideeën bevatte, die veel weerklank vonden bij bezoekers uit de hele wereld. Natuurlijk was het belangrijk om het gesprek over deze, op het internationale toneel grotendeels over het hoofd geziene plaatsen op gang te brengen. Het belangrijkste element van ons voorstel was echter dat het project rechtstreeks betrekking zou hebben, en een positieve invloed zou uitoefenen, op de provinciesteden en het leven van de mensen waar het over ging. Daarom was het paviljoen ontworpen als een volledig demontabel geraamte dat na de afsluiting van de biënnale naar Ierland werd verscheept. Vervolgens zijn we met de tentoonstelling provinciesteden in het hele land afgereisd, waar we de onderdelen telkens op het marktplein opbouwden als een op maat gemaakt openluchtpaviljoen. Met deze installaties hebben we een collectieve ruimte voor samenkomsten, creatieve activiteiten, voorstellingen en discussies gecreëerd en zijn we erin geslaagd mensen uit verschillende provinciesteden en disciplines met elkaar in contact te brengen, en stemmen hoorbaar te maken, die vaak buiten het publieke debat blijven. Het ging om mensen uit kleine steden, scholieren, bedrijven, lokale overheden, handelaren en actiegroepen. We hebben geluisterd en gesprekken gevoerd tijdens openbare feestelijke openingen, door lokale historici geleide wandeltochten, op speciale marktdagen, gedurende workshops met lokale actiegroepen en buurtbewegingen, tijdens opnamen van gesprekken met de *vox populi* en, informeel, tijdens het drinken van eindeloze kopjes thee. Samen met de bevolking van de provinciesteden hebben we een duidelijk beeld weten te schetsen van de vele lokale problemen waarmee zij geconfronteerd worden. Daarnaast hebben we het potentieel, de levendige sociale structuren en het rijke architecturale erfgoed van hun woonplaatsen onder de aandacht kunnen brengen.

Naarmate het project vorderde, slaagden we er ook in direct contact te leggen met het politieke etablissement, en hebben we ministeries en de minister-president bij het gesprek betrokken. De resultaten van ons onderzoek en nationale rondreis is gepresenteerd aan de Irish Joint Parliamentary Committee of Rural and Community Development.

Free Market National Tour: Castleblayney, Ireland, 2019. Following on from the exhibition at the Venice Biennale, Free Market is now touring Ireland as it visits the towns the project is addressing, organising public events, collecting stories and sharing ideas/ Free Market National Tour: Castleblayney, Ierland, 2019. Na Venetië, toert Free Market nu door Ierland om de onderzochte steden op te zoeken. Er worden publieke evenementen georganiseerd, verhalen verzameld en ideeën gedeeld

Met Free Market hebben we getracht het traditionele domein van de architectuurtentoonstelling te overstijgen. We hebben ons actief beziggehouden met de ruimtelijke, lokale en politieke context van ons onderwerp. We hebben een inclusieve ruimte gecreëerd waar een grote verscheidenheid aan mensen en ideeën bijeenkomt, die vertegenwoordiging en identiteit mogelijk maakt en collectieve actie vergemakkelijkt en zo aanwijzingen geeft voor de ontwikkeling van nieuwe manieren om het publieke domein in onze marktsteden collectief te verbeelden.

In dit project, dat uitgaat van het publieke domein in het algemeen en met name de centrale marktpleinen in Ierse provinciesteden, wordt het belang van deze ruimten begrepen als, zoals Hannah Arendt zou zeggen: 'dat wat mensen samenbrengt'.

Vertaling: InOtherWords, Maria van Tol

many in a variety of aspects without changing their identity, so that those who are gathered around them know they see sameness in utter diversity, can worldly reality truly and reliably appear.[5]

Parallel to Arendt's view on the meaning of public life, the most important function of a marketplace – and of the public realm in general – is its ability to gather people, histories, stories and a plurality of perspectives. It is this notion that we used as the primary driver for our project and approach. We were therefore not interested in presenting a singular didactic vision, but chose to create an open-ended platform that harnessed collective intelligence by inviting a diversity of viewpoints that would question our current thinking and behaviour, invite further discussion, reveal new opportunities and stimulate cross-disciplinary collaboration.

The exhibition at the Venice Biennale presented a diversity of imagery from case studies, models, photographic studies, soundscapes, stories and policy analysis, from a wide range of contributors, such as artist, planners, academics, market traders, writers, policymakers and photographers. These highlighted both issues and potential within the towns as well as offering different views into the life in small market towns with their rich social, material and experiential qualities. The design of the support structure of the exhibit reproduced the most important aspects of a market square, as it created a space for people to linger, meet, browse and engage in conversation. Part of the pavilion adopted the format of a shop counter or market stand, which provided a place of interaction among visitors and invigilators of the pavilion, which allowed us to highlight the connection between economic and social exchange or value.

From presenting this particular Irish topic within the setting of the biennale, it became apparent that the subject matter held within itself more universal ideas, that strongly resonated with visitors from around the globe. Although there was already significant value in initiating a conversation about these largely overlooked places on this international stage, the most crucial element of our proposal was that this project should directly address and have a positive impact on the towns and lives of people that we were discussing. Consequently, we designed the pavilion as a fully demountable framework that was shipped to Ireland at the closing of the biennale. The exhibition then travelled to towns across the country where its elements were reconfigured as a bespoke outdoor pavilion for each market square. With this series of installations we created a collective space for meetings, creative action, performances and discussion and we were able to connect people in different towns and disciplines and include voices that have often been left out of the public conversation. These included the people living in small towns, school pupils, businesses, local councils, traders and action groups. Our listening and conversations happened during public opening events, on walking tours by local historians, at special market days, through workshops with local action and community groups, 'Vox Pop' recording sessions and informally over many cups of tea. Together with the people in each town we were able to create a clear picture of the many local issues that they were facing and also bring to the fore the potential, vibrant social structures and rich architectural heritage that exists in their towns.

As the project progressed we were also able to directly connect with the political sphere and have brought governmental departments and the prime minister into the conversation and presented the findings of our research and national tour to the Irish Joint Parliamentary Committee of Rural and Community Development.

With Free Market we have sought to go beyond the traditional realm of the architecture exhibition by actively engaging with the spatial, local and political context of our subject matter. In doing so we have created an inclusive space that brings together a diversity of people and ideas, provides agency and identity, facilitates collective action and so offers clues for new ways to collectively reimagine the public realm in our market towns.

Taking the public realm, and in particular the marketplaces that formed the centre of many Irish towns, as the starting point of the project considers the importance of these spaces as Arendt might understand them as that 'which gathers men together'.

5
Arendt, *The Human Condition*, op. cit. (note 1), 57.

Redactionele noot: In de praktijk lopen de drie verschijningsvormen of modi van Arendt's *vita activa* door elkaar heen. Vooral in de situatie waar er sprake is van een alternatieve aanpak of kritische dialoog versus de logica van de markt, moet 'werken' worden begrepen als 'handelend' of 'actief ' werken, en omgekeerd.

Actief werk

Ken De Cooman

1

'Menselijk handelen' wordt gekwantificeerd in het bruto binnenlands product (bbp), een monetaire maatstaf van de marktwaarde van alle, in een jaar geproduceerde producten en diensten.

Deze grove indicator wordt gebruikt om de algemene toestand van een land te beoordelen. Hij is gebaseerd op een groeiparadigma waarbij geldt: hoe meer groei, hoe beter; en vooronderstelt een definitie van waarde waarbij geldt: wat in termen van marktwaarde kan worden geteld, heeft waarde. Hij definieert menselijke interacties als diensten en vervangt 'tijd' door 'gewerkte uren'. Rechtvaardigheid, gelijkheid, ecologie, delen, enzovoort, worden niet meegeteld in het bbp.[1] Dit bekrompen perspectief op het menselijk handelen leidt tot een overdosis aan groei: een voortdurende toename van een heel beperkt type menselijke productiviteit, die maximaal op jaarlijkse basis wordt gemeten, waarbij de langetermijneffecten van de ontginning en exploitatie van natuurlijke en menselijke hulpbronnen bewust door de vingers worden gezien.[2]

Geen enkele technologische innovatie is in staat dit model omver te werpen.

Er is een wijdverbreide overtuiging dat wetenschappelijke kennis en de daaruit voortvloeiende technologie met een oplossing zullen komen om het model van een overdosis aan groei binnen de productiegrenzen van onze planeet mogelijk te maken. De geschiedenis van de technische vooruitgang maakt dit echter niet aannemelijk.[3] Binnen het huidige model kan economische groei niet worden losgekoppeld van de materiële en sociale externe factoren die hem ondersteunen. Het lijkt erop dat de tekortkomingen van alsmaar meer groei ingebed liggen in zijn structuur.

Veranderen moet zelf veranderen.

Transitioneren moet je in de praktijk leren. Gemeenschappen hebben tijd nodig om bepaalde soorten kennis op te doen. Het gaat daarbij om impliciete kennis, die men opdoet door al doende te leren en samen te werken. Dat is wat het woord 'praktijk' voor BC (Brussels Cooperation) betekent: gezamenlijke kennis door iets te vervaardigen, door via vallen en opstaan nader tot materialen en methoden te komen. Door iets te maken kunnen we kennis verwerven over aspecten van de architectuur die niet zo gemakkelijk op andere manieren te vatten zijn. Het maken stelt ons in staat om op termijn weer een nauwe relatie op te bouwen met de hulpbronnen en grondstoffen die onze materialen, onderdelen en gebouwen vormen. En dat kost inderdaad tijd. De tijd nemen is dan ook een noodzakelijke daad van verzet tegen het meedogenloze en vandaag de dag onvermijdelijke model dat steeds meer groei bepleit. De tijd nemen, dat lukt nooit helemaal. In de architectuur, een stressvolle discipline die heen en weer wordt geslingerd tussen economische 'realiteit' en artistieke of ecologische 'inspanning', brengt dit een onzekere positie met zich mee. In de loop der tijd verworven, impliciete kennis bestaat niet uit één enkele wetenschappelijke waarheid, maar uit een brede context van praktijken waarbij grotere gemeenschappen van burgers, ontwerpers, ambachtslieden en bouwers betrokken zijn. Het maken van gebouwen is dus sterk verbonden met de complexe en diverse bouwcultuur van volkeren en disciplines.

2

Over 'menselijk handelen', 'politiek', 'tijd' en 'werk' gesproken: er zijn hierboven enkele concepten van Hannah Arendt's boek *The Human Condition* aangestipt. Dit kan een uitgangspunt zijn voor een verkenning van de manier waarop 'arbeid, 'werk' en 'handelen' – 'activiteit' – vandaag de dag op elkaar kunnen inwerken en hybride vormen van architectuurpraktijken kunnen genereren.

1
Zie: Mariana Mazzucato, *The Value of Everything: Making and Taking in the Global Economy* (Londen: Penguin, 2017).

2
Zie ook de verklaring van de curator van de Oslo arkitekturtriennale van 2019 op: http://oslotriennale.no/en/news/oat-2019-curatorial-statement (geraadpleegd december 2019).

3
Zie: Vaclav Smil, *Energy and Civilization* (Cambridge, MA: MIT Press, 2017); Vaclav Smil, *Growth* (Cambridge, MA: MIT Press, 2019).

Editorial note: In practice, Arendt's three modes of the *vita activa* intermingle. Particularly in the situation of negotiation between a countercultural approach and critical engagement with market logics, 'work' needs to be 'work in action', as well as vice versa.

Work in Action

Ken De Cooman

1

'Human activity' is measured by Gross Domestic Product, a monetary measure of the market value of all the final goods and services produced in a year.

It is this rough indicator that is used to judge the overall state of a nation. It is supported by a paradigm of growth, in which higher growth is considered better, and it presupposes a definition of value: that which can be counted in terms of market value. It defines human interactions as services and commodifies time into working hours. However, justice, equality, ecology and sharing . . . are not counted in this GDP number.[1] This narrow perspective on human activity leads to 'overgrowth': an ongoing increase in a limited kind of human productivity, measured at maximum on a yearly basis, unwilfully turning a blind eye on long-term effects of extraction and exploitation of natural, social and human resources.[2]

No technological innovation can overturn this model.
The widely held belief is that scientific knowledge and the resulting technology will come up with a solution to make the overgrowth model possible within the production boundaries of our planet. Histories of technological innovation counter this belief.[3] The current model cannot decouple economic growth from the material and social externalities it is supported by. It seems like the defaults in the overgrowth model are built into its structure.

Change itself needs to change.
Transition needs to be learned as a practice. It takes time for communities to acquire certain kinds of knowledge. This is a tacit knowledge, which comes through learning by making, learning by collaborating. It is what the word 'practice' means to us at BC: a collaborative knowledge through making, an act of 'getting close' to a material and a method, through processes of trial and error. Through making we can acquire knowledge about aspects of architecture that cannot be easily grasped in other ways. Making offers us the opportunity to, in time, regain a close relationship with the sources and resources that constitute our materials, elements and buildings. And it takes time. As such, taking time has become a necessary act of resistance against the relentless and currently unavoidable 'overgrowth' model. Taking time is never fully established. In architecture, a strained profession squeezed in between economic 'realities' and artistic or ecological 'endeavours', this entails an unstable position. This tacit knowledge over time does not hold one scientific truth, but rather lives in a wide community of practices involving larger communities of citizens, designers, crafts-(wo)men, and builders. Making buildings is strongly linked to the complex and diverse construction cultures of peoples and disciplines.

2

Talking about 'human activity', 'politics', 'time' and 'work': we have been touching on some concepts of Hannah Arendt's book *The Human Condition*. Let this be a starting point for an exploration of how 'labour', 'work' and 'action' can interact and generate hybrid forms of architecture practice today.

In *The Human Condition*, Arendt brings up the traditional division of human activities into *vita activa* (active life) and *vita contemplativa* (contemplative life). 'Labour', 'work' and 'action' are the three modes of *vita activa*. In our limited reading of Arendt's conceptual framework, 'action' is very much oriented towards

1
See: Mariana Mazzucato, *The Value of Everything: Making and Taking in the Global Economy* (London: Penguin, 2017).

2
See also the Curatorial Statement of the Oslo Architecture Triennale 2019 at http://oslotriennale.no/en/news/oat-2019-curatorial-statement (accessed December 2019).

3
See: Vaclav Smil, *Energy and Civilization* (Cambridge, MA: MIT Press, 2017); Vaclav Smil, *Growth* (Cambridge, MA: MIT Press, 2019).

In *The Human Condition* stelt Arendt de traditionele verdeling van menselijke activiteiten in de *vita activa* en *vita contemplativa* aan de orde. 'Arbeid', 'werk' en 'handelen' zijn de drie modi van de *vita activa*. Volgens onze bescheiden lezing van Arendt's conceptuele kader is 'handelen' sterk gericht op 'spreken': het praten in een politieke sfeer, de uitwisseling van ideeën. Arendt verwijst naar de Griekse democratie, waar welgestelde burgers niet 'werkten' of 'arbeidden' als ze actief waren in hun *scholè* (vrije tijd). 'Arbeid' is echter een menselijke activiteit die gericht is op het voorzien in biologische (en misschien ook andere) behoeften zoals zelfbehoud en het voortbestaan van de soort. De vruchten van 'arbeid' worden snel geconsumeerd en er moeten altijd meer worden geproduceerd. 'Arbeid' is dus een cyclisch, zich herhalend proces. 'Werk' heeft, anders dan 'arbeid', een duidelijk afgebakend begin- en eindpunt. Het resulteert in een duurzaam object, zoals een stuk gereedschap, in plaats van iets ter consumptie. Zulke duurzame objecten worden dan onderdeel van de wereld waarin we leven.[4]

Hoewel de drie modi van de *vita activa* kunnen worden geïnterpreteerd als conceptueel gescheiden, is de architectuurpraktijk echter, zoals ik hieronder zal laten zien, in staat om deze modi te vermengen, waardoor een geheel ontstaat dat meer effect heeft dan de som van de drie delen 'arbeid', 'werk' en 'handelen'. Het type werk' dat men produceert, of het type 'arbeid' dat men verricht, kan een 'voorstelling', een 'uitspraak' of een 'actie' in een breder politiek debat zijn.

3

Laten we bijvoorbeeld eens kijken naar het project 'Atelier Tayou' in het Belgische Gent dat BC samen met kunstenaar Pascale Marthine Tayou heeft uitgevoerd.

In dit atelier zijn technieken en concepten vervat waarvoor geen plaats zou zijn in een standaardproces waarbij een aannemer een werk moet uitvoeren aan de hand van het benodigde papierwerk van de architect; een aannemer zal immers risico's incalculeren en zo op een te hoge prijs uitkomen of, sterker nog, het werk helemaal niet willen uitvoeren. Alleen samenwerking – door een bouwteam dat de risico's en onderzoek deelt – maakt nieuwe prototypen en leer- en werkprocessen mogelijk. Het Tayou-gebouw kwam tot stand op een zesweekse bouwplaats waaraan jonge professionals en bouwers vrijwillig en naar eigen inzicht konden deelnemen. Als een deelnemer meer dan twee weken bij het proces betrokken was, werd hij betaald voor de resterende tijd en toegevoegd aan een kernteam binnen BC dat nieuwe deelnemers rekruteert. Iedereen at en sliep op locatie. Er werden lezingen gehouden over nieuwe bouwtechnieken die in dit gebouw voor het eerst werden toegepast, en er ontstonden informele netwerken rond onderwerpen als radicale duurzaamheid en architectonisch activisme, die ook na de bouwperiode bleven bestaan. Uit de noodzaak om dingen anders te maken,

4
Hannah Arendt, *De menselijke conditie* (Amsterdam: Uitgeverij Boom, 2009).

Participants of the six-week workshop carry out the work in limestone and hemp/ Deelnemers aan de zes weken durende workshop werken met kalksteen en hennep

During the construction of the project, meals were prepared and shared together every day; the construction site was also used for overnight stays/ Tijdens de bouw werden de maaltijden gezamenlijk bereid en genuttigd. Ook werd op de bouwplaats overnacht

'speech', the act of talking in a political sphere, the exchange of ideas. She refers to Greek democracy, where well-off citizens did not 'work' nor 'labour' when they were acting in their *scholè* (or free time). 'Labour', however, is human activity directed at meeting biological (and perhaps other) necessities for self-preservation and the reproduction of the species. The fruits of 'labour' are quickly consumed, and more must always be produced. 'Labour' is thus a cyclical, repeated process. 'Work', unlike 'labour', has a clearly defined beginning and end. It leaves behind a durable object, such as a tool, rather than an object for consumption. These durable objects become part of the world we live in.[4]

The three modes of *vita activa* could be interpreted as conceptually separated. However, as I will illustrate below, architectural practice has the ability to mingle these modes of *vita activa*, generating a whole that is more impactful than the sum of its three parts of 'labour', 'work' and 'action'. The kind of 'work' one produces, or the kind of 'labour' one executes, can be a performance, a 'speech', an 'action' in a wider political debate.

3

Let's take the example of a project, 'Atelier Tayou' in Ghent, Belgium, done within our practice of BC together with artist Pascale Marthine Tayou.

The building uses techniques and comprises concepts that are not possible to construct in a standard process with architectural paper documents given to a contractor for execution; for a contractor will estimate his risk and give too high a price, or even more, will not want to execute the works at all. Only a collaborative model – a building team sharing risk and research – can allow for new processes of prototyping and learning and building. The Tayou building was produced in a six-week construction camp, in which voluntary young professionals and builders could come and participate as they please. If a participant's involvement exceeded two weeks, she or he would be remunerated for the remaining time and be part of a core team within BC that builds and receives new participants. Everyone ate and slept on site. Lectures were held on novel construction techniques pioneered in the building, and informal networks emerged around topics of radical sustainability and architectural activism, extending long beyond the construction period of the building. The necessity of making things differently evolved into making things collaboratively, taking time while exchanging ideas and opinions, while practicing how impact and change can happen in architecture and construction.

As such, the practice of BC here combined education, community organisation, activism, material

4 Hannah Arendt, *The Human Condition* (Chicago: The University of Chicago Press, 1998 [1958]).

The project combines the organic and biodegradable material lime hemp with a steel pallet rack system that is modular, dismountable and reusable/ Het project combineert het organische en biologisch afbreekbare kalk-hennep met een systeem van gestapelde stalen pallets, dat modulair is, demontabel en herbruikbaar

The project as commissioned by artist Pascale Marthine Tayou/ Het project zoals opgedragen door kunstenaar Pascale Marthine Tayou

evolueerde een gezamenlijke maakpraktijk waarbij de tijd genomen werd om ideeën en meningen uit te wisselen. Bovendien werd geoefend met manieren om invloed uit te oefenen en veranderingen door te voeren in de architectuur en de bouw.

De praktijk van BC combineerde in dit geval dus onderwijs, opbouwwerk, activisme, materiaalproductie, architectuurontwerp, aannemerij en samenwerking tot een ingewikkeld proces waarin de drie modi van *vita activa* samenkomen. Omdat er op locatie dagelijks maaltijden werden gekookt en werd overnacht, werd er niet alleen een 'werk' geproduceerd, maar ontstond er ook een 'huishouden' en werd er 'gearbeid' en genoten van 'vrije tijd'. In deze extra tijd werden via de lezingen en uitwisselingen tussen BC, de deelnemers, de kunstenaar en externe medewerkers, ook 'handelingen en uitspraken' aan het project toegevoegd. Deze processen vertegenwoordigden een culturele praktijk, althans in politiek opzicht, en waren niet alleen bedoeld om een 'werk' te produceren. De beoordeling van de culturele en architectonische waarde van het werk – van dit werk als 'werk' – is niet aan ons.

Na de bouw zette Pascale Marthine Tayou die het gebouw momenteel op zijn eigen manier gebruikt, deze culturele praktijk door. Het bouwproces duurt voort door het 'werk' van de kunstenaar, in een steeds wisselende samenstelling.

4

Een tweede praktijkvoorbeeld van de vermenging van 'werken en handelen' is de oprichting van een nieuw bedrijf binnen BC, BC materials, dat de afgegraven grond van bouwplaatsen tot bouwmateriaal transformeert. We mengen verschillende afgegraven materialen uit verschillende geologische lagen volgens recepten die een hoog niveau van lokaal vakmanschap vereisen. Dit betekent dat ons 'werk' locatiegebonden is, en niet volledig kan worden geautomatiseerd of geïndustrialiseerd. Onze grondstoffen komen uit een bestaande afvalstroom jaarlijks in België van ongeveer 36 miljoen ton grond, met alle bijbehorende problemen op het gebied van transport en berging. Deze resterende grondstoffen worden omgezet in prachtige, gezonde, koolstof neutrale, afvalvrije producten zoals kleipleister, samengeperste leemsteen en geramde aarde. Dit is niets nieuws; het gaat hier om vernaculaire bouwtechnieken die zijn gemoderniseerd met behulp van hedendaagse wetenschappelijke kennis.

In het ecosysteem van BC architects & studies & materials is, via het maken van gebouwen, plaats om gezamenlijk te leren en een bouwcultuur te ontwikkelen. De bouwhandelingen die wij uitvoeren zijn zowel 'handelingen' als 'narratieven'. Zij worden uitgevoerd in het kader van complexe en kostbare inspanningen om infrastructuur te genereren – dwars door de verschillende klassen, vaardigheden, materialen en technologieën heen. Architecten, studenten en instellingen worden geïnformeerd en geïnspireerd; aannemers en ambachtslieden getraind. Klanten en investeerders worden overtuigd, en nieuwe

Excavation of a storm reservoir in Brussels excavating clay from Ypres/ Stormreservoir in Brussel waarbij klei uit Ieper wordt uitgegraven

Workshop for architects and contractors on the principles of clay construction today/ Workshop voor architecten en aannemers om te leren hoe leembouw toe te passen

production, architectural design, contracting and collaboration in a complex process that combined the three modes of *vita activa*. The practice of cooking meals every day and spending the night on site introduced the 'household' or 'labour' into the production of 'work', as well as allowing for 'free time'. In this extra time, lectures and exchanges among BC, participants, the artist and external contributors permitted 'action and speech' to be a part of this project. The processes were an act of cultural practice, at least politically charged, rather than the production of 'work' only. How its cultural and architectural value – how the 'work as work' – is perceived, is for others to define.

After the construction period, Pascale Marthine Tayou, the artist currently using the building in his own way, has continued this cultural practice. The process of building continues through the artist's 'work' in an ever-changing composition.

4

A second example of practice combining 'work and action' is the creation within BC of a new company: BC materials transforms excavated earth from construction sites into building materials. We mix different types of excavated earth from different geological layers in recipes that require a high level of local craftsmanship. This means that our 'work' cannot be delocalised, neither can it be fully automated nor fully industrialised. Our resources come from an existing waste stream of around 36 million tonnes of earth per year in Belgium with all its issues of transport and disposal. These wasted resources are transformed into beautiful, healthy, carbon neutral, no-waste products, such as clay plaster, compressed earth blocks and rammed earth. These is nothing new, these are vernacular construction techniques updated with current scientific knowledge.

Through the ecosystem of BC architects & studies & materials, making buildings is opened up as a place for shared learning, as a place to make construction culture. We perform acts of building, at once 'action' and 'narrative'. It is a performance within the complex and costly effort of generating infrastructure, running across classes and skill sets, across materials and technologies. It (in)forms architects, students and institutions, and trains contractors and craftsmen. It convinces clients and investors, and researches and develops new applications. It is part of a wider tendency to redefine potential roles of what an architect might be or do: not only a designer of spaces but an agile actor in all processes of making buildings. We operate next to similar actors in different fields such as ROTOR in Belgium, Assemble in the UK and Cycle Terre Paris in France.

Positioning BC materials in the market as a material production company is not so much an economical statement, as it is a political and cultural one. The market size and measurable impact of the 'work' of BC

BC materials: Storage of Flemish clay and Brussels sand, excavated in sites in Strombeek and Sint-Pieters-Woluwe respectively, at the BC materials production site in Brussels/ Opslag in de productieplaats van BC materials in Brussel van Vlaams leem en Brussels zand, afkomstig uit resp. Strombeek en Sint-Pieters-Woluwe

Production of clay bricks as a direct replacement of inner masonry blocks such as fast bricks, sand-lime bricks, concrete blocks/ Productie van leemstenen als directe vervanging van binnenmetselwerkblokken zoals snelbouwsteen, kalkzandsteen, betonblokken

toepassingen onderzocht en ontwikkeld. Dit alles maakt deel uit van een bredere trend om de potentiële rollen, die uitdrukken wat een architect zou kunnen zijn of doen, te herdefiniëren: niet alleen een ontwerper van ruimte, maar ook een flexibele speler die een bijdrage levert aan alle bouwprocessen. BC is, naast vergelijkbare actoren zoals ROTOR in België, Assemble in Groot-Brittannië en Cycle Terre Paris in Frankrijk, actief op verschillende terreinen.

Het in de markt zetten van BC materials als een materiaalproductiebedrijf is niet zozeer een economisch, als wel een politiek en cultureel statement. Afgezet tegen de totale omvang van de bouwsector zijn het marktaandeel en de meetbare invloed van het 'werk' van BC materials klein, bijna verwaarloosbaar. Het 'werk als werk' is onbeduidend. Echter, BC materials is een 'uitvoering', een 'handeling', een 'uitspraak' in het politieke discours over hoe wij mensen (moeten/kunnen) ingrijpen in het ecosysteem van onze planeet. Het is 'actief werk'.

En misschien móét 'handelen' tegenwoordig wel worden ondersteund door 'werk'. In de huidige overdaad aan meningen op de hedendaagse agora van de sociale media en andere podia zou een dergelijke 'uitspraak' – bestaande uit de productie en in de markt zetten van 'werk' in de vorm van kleipleister en aarden blokken, muren en vloeren; uit interactie met spelers in de hele bouwsector; uit het vervangen van woorden door daden; uit het praktiseren – iets in beweging kunnen zetten.

Duur, tijd, is hier van groot belang. Een keertje blokken produceren is niet genoeg. Het vergt een voortdurend communiceren en delen van 'werk'. Het gaat vooral om het opbouwen van een gemeenschap en een specifieke houding in de loop van jaren, en om het realiseren hiervan door middel van 'werk' in de ruimte van de *agora*.

BC materials is als bedrijf officieel geregistreerd, gaat de concurrentie aan met andere bedrijven, ontwikkelt marketingstrategieën, stelt financiële plannen op voor crowdfunding en om invloedrijke investeerders te interesseren, enzovoort. BC materials volgt dus bepaalde maatschappelijke en economische logica's die het hoopt te beïnvloeden. Ons werk is altijd activistisch, omdat we voortdurend afwegingen maken tussen een mogelijke alternatieve aanpak én onderwerping aan een marktlogica die gebaseerd is op het model van die overdosis groei. Wij hopen dat ons 'werk' een narratieve kracht bezit, die mensen inspireert (op zijn minst binnen ons vakgebied), die de verbeelding prikkelt als het gaat om wat voor 'wereld' er mogelijk is, en die gedeeld sociaal, cultureel en politiek kapitaal in de samenleving bijeenbrengt. Ten slotte hopen we bij te dragen aan een gemeenschap van praktijken (ROTOR, Assemble, Cycle Terre Paris ...) die 'activistisch werken', de *vita activa* herdefiniëren en onze 'wereld' veranderen.

Vertaling: InOtherWords, Maria van Tol

materials is very small, almost negligible in the overall size of the construction sector. The 'work as work' may be insignificant, but BC materials is a performance, an act, a 'speech' in the political discourse of how we humans (should/could) intervene in our planet ecosystem. It is 'work in action'.

And maybe 'action' today needs to be backed up by 'work'. In the current overflow of opinions in our contemporary *agora* of social media and other outlets, 'speech' might gain traction by producing 'work' in the form of plaster, blocks, walls and floors in earth and have them circulate in the market; by interacting with actors all over the construction sector; by walking the talk; by practicing.

Duration, time, is here really important. One session of block production won't do it. It takes the continuous communicating and sharing of 'work'. It is more about building a community and an attitude over time, and about building this on top of and through 'work' in the space of the *agora*.

BC materials is a company registered with the authorities, entering into competition with other companies, developing marketing strategies, drafting up financial plans to allow crowd and impact investors, etcetera. Thus, BC materials is following certain societal and economical logics that it hopes to have an impact on. The constant negotiation between a position of counterculture and a position of going along with a market logic based on the 'overgrowth' production model is what constitutes our constant 'work in action'. We hope that it has a narrative power that inspires people (at least within our profession), that triggers the imagination of what kind of 'world' is possible, and that accumulates shared social, cultural and political capital in our society. In the end, we hope to contribute to a community of practices (Rotor, Assemble, . . .) that make 'work through action', redefining our *vita activa* and changing our 'world'.

Redactionele noot: De architectuur is voortdurend in verandering. Van schets naar maquette, en van gebouw naar een gebouw dat in gebruik genomen is. De aandacht verschuift van beoogde werkelijkheid naar geleefde werkelijkheid, van materiële constructie naar alledaagse toestand. De maquette biedt in het ontwerpproces een fysiek instrumentarium, dat het verband legt zowel tussen de fysieke werkelijkheid van materiaal, tektoniek en tactiliteit, als de wereld van droom, poëzie en het ontwerpen van een onzekere toekomst.

Oscillerende gedachten

Mary Duggan

1 Variabelen

Architectuur beweegt zich heen en weer tussen droom en werkelijkheid.

2 Kenmerken

De architectuurpraktijk houdt zich in grote lijnen bezig met een proces dat gericht is op een moment van voltooiing. De oplevering van een gebouw is het eindspel. Een gebouw wordt gemaakt met een vooraf bepaalde lijst materialen. Op het moment dat het gebouw klaar en een zelfstandige entiteit is, is het zowel een fysiek als economisch feit; het is niet langer in een staat van ontwikkeling.

De fysieke wereld is vol geluiden, geuren en luchtjes, texturen en materialen die zich manifesteren dankzij het licht en ons zicht, beweging, interactie en conversatie. Deze elementen hebben poëtische kwaliteiten. Als gebouwen in dergelijke termen worden gedefinieerd, zijn ze in een continue staat van verandering.

De twee bovenstaande beweringen beschrijven beide architectonische eigenschappen: de eerste benoemt de tastbare, gemakkelijk te definiëren fysieke kenmerken; de tweede de vluchtige, tot het gemoed sprekende, kortstondige en allesbehalve exact te specificeren kenmerken.

Deze eigenschappen, die in de beleving onafscheidelijk zijn, worden hier bewust vereenvoudigd om de grenzen van de professie te openen en te bevragen; om de kwestie aan de orde te stellen hoe we het instrumentarium van onze discipline actief kunnen inzetten om de maatschappelijke en culturele waarde ervan te verspreiden; om de architectuur een hoger doel te geven binnen een steeds veranderende samenleving die bestaat uit toekomstige generaties en voortdurende intellectuele uitwisseling; en om ons scherp bewust te zijn van wat we de toekomst meegeven.

Om de materiële en maatschappelijke duurzaamheid van architectuur te bestendigen, moet in het ontwerpproces een stabiele conceptuele positie worden gevonden en verankerd. Juist de nostalgische instrumenten van de architect bieden daarvoor grote voordelen. Als we ruimte voor hen reserveren om fundamenteel en fysiek bij te dragen, kan het resultaat gemakkelijk van de ene naar de andere gemeenschap overgedragen worden.

3 Dromen

De pogingen, betekenissen en ambities van een architectuurproject worden nooit precies zo gerealiseerd als ze in typologische of ideologische termen zijn onderzocht. Alleen op papier bestaat het werk als kunst – een voorspelling, een idee, een utopie.

4 Kunst & feit

Als Hannah Arendt het belang van kunstwerken overweegt, stelt ze dat kunstwerken 'van alle tastbare dingen de meest intens wereldse [zijn]; hun duurzaamheid wordt bijna niet aangetast door het destructieve effect van natuurlijke processen, daar ze niet te lijden hebben onder gebruik door levende wezens'.[1] Arendt refereert hier aan de stabiliteit die kunstwerken de sterfelijke mens bieden, maar plaatst ze ook hiërarchisch boven andere menselijke artefacten. Ze beschrijft alles wat een functie dient als vervangbaar en vergankelijk.

Deze bewering suggereert dat ook gebouwen (in de zin van functionele objecten) vervangbaar zijn, omdat ze voortdurend slijten door de activiteiten van bewoners en gebruikers. Letterlijk genomen zet zij een negatieve koers uit voor de architectuur en beschrijft zij slechts een neergaande spiraal. Als we dit echter kritisch en omgekeerd begrijpen, legt Arendt een grote verantwoordelijkheid bij de architect om architectuur te bestendigen.

1
Hannah Arendt, *Vita Activa. De mens, bestaan en bestemming* (Utrecht/Antwerpen: Uitgeverij Het Spectrum, 1986), 166.

Editorial note: Architecture is in a constant flux. From drawing to model, to building, to building-in-use. It shifts from envisaged reality to lived-in reality, from material construction to everyday condition. In the design process, the model offers a physical set of instruments that relates the physical reality of material, tectonics and tactility on the one hand, and the world of dream, poetry and the design of an uncertain future on the other.

Oscillating Thoughts

Mary Duggan

1 Variables

The field of architecture oscillates between dreams and reality. °

2 Properties

The practice of architecture is broadly concerned with a process focused on a completion moment, the delivery of a building being the end game. Constructed from a predetermined log of materials, in finite and independent state, buildings are both a physical and economic fact, no longer in a state of developmental flux.

The physical world is charged with sounds, scents and smells, textures and materials enabled by light and sight, movement, interaction and conversation. These elements add poetic qualities. Defined in this way buildings are in a constant state of flux.

Both statements describe the properties associated with architecture, the former tangible material properties, easy to define, the latter transient, emotive, ephemeral and beyond precise specification.

These properties are inseparable in experiential terms, intentionally simplified here to open up and challenge the limits of our profession; to raise the issue of how we can actively use the tools of our discipline to disseminate its social and cultural value; to give greater purpose to architecture within an ever changing society made up of future generations, of ongoing intellectual exchange; to be acutely aware of what we cast into the future.

To perpetuate permanence in architecture, both in material and sociological terms, a firm conceptual position needs to be found and grounded within the design process. In this regard, we need to understand the benefits of nostalgic devices, and establish a space for them to be solid and material. If this position is found, architecture will easily traverse communities.

3 Dreams

The endeavours, meanings and ambitions of any architectural project are never realised to the same degree that they are examined in typological or ideological terms. In paper form only, the work is like art – a prediction, an idea, a utopia.

4 Art & Fact

When considering the importance of art works, philosopher Hannah Arendt refers to them as the 'most intensely worldly of tangible things; their durability is almost untouched by the corroding effects of natural processes, since they are not subject to the use of living creatures.'[1] She refers to works of art as offering stability to the mortal human being. She places them in hierarchy above other human artefacts, while she describes anything with a function as dispensable or mortal.

This assertion suggests that buildings (in the sense that they are functional objects) are also replaceable, because they are constantly corroded by the activities of their occupants and users. Taken literally she sets a negative path for architecture, describing solely a depreciating trajectory. Critically and conversely, however, Arendt's view prescribes a responsibility for architects to immortalise architecture.

Permanence (or immortality) lies in the continuum of the material fact, so, returning to the completion point – the point at which life and legacy take over – this should also be a construct, a considered factor in the design and the process celebrating time and the patina of use, in remnants of human life that connect one generation to the next and possess poetic qualities.

1
Hannah Arendt, *The Human Condition* (Chicago: The University of Chicago Press, 1998 [1958]), 167.

Duurzaamheid (of onvergankelijkheid) bestaat in het continuüm van de materiële feiten. Als we terugkeren naar het moment van voltooiing van het gebouw – het punt waarop het leven en latere gebeurtenissen het 'overnemen' – zien we dat ook zijn permanentie een constructie zou moeten zijn. Het is iets om rekening mee te houden, zowel in het ontwerp en het proces dat de tijd en sporen van gebruik omarmt, maar ook in de sporen van het menselijk leven, die de ene generatie met de andere verbinden en poëtische kwaliteiten bezitten.

Als duurzaamheid in het architectonisch ontwerp dus op de voorgrond komt te staan, verandert de status van architectuur in de richting van wat Arendt over kunstwerken heeft geschreven: 'Kunstwerken zijn dingen van de gedachte, maar daarom niet minder dingen.'[2]

5 Dialo(o)g(en)

Arendt heeft het over de complexiteit van onze fysieke wereld; zij is ervan overtuigd dat de waarde en afhankelijkheid van de menselijke activiteiten – 1) arbeid, 2) werk en 3) handelen – sociale stabiliteit met zich meebrengen. Als het discours tussen deze drie verschijningsvormen maar vloeiend verloopt, kan er een ideale samenleving ontstaan in een gemeenschappelijke wereld, waarin iedereen betrokken is en er geen enkelvoudige gezichtspunten zijn.

Als we de architectuurpraktijk in Arendt's drieledige definitie proberen onder te brengen, dan past de discipline (mogelijk) alleen in de categorie 'werk'. Binnen een gesloten categorie is een collectief ethos echter niet mogelijk. Een architect die in deze 'werk'-modus het ontwerpproces leidt, bespeelt de dimensies van het vak door gebruik te maken van weldoordachte tekeningen en maquettes, om organisatorische en stilistische beslissingen, efficiëntie en technische competentie te onderbouwen. Elk project wordt een specifieke ontwerpthese. Op deze manier is ontwerpen een op zichzelf staande exercitie, die wordt getoetst aan *veronderstelde* en passend *geredigeerde*, maatschappelijke waarden en een geïdealiseerde, *voorspelde* toekomst. Het is dan ook logisch dat de resulterende architectuur alleen maar onnauwkeurig kan zijn, het product van giswerk, en niet gedetailleerd genoeg om een succesvolle toekomst in de wereld mogelijk te maken.

Dit is in de praktijk meestal de realiteit. Het is een uitdaging om een architectuur te ontwikkelen, die zich niet laat vervangen, en om een methodologie te definiëren, die het mogelijk maakt vooruit te denken in plaats van achteruit.

6 Participatie

Om de fysieke wereld sociale waarde te geven, verbindt Arendt deze stevig met het menselijke ingrijpen. Zij gebruikt hierbij de term 'reïficatie': een abstractie of representatie kan iets tot leven brengen, zoals vakmanschap of de menselijke hand daartoe in staat is. Elke projectie heeft haar eigen bestemming in de wereld, omdat er geen sprake is van een eenduidige interpretatie; iedereen ziet en hoort vanuit een andere positie; elke opgeslagen herinnering is anders.

Uit deze definities volgt dat architectuur zowel exclusief als inclusief moet zijn – respectievelijk voor individuen en voor de wereld. Het resultaat en het denkproces moeten gehechtheid aan, en geloof in het voorstel mogelijk maken. Het voorstel moet openstaan voor interpretatie, maar tegelijkertijd nauwkeurig zijn in materiële zin. Om dit voor elkaar te krijgen, moet de dialoog een breder scala van meningen en invloeden verkennen.

Achter deze verklaringen gaat een ontwerpmethodologie schuil die vraagt om nauwkeurige maatregelen op het gebied van communicatie, representatie en improvisatie.

7 Gewicht

Net als de nauwkeurigheid van een muziekstuk, een gedicht of een schilderij, kan de juiste materiële weergave van een architectonisch project een stemming vastleggen en voorkomen dat die verloren gaat. Een maquette kan daarbij houvast bieden. Het is een materieel feit. Het is onmogelijk een herinnering te ontwerpen, maar je kunt wel ervaring van tijd oproepen.

2
Ibid., 167; Arendt vervolgt dit argument: 'Het denkproces als zodanig produceert en vervaardigt evenmin tastbare dingen, boeken, schilderijen, beeldhouwwerken of composities, als dat gebruik als zodanig huizen of meubelen produceert en vervaardigt. De reïficatie, die plaatsvindt bij het neerschrijven van een verhaal of een gedicht, het schilderen van een portret, het boetseren van een beeld of het componeren van een melodie, houdt natuurlijk verband met de gedachte die eraan vooraf is gegaan, maar wat werkelijk de gedachte tot een tastbare realiteit maakt en dingen van de gedachte schept, is hetzelfde vakmanschap dat, met het oerwerktuig van de menselijke hand, de andere duurzame dingen van het menselijke kunstprodukt schept.'

The Aviaries House, model, 1:100. Hand cast jesmonite, sanded by hand to reveal the structure of the aggregate/ Aviaries House, maquette, 1:100. Met de hand gegoten jesmoniet, geschuurd om de structuur van het samengestelde materiaal weer te geven

It follows that if architecture is designed with endurance placed in the foreground, it will be elevated in status in the way that Arendt describes art: 'Works of art are thought things, but this does not prevent them being things.'[2]

5 Dialogue(s)

Arendt talks about the complexity of our physical world. She is convinced that the value and dependency on human activities – 1) labour, 2) work and 3) action – brings social stability, and with discourse fluid between these three agencies, an ideal society can exist in a common world in which everyone is involved, without singular perspectives.

Bringing the practice of architecture within Arendt's three-part definition, it sits – arguably – alone in the field of work in a closed compartment that does not fit into this collective ethos. An architect in 'work' mode will lead the design process playing out hopes and fears through thoughtful drawings and models to substantiate organisational and stylistic decisions, efficiency and technical competence. Each project becomes a design thesis in its own right. But it is a self-contained exercise, tested against *assumed* and suitably *edited* social values and idealised *predicted* futures. It stands to reason therefore that the resulting architecture will be inaccurate in its projection, a product of guesswork with insufficient detail to enable a successful future in the world.

This is predominantly the reality of practice. The challenge is to secure an architecture that can avoid disposal and to define a methodology that allows one to think forward, not backward.

6 Participation

To bring social value to the physical world, Arendt strongly ties human intervention into it. She talks about reification: an abstraction or a representation of something can bring it to life much like workmanship or human hands do to material. Each projection has its own destination in the world as there is no single interpretation; everyone sees and hears from a different position; every recorded memory is different.

Following those definitions, architecture must be both exclusive and inclusive – for individuals and for the world respectively. The output and thought process must enable an attachment and belief in the proposal, open to interpretation, but precise in material terms. To do this the dialogue must be broader in scoping out opinions and influences.

Within these statements lies a design methodology that requires accurate measures of communication, representation and improvisation.

7 Weight

Much like the precision of a piece of music, a poem or a painting, the right material representation of an architectural project can secure a mood and stop it from perishing. A model can set a 'holding position'. It is a material fact. It is impossible to design a memory, but you can evoke a sense of time.

The scale of a model is significant. Limited to hand-size, it facilitates a particular conversation. Everyone can make physical contact with it. By holding the model, the materials are connected to life, the distinction between durability and fragility is revealed, and it becomes possible to physically feel the difference between heavy and light and rough and smooth. Moreover, if the material is selected with care, paying attention to ageing processes, these experiences ensure future sustainability. Much like a work of art, the model makes space for the dream, and allows the dream to find a substantial place in the world. This level of accuracy is emotional and political, and is clearly separate from the technical accuracy that follows naturally and professionally from cost and factual frameworks.

2
Ibid., 169; Arendt continues this argument as follows: 'The thought process by itself no more produces and fabricates tangible things, such as books, paintings, sculptures, or compositions, than usage by itself produces houses and furniture. The reification which occurs in writing something down, painting an image, modelling a figure, or composing a melody is of course related to the thought which preceded it, but what actually makes the thought a reality and fabricates things of thought is the workmanship which, through the primordial instrument of human hands, builds the other things of the human artifice.'

Play Structure. Model, 1:50. Hand cast in colour pigmented jesmonite, sanded to reveal the structure of the aggregate, intensified on surfaces exposed to human touch/ Play Structure, maquette, 1:50. Met de hand gegoten in met kleur gepigmenteerd jesmoniet, geschuurd om de structuur van het samengestelde materiaal te tonen, geïntensiveerd op oppervlakken die aan menselijke aanraking worden blootgesteld

De schaal van een maquette is van belang. Als die een handzame grootte heeft, vergemakkelijkt dat een bepaald gesprek. Iedereen kan er fysiek contact mee maken. Door de maquette vast te houden, worden de materialen met het leven verbonden, blijkt het onderscheid tussen duurzaamheid en fragiliteit, en wordt het mogelijk om fysiek het verschil te voelen tussen zwaar en licht en ruw en glad. Als bovendien het materiaal met zorg wordt geselecteerd, met aandacht voor verouderingsprocessen, dan zorgen deze ervaringen voor toekomstige duurzaamheid. Net als een kunstwerk maakt de maquette ruimte voor de droom en stelt ze de droom in staat een belangrijke plaats in de wereld te verwerven. Dit niveau van nauwkeurigheid is emotioneel en politiek, en staat duidelijk los van de technische nauwkeurigheid die op een natuurlijke en professionele manier uit kostenplaatjes en feitelijke kaders volgt.

8 Gelijkheid

Aangespoord door een uitnodiging om iets te maken in reactie op Italo Calvino's bekende boek *Invisible Cities*, en in het bijzonder de stad Euphemia (hoofdstuk 2), heeft mijn bureau, Mary Duggan Architects (MDA), een ontwerpmethodologie verkend, die een politieke ideologie als conceptueel uitgangspunt neemt.[3]

Calvino's Euphemia is een beginselverklaring over gelijkheid. Het verhaal beschrijft een al lang bestaand open forum van reizende ambachtslieden dat volledig gericht is op culturele uitwisseling. De menselijke interactie wordt tot leven gebracht door beschrijvingen van de geuren van kruiden, het geluid van fluisterende stemmen en geroddel bij kaarslicht. De architectuur op zich is ongedefinieerd, bijna irrelevant, en wordt slechts geïmpliceerd door de activiteiten van de bewoners.

Het doel was om binnen het bureau een debat op gang te brengen over het instrumentarium waarmee MDA de opdracht zou kunnen uitwerken en Euphemia in haar uiteindelijke architectonische vorm gieten. We moesten een vorm vinden om dichter op de materialen te zitten, die door de tijd, relevantie en geheugen worden bewerkt.

De collega's binnen MDA volgden de aanwijzingen in het script op: we brachten specerijen mee naar de studio, waar genoten werd van de geuren en waar we roddelden bij kaarslicht. Zo werd het denkproces in gang gezet door een discussie over het karakter van de stad die we probeerden te ontdekken, de vorm die zij zou moeten aannemen, en haar materiële compositie. Het eindresultaat was een fragiele zuil van was, doordrenkt met kruiden, rustend op een betonnen sokkel met treden – de essentie van Euphemia.

In het project woog de maatschappelijke waarde zwaarder dan bouwkundige regeltjes. Het werd op circulaire wijze gerealiseerd, waarbij aan alle activiteiten – werk, arbeid en handelen – evenveel belang werd gehecht. Politieke statements, het maken en de handmatige taken werden gezamenlijk uitgedacht en uitgevoerd.

9 Presentie

Om de kloof tussen materieel feit en poëzie te overbruggen, moet de sociale waarde net zo zwaar wegen om de negatieve invloed van prozaïsche of zuiver praktische beslissingen te pareren. Dit laatste is een probleem van het ontwerpproces, juist als we binnen het smalle veld opereren waarin we geen proactieve participanten toelaten, of besluiteloos zijn uit onzekerheid over de toekomst.

10 Verbeelding

Kostbare kunstwerken bieden de mogelijkheid om een bepaalde toestand op elk moment in de toekomst van dat kunstwerk te waarderen, en scheppen daarom tot op zekere hoogte een stabiel referentiepunt waarop men zich kan terugtrekken, net zoals een weloverwogen maquette het ontwerp samenvat.

Kunst biedt ook de mogelijkheid om de toekomst opnieuw te verbeelden, (af) te schilderen en over na te denken; de vrijheid om onafhankelijk te denken, volop te interpreteren en sentimenteel te zijn. Dit is het mooie van kunst: permanentie, duurzaamheid en eeuwigheid zijn erin verankerd en creëren een fundament dat binnen het architectonische proces kan worden herhaald, om zekerheid te bieden in onvoorspelbare situaties en – het allerbelangrijkste – om te garanderen dat er meerdere partijen van profiteren.

Vertaling: InOtherWords, Maria van Tol

3
Italo Calvino, *Invisible Cities* (Londen: Vintage, 1997).

Euphemia. Hand-made cast model of pigmented concrete and wax infused with cardamom seeds and turmeric/ Euphemia. Handgemaakt gegoten model van gepigmenteerd beton en was, doordrenkt met kardemomzaad en geelwortel

8 Equality

Motivated by an invitation to respond to the well-known book *Invisible Cities* by Italo Calvino, focusing on the city of Euphemia (Chapter 2), my office Mary Duggan Architects (MDA) explored a design methodology that takes a political ideology as its conceptual starting point.[3]

Calvino's Euphemia is a statement about equality. The story describes a long-standing open forum of travelling tradesmen entirely focused on cultural exchange. Human interaction is brought to life by the smells of spices, the sounds of murmuring and candlelit gossip. The architecture per se is undefined – almost irrelevant – and rather implied by the activities of the occupants.

The aim was to provoke a debate about the means by which the studio would procure the project and ultimately cast Euphemia in architectural form. We had to find a closer connection to the materials, factoring in time, relevance and memory.

Following the cues in the script, MDA brought the spices into the studio, enjoyed the smells and recreated the candlelit gossip. The thought process was laboured with debate about the character of the city we were attempting to discover, the form it should take, and the material composition. The end result was a fragile wax column infused with spices that rests on a tiered concrete plinth – the essence of Euphemia.

The project was borne with social value ahead of architectural prescription and procured in a circular method with all agencies of work, labour and action given equal importance – political opinions, making and manual tasks in chorus.

9 Presence

To bridge the gap between material fact and poetry, social value must be a concurrent consideration to counteract the negative impact of prosaic or dire practical decisions. This is an issue of process and the narrow field in which we operate without proactive participants. It is also a problem of indecision borne out of uncertainty about the future.

10 Imagination

Precious art works offer the opportunity to appreciate a particular condition at any time in its future, and therefore on one level provide a stable reference as a point to retreat to, much like a well-considered model as summary of the project.

Art also allows for the possibility to reimagine, reflect and repaint a future and to be independent in those thoughts, the freedom to interpret, and to be sentimental. This is the beauty of art: permanence, endurance and perpetuity is embedded within, and this is a fundament that can be duplicated within architectural process to provide certainty in the unpredictable, and – most importantly – to secure multiple beneficiaries.

3
Italo Calvino, *Invisible Cities* (London: Vintage, 1997).

Euphemia. Hand-made cast model of pigmented concrete and wax infused with cardamom seeds and turmeric/ Euphemia. Handgemaakt gegoten model van gepigmenteerd beton en was, doordrenkt met kardemomzaad en geelwortel

Redactionele noot: Niet alleen artefacten hebben een politieke betekenis, ook hun productie. Hannah Arendt stelt dat objecten niet alleen de uitdrukking zijn van een politieke gemeenschap, maar die ook vormgeven. Deze 'nieuw-materialistische' gevoeligheid voor de betekenis die dingen kunnen geven, stelt architecten in staat te communiceren – ook buiten bekende situaties om.

De stenen van het land

Anne Geenen

Bouwen in een culturele context die voor de architect niet vanzelf spreekt, is een delicate zaak – zeker als het gaat om interventies op locaties op andere continenten, buiten de grote steden en op afstand van de geijkte toeristische trekpleisters. Het wordt nog ingewikkelder, als ook de opdrachtgever een buitenstaander is. In die situatie bevindt zich ons bureau Site Practice, nu we door een buitenlandse opdrachtgever zijn gevraagd een huis te ontwerpen op Bali, net buiten de toeristische zone, aan de rand van een dorp. Met aandacht voor de plek, en door lokale materialen en bouwtechnieken te bestuderen, proberen we het gebouw te laten aansluiten bij de sociale context. Een maakproces kan bijdragen aan de sociale verbondenheid die dit dorp kenmerkt. Maar hoe pakken we dat aan?

Cultureel archief

Tijdens een van de eerste bezoeken aan Bali stuitten we op een steengroeve, verscholen gelegen en ver verwijderd van de toeristische trekpleisters die het eiland overladen. Het landschap van uitgehouwen terrassen, plateaus en grijze gegraveerde massa geeft precisie en zorg weer: dit is blijkbaar hoe de bewoners omgaan met het land waarop ze wonen. De in de steenmassa's gegroefde texturen en lijnen tonen de hand van de steenhouwers, én het contrast in schaal tussen menselijke ingrepen en de uitgestrektheid van de groeve. Deels verweerd en teruggegeven aan de natuur, blijven de sterke lijnen en contouren van de menselijke inbreng in dit landschap duidelijk zichtbaar.

Als architecten zijn wij vaak buitenstaanders en niet direct bekend met plaatselijke gebruiken of behoeften. Door aandachtig en zorgvuldig de fysieke omgeving – zoals de steengroeve – te observeren, kunnen we toch op een betekenisvolle manier omgaan met de lokale situatie. Aandacht voor plaatselijke materialen en bouwtechnieken is voor ons een voorwaarde voor architectonische interventie en bepaalt onze ambitie om lokale materialen te gebruiken. Dit kan echter gemakkelijk een banale keuze worden, als techniek wordt losgerukt van de context waarin ze betekenis heeft.

Juist in de lokale gebruiken, methoden en technieken liggen sociale en culturele waarden van een gemeenschap vervat. De uitgestrekte rijstvelden, waterwegen en kanaaltjes die de bouwlocatie omringen, zijn onderdeel van de Subak, een irrigatiesysteem dat functioneert als een gemeenschappelijk ecosysteem. Het water dat door de kanalen stroomt, is voor collectief gebruik. Ieder kavel mag er gebruik van maken, mits het water ook weer doorgevoerd wordt naar de volgende kavels. Voor de lokale gemeenschap was het niet eens een vraag of, maar *hoe* we het water door het perceel zouden leiden. Zo verbinden de kanalen, deze culturele en materiële artefacten, de bewoners met elkaar. De constructie van artefacten – in veel gevallen is het maken en bouwen ervan bovendien een collectieve inspanning – draagt bij aan de ontwikkeling van een gemeenschap. Zeker op een plek als deze, waar het bouwmateriaal direct uit de omgeving komt, stimuleert dit proces bovendien de vorming van een 'cultureel archief', dat toont hoe een samenleving zich verhoudt tot zichzelf, hoe de omgeving en haar bewoners met elkaar verweven zijn, en hoe lokale cultuur en natuur op elkaar zijn betrokken.

Architectonische communicatie

Een eenduidig antwoord op de vraag 'hoe te bouwen' in een omgeving die voor ons niet vanzelfsprekend is, kunnen we niet geven. Onze ervaring leert hoezeer we als architect buitenstaander blijven, hoeveel moeite we ook doen om lokale gebruiken te bestuderen, bouwmethoden te gebruiken en de lokale bevolking erbij te betrekken. Nog los van het feit dat we als architect komen en gaan, blijft onze blik bepaald door de professionele kennis die we in de loop van de tijd door studie, onderzoek en werkervaring hebben opgedaan. Deze blik kan ons danig in de weg zitten, maar kan ons ook verrassen.

De zorgvuldigheid van de steenhouwer, die we al in de steengroeve tegenkwamen, zien we later terug, niet alleen terug in het ornamentele houtsnijwerk en steenhouwerij van tempels, huizen en publieke gebouwen, maar ook in heel glad, roodkleurig metselwerk. Door de samenstelling van de klei zijn de bakstenen heel zacht en ongeschikt voor

Editorial note: It is not just artefacts that have political significance, so does their production. Hannah Arendt argues that objects not only give expression to political community, but develop it as well. This 'new-materialistic' sensitivity to the significance things can provide allows architects to communicate – even in unfamiliar situations.

The Stones of the Land

Anne Geenen

To architects, building in a cultural context they are unaccustomed to is a delicate matter – especially when it involves interventions at locations on other continents, outside big cities and far away from much-frequented tourist attractions. It becomes even more complicated when the client, too, is an outsider. Having been asked by a foreign client to design a house in Bali, just outside the tourist zone, on the outskirts of a village, this is the situation in which our office Site Practice found itself. Studying the site and local materials and building techniques, we try to make the building and the social context fit together harmoniously. Creative processes can contribute to the social solidarity that characterises this village. But how do we go about that?

Cultural Archive

During one of our first visits to Bali we stumbled upon a quarry that lay hidden and far away from the tourist attractions that cover the island. The landscape of carved terraces, plateaus and grey engraved masses gave expression to precision and care: apparently, this is how the inhabitants treat the land they live on. The textures and lines carved into the stone masses show the hands of stonemasons as well as the scale difference between human interventions and the vastness of the quarry. Partly weathered and returned to nature, the strong lines and contours the people contributed to this landscape are still clearly visible.

We architects are often outsiders and not exactly familiar with local customs or needs. Carefully and attentively observing the physical environment – such as that of the quarry – we can still approach the local situation mindfully. We believe paying attention to local materials and building techniques is a prerequisite for architectural intervention and this underlies our ambition to use local materials. However, this choice can easily become trivial if techniques are separated from the context in which they have meaning.

Local customs, methods and techniques contain communities' social and cultural values. The extensive rice fields, waterways and canals that surround the construction site are part of the *Subak*, an irrigation system that functions as a communal ecosystem. The water flowing through the canals is for collective use. Each plot has access to it, provided that the water is channelled to the following plots. Locally, people did not even ask *whether* we would channel the water through the parcel, merely *how*. This way the canals, as cultural and material artefacts, connect the villagers. The construction of artefacts – in many cases their making and building are joint efforts as well – contributes to the development of a community. Especially in a place like this, in which building materials are taken directly from the environment, the process also stimulates the creation of a 'cultural archive' that illustrates how a society sees itself, how the environment and its inhabitants are tied together, and how local culture and local nature relate to each other.

Architectural Communication

We cannot unambiguously answer the question 'how to build' in an environment to which we are unaccustomed. Experience shows that as architects, we remain outsiders, no matter how much effort we put into studying local customs, using local building methods and involving local people. Quite apart from the fact that we, as architects, come and go, our perspective is always coloured by the professional knowledge we have acquired over time through study, research and work experience. This perspective can get in the way, but it can surprise us, too.

The meticulousness of the stonemasons, which we previously saw in the quarry, we later also find in the ornamental carvings and stonemasonry of temples, houses and public buildings as well as in the very smooth, red-coloured brickwork. The composition of the clay creates very soft bricks that are unsuitable for

dragende constructies. In de toepassing als bekleding worden de natte bakstenen, voordat ze in het werk worden gemetseld, tegen elkaar gewreven om een vlak oppervlak te krijgen. Een heel dun laagje van het roodkleurige restwater wordt vervolgens gebruikt als metselspecie, waardoor een zeer nauwe aansluiting ontstaat met bijna onzichtbare voegen. Na het drogen wordt een losse baksteen gebruikt om het oppervlak verder te schuren, zodat een zeer egaal en strak oppervlak ontstaat. Vaak is dit zo secuur uitgevoerd dat het bijna lijkt op pleisterwerk of een gladde stenen wand. Juist door onze professionele blik viel ons bij de traditionele Balinese bouw met zijn kenmerkende dakbedekking van gras en constructies in bamboe, hout, steen en baksteen, de grote precisie van het handwerk op. Deze precisie begint hier in de verhouding tot de natuur; van de verweerde steengroeve tot de lagen mos en humus die door de hoge luchtvochtigheid en warmte als een dekentje de oppervlakken van gebouwen en muren bedekken: de natuur hoeft hier niet geweerd te worden.

Onze focus op lokale materialen, processen en locaties waar ze worden gewonnen en bewerkt, stelt ons in staat om op een betekenisvolle manier de dialoog met deze plek en haar bewoners aan te gaan. Juist aan de hand van fysieke objecten of bouwprocessen wordt echte communicatie mogelijk. Bij ons project in Bali hebben we tijdens het ontwerpproces een zekere mate van onbestemdheid toegelaten in het ontwerp, zodat er ruimte is voor een latere invulling of interpretatie. Voorafgaand aan de start van de bouw hebben we het geheel, met hulp van bewoners uit het dorp, als mock-up in bamboe uitgevoerd. Ons doel was de contouren van het land beter te begrijpen, en de plaatsing van de gebouwen te bestuderen en te verfijnen ten opzichte van de bomen en de uitzichten over de vallei. Deze oefening was ons antwoord op de secure voorzichtigheid in de omgang met het landschap, die we eerder hadden geobserveerd in de steengroeve. De oefening had als prettige bijkomstigheid dat we een week lang een groep mensen uit het dorp konden betrekken bij de totstandkoming van het huis. De lokale bevolking die hielp de mock-up te bouwen, interpreteerde op eigen wijze de tekeningen die wij hadden meegebracht, en deelde met ons haar kennis over lokale bomen en gewassen om te kunnen beslissen welke bomen konden plaatsmaken voor een gebouw, of waar we juist de gebouwen moesten 'verschuiven'. Hierdoor konden we ons plan verbeteren en verfijnen, en beter rekening houden met de hellende topografie en landschappelijke kenmerken – op een manier die gevoelig is voor de culturele implicaties daarvan.

Door een mogelijke latere invulling of interpretatie open te houden, en aandacht te besteden aan de betekenis van de aanwezige materiële situatie, is het ontwerpproces een dialoog geworden tussen de architecten en opdrachtgever als buitenstaanders enerzijds, en de lokale bouwers, ambachtslieden, tuinders en andere makers anderzijds. Uitgedrukt in de collectieve keuze voor materialen, ruimtelijke inrichting en detaillering ontstaat zo een gebouw dat zich verhoudt tot lokale omstandigheden en gebruiken – en gaandeweg een idee geeft hoe er in het huis geleefd kan worden.

Vertaling: InOtherWords, Maria van Tol

Detail of Balinese brick wall/ Detail van Balinese bakstenen muur

Drying of traditional bricks, Bali/ Het drogen van traditionele bakstenen, Bali

loadbearing structures. They are used for cladding: to obtain a flat surface the wet bricks are rubbed together before they are laid into the brickwork. The very thin layer of red-coloured residual water that is used as mortar creates a very tight connection with almost invisible joints. Once this has dried, a separate brick is used to sand the wall to create a very even and clean surface. In many cases, the latter is done so meticulously that the end result looks like plaster or a smooth stone wall. Precisely because of our professional perspective, we noticed the great precision of the manual work in the traditional Balinese constructions with their characteristic grass roof coverings and constructions in bamboo, wood, stone and brick. The same precision is found in people's relation to nature: from the weathered quarry to the layers of moss and humus that due to high humidity and heat can cover the surfaces of buildings and walls like a blanket: there is no need to keep nature out here.

Our focus on local materials and processes and on the locations at which these are extracted and processed enabled us to enter into a meaningful dialogue with the place and its inhabitants. Real communication becomes possible precisely on subjects such as physical objects or building processes. We allowed a certain degree of indefiniteness in the design processes of our Bali project, to make room for later substantiations or interpretations. Prior to the start of construction we built the whole thing as a mock-up in bamboo, with the help of the village people. Our aim was to better understand the contours of the land and to study and refine the placement of the buildings in relation to the trees and the views over the valley. This exercise was our response to the meticulous care that the landscape dealt with, which we had previously observed at the quarry. A pleasant circumstance of the exercise was that we were able to involve a group of people from the village in the construction of the house for a week. The local people who helped to build the mock-up interpreted the drawings we had brought with us in their own way. They also shared their knowledge of local trees and crops and helped us to decide which trees could be sacrificed for buildings and in which cases we had to move buildings to spare trees. This allowed us to improve and refine our plan and to take better account of the sloping topography and the landscape features – that is, to be sensitive to the cultural implications.

By keeping the possibility of later substantiation or interpretation open and by paying attention to the significance of the existing material situation, the design process has become a dialogue between architects and client as outsiders on the one hand and local builders, craftsmen, gardeners and other makers on the other. The developing building relates to local conditions and customs – which are expressed in collective choices involving materials, spatial planning and detailing – and gradually suggests ways to live in the house.

Quarry in Bali/ Steengroeve op Bali

Construction of the mockup of the house in bamboo/ Opbouw van de mockup van het huis in bamboe

Redactionele noot: De architectuurpraktijk is tegenwoordig meer geïnstrumentaliseerd dan ooit tevoren. Het ontwerpen zelf onttrekt zich daaraan. De ontwerper moet openstaan voor het onvoorspelbare – en het onverwachte verwachten. Ontwerpen is niet zomaar 'werk', laat staan 'arbeid': het vraagt om een 'actieve' houding ten opzichte van de wereld.

Meer dan een spelletje Tetris
Gedachten over arbeid, werk en handelen in de architectuur

Hannah Knoop

1

Je zou denken dat een prijsvraag opdrachtgevers inspireert om ontwerpers uit te nodigen de gebaande paden te verlaten, met ontwerpen te komen die anders zijn dan anders, en zoveel mogelijk nieuwe ideeën te opperen. Dit is echter zelden het geval. Wij van studioeuropa krijgen steeds vaker te maken met kant-en-klare, in een bepaalde richting sturende programma's of instructies. Vooral bij prijsvragen voor openbare gebouwen zijn de programma's van eisen vaak al sterk vastgelegd. De specifieke kwaliteiten van de gevraagde ruimten, de structuur van het gebouw, de sfeer van het project: het is allemaal voorgeschreven en gestandaardiseerd of zelfs volledig bepaald. Wat blijft er dan nog over voor de architect? Een spelletje Tetris met vooraf omschreven kamers? Gevels ontwerpen en die zo aantrekkelijk mogelijk presenteren?

2

Voor mijn afstudeerscriptie aan het Instituut voor Geschiedenis en Architectuurtheorie (gta) van de ETH in Zürich bestudeerde ik Kenneth Frampton's bespiegelingen over Hannah Arendt's boek *The Human Condition* (1958). Arendt benadrukt hier het inmiddels overbekende onderscheid tussen arbeid, werk en handelen. Frampton, die Arendt's werk las tijdens zijn verhuizing halverwege de jaren 1960 van Groot-Brittannië naar de Verenigde Staten, werd vooral getroffen door het onderscheid tussen 'arbeid' en 'werk', dat hij opvatte als parallel aan het vaak gemaakte onderscheid tussen 'bouwkunde' en 'bouwkunst'. In zijn essay 'The Status of Man and the Status of His Objects' uit 1979, dat hij voor het eerst presenteerde op een congres over het werk van Arendt in 1972, legt hij uit waarom de parallel hem zo trof. Hij begint natuurlijk met het illustreren van het onderscheid dat Arendt maakt tussen 'arbeid' en 'werk':

> Zij voerde aan dat arbeid door het proces van voortdurende transformatie en herhaling (...) inherent *procesmatig, privaat* en *voorbijgaand* van aard is, terwijl werk, als voorwaarde voor de reïficatie van de wereld als de ruimte van de verschijning, per definitie *statisch, openbaar* en *permanent* is.[1]

In tegenstelling tot de 'arbeid', die procesmatig is, heeft 'werk' een begin- en een eindpunt: een idee wordt gerealiseerd in een productieproces en aan het eind daarvan is er een artefact. Frampton benadrukt dat Arendt een dualiteit binnen de menselijke activiteit van het werken uitlegt. De *homo faber* produceert zowel 'nutteloze' dingen (kunstwerken, die op zichzelf staan) als 'nuttige' artefacten. Vervolgens zegt Frampton:

> Het kan een architect nauwelijks ontgaan dat er een overeenkomst bestaat tussen dit onderscheid en de fundamentele dubbelzinnigheid van de term 'architectuur'; een dubbelzinnigheid die in de *Oxford English Dictionary* wordt weerspiegeld door twee opvallend verschillende definities – ten eerste 'de kunst of wetenschap om bouwwerken voor menselijk gebruik op te richten' en ten tweede 'de handeling en het proces van het bouwen'.[2]

De eerste definitie is vergelijkbaar met Arendt's omschrijving van 'werk' (bouwkunst), met de nadruk op bouwwerken; de tweede met die van 'arbeid', met de nadruk op het proces (bouwkunde). In *The Human Condition* voert Arendt aan dat de verschillende modi van menselijke

1
Kenneth Frampton, 'The Status of Man and the Status of His Objects: A Reading of The Human Condition', in: Melvyn A. Hill (red.), Hannah Arendt: *The Recovery of the Public World* (New York: St Martin's Press, 1979), 102.

2
Ibid.

Editor's note: Architectural practice is instrumentalised, today more than ever. The design itself evades this. The designer must be open for the unpredicted, and expect the unexpected. Design is not just 'work', let alone 'labour'. It also requires an 'active' attitude towards the world.

Beyond a Game of Tetris

Thoughts on Labour, Work and Action in Architecture

Hannah Knoop

1

One would think that an architecture competition is a moment for commissioners to invite designers to 'think outside of the box', to design beyond the obvious, and to generate as many deviating suggestions as possible. This, however, is rarely the case. At studioeuropa we experience increasingly that we have to deal with ready-made programmes or briefs steering such competitions. Particularly in competitions for public buildings, programme briefs are strongly determined. The specific qualities of required spaces, the structure of the building, the atmosphere of the project: it is all prescribed, standardised if not fully determined. What then is left to the architect? To play Tetris with predefined rooms? To design façades, and to present them irresistibly?

2

In my final thesis at the Institute for History and Theory of Architecture (gta) at the ETH in Zurich, I studied architecture historian Kenneth Frampton's understanding of Hannah Arendt's 1958 book *The Human Condition*. In this book, Arendt stresses the now famous distinction between labour, work and action. Frampton, while reading Arendt the moment he moved from the UK to the United Sttates in the mid-1960s, was particularly struck by the distinction between labour and work, which he understood as parallel to the often-made distinction between 'building' and 'architecture'. In the 1979 essay 'The Status of Man and the Status of His Objects', which he already presented at a conference on the writings of Arendt in 1972, he explains the parallel he recognised. He obviously starts with illustrating Arendt's differentiation between labour and work:

> She argued that labour by being a constantly transforming by repetitive procedure ... is inherently *processual, private*, and *impermanent*, whereas work, by virtue of being the precondition for the reification of the world as the space of appearance, is by definition *static, public*, and *permanent*.[1]

In contrast to 'labour', which is processual, 'work' has a beginning and an end: the idea is realised in the process of production, so that the piece of work is at the end point. Frampton stresses that Arendt explicates a duality within the human activity of work. The *homo faber* produces both 'useless' things (works of art, which are self-contained) and 'useful' artefacts. Frampton then continues:

> An architect could hardly fail to remark on the correspondence between these distinctions and the fundamental ambiguity of the term 'architecture'; an ambiguity that finds reflection in the *Oxford English Dictionary* in two significant different definitions – first, 'the art or science of constructing edifices for human use' and second, 'the action and process of building'.[2]

The first definition parallels Arendt's circumscription of 'work', emphasising the construction of edifices, the second that of 'labour', with its emphasis on the process. In *The Human Condition* Arendt argues that the different modes of human activities on earth have their own conditions wherein they can be applied – and that

1 Kenneth Frampton, 'The Status of Man and the Status of His Objects: A Reading of The Human Condition', in: Melvyn A. Hill (ed.), *Hannah Arendt: The Recovery of the Public World* (New York: St Martin's Press, 1979), 102.

2 Ibid.

activiteit alleen onder hun eigen condities kunnen worden toegepast – en dat het verwaarlozen van dat onderscheid daarom de wereld bedreigt. De toepassing van het 'arbeid'-perspectief op de productie van objecten bedreigt het permanente en gemeenschappelijke karakter van de door mensen geproduceerde artefacten, terwijl de introductie van 'werk'-verwachtingen binnen het domein van de politiek de kwetsbaarheid van het politieke leven schaadt. Frampton concentreert zich op het eerste gezichtspunt, op Arendt's analyse dat het verschil tussen 'arbeid' en 'werk' door de moderne samenleving wordt verwaarloosd. De moderne samenleving is volgens haar een 'arbeidersmaatschappij'. Bij Arendt staat deze term gelijk aan de 'consumptiemaatschappij'. Ze schrijft: 'Daar echter arbeid en consumptie (...) slechts twee fasen zijn van een en hetzelfde proces, de mens door de noodzakelijkheden van het leven opgelegd, is dit alleen maar een andere manier om te zeggen dat wij leven in een maatschappij van arbeiders.'[3] Dit heeft fatale gevolgen, stelt Arendt: overmatige consumptie en overvloed verminderen uiteindelijk de waarde van de dingen, en plaatst vraagtekens bij hun gemeenschappelijkheid. Met de ontwikkeling van de mechanische en gerationaliseerde productie ontstonden nieuwe criteria om het eindpunt van het productieproces te waarderen, namelijk de criteria 'proces' en 'winst'.

Op dit punt ziet Frampton een parallel met het veld van de architectuur:

> Gebouwen worden steeds vaker ontworpen als een reactie op de mechanica van hun bouw. Oftewel: procesmatige onderdelen zoals torenkranen, liften, roltrappen, trappen, stortkokers, gangen, servicekernen en auto's bepalen veel sterker de configuratie van de gebouwde vorm dan de hiërarchische, meer publieke criteria van 'plaats'.[4]

Iets dergelijks geldt ook voor de ontwikkeling van geprefabriceerde elementen waardoor het tempo van de productie exponentieel steeg. Mechanische en infrastructurele aspecten, zo betoogt Frampton, bepalen zowel de feitelijke constructie van het gebouw als het ontwerp ervan.[5] Arendt wijt deze overwinning van de *animal laborans* aan de moderne maatschappij – het is een ontwikkeling die ook de architectonische discipline drastisch heeft veranderd. Je zou kunnen stellen dat de 'kunst of wetenschap van het construeren van bouwwerken voor menselijk gebruik' (de bouwkunst) een 'industrie' is geworden, waar het productieproces, in plaats van het eindproduct, centraal staat.

3

Dit gebeurt natuurlijk niet alleen buiten het architectenbureau; het is niet alleen een kwestie van economische ontwikkelingen in de markt en industrie. Het werk van

3
Hannah Arendt, *De menselijke conditie* (Amsterdam: Uitgeverij Boom 2009 [1959]), 116.

4
Frampton, 'The Status of Man', op. cit (noot 1), 117.

5
Ibid., 115-118.

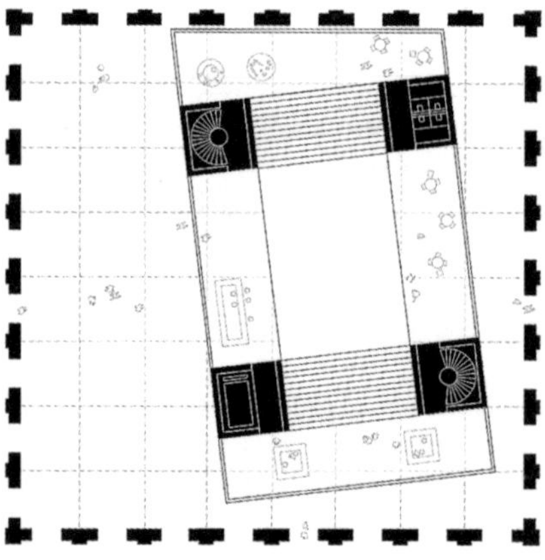

Bauakademie, Berlin, 2018/ Bauakademie, Berlijn, 2018

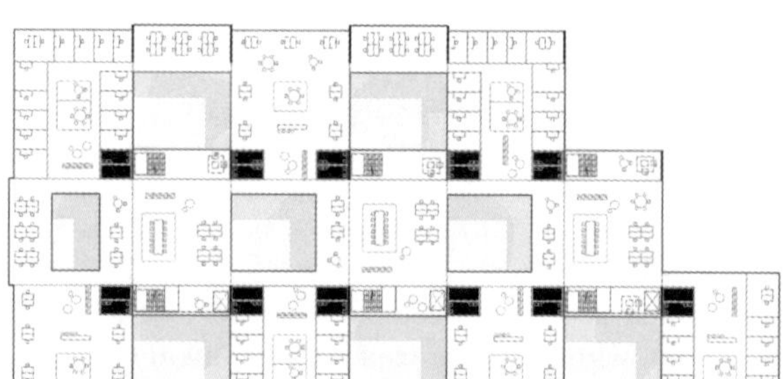

District office, Dachau, 2018/ Regiokantoor, Dachau, 2018

neglecting the distinctions therefore threatens the world: applying the labour perspective to the production of things threatens the permanent and communal character of human artifice, while introducing work expectations within the realm of politics does harm to the frailty of political life. Frampton concentrates on the first perspective, on Arendt's analysis that in modern society the difference between labour and work is neglected. Modern society, according to her, is a *labour society*. To her, this term is equivalent to the term *consumer society*. 'Labour and consumption,' she writes, 'are but two stages of the same process imposed upon man by the necessity of life, this is only another way of saying that we live in a society of laborers.'[3] This has fatal consequences, Arendt states: excessive consumption and abundance ultimately reduce the value of things, and challenge their commonality. The development of mechanical and rationalised production has introduced other criteria to value the end of production, namely criteria of process and profit.

On this point, Frampton stresses a parallel with the field of architecture:

> Increasingly buildings come to be designed in response to the mechanics of their erection or, alternatively, processual elements such as tower cranes, elevators, escalators, stairs, refuse chutes, gangways, service cores, and automobile determine the configuration of built form to a far greater extent than the hierarchic and more public criteria of 'place'.[4]

A similar analysis can be made with regard to the development of prefabricated elements, which exponentially increased the pace of production. Mechanical and infrastructural aspects, Frampton argues, determine both the actual construction of the building, but also its design.[5] It is the victory of the *animal laborans*, which Arendt attributes to modern society – this development also changed the field of architecture drastically. We might argue that 'art or science of constructing edifices for human use' (architecture) has become an 'industry', wherein the production itself is central, rather than the end products.

3

This, of course, does not just happen outside the architect's office, it is not only a matter of economic developments in the market and industries. The work of architects has become instrumentalised too – offices certainly are run with similar economic models, organising the *continuous* production of designs and buildings. However, a closer look at the work itself also shows a shift in content and character, as Frampton investigates in his article. Arguing with Italian art historian Giulio Carlo Argan alongside Arendt, Frampton

3
Hannah Arendt, *The Human Condition* (Chicago: The University of Chicago Press, 1998 [1958]), 126.

4
Frampton, 'The Status of Man', op. cit. (note 1), 117.

5
Ibid., 115-118.

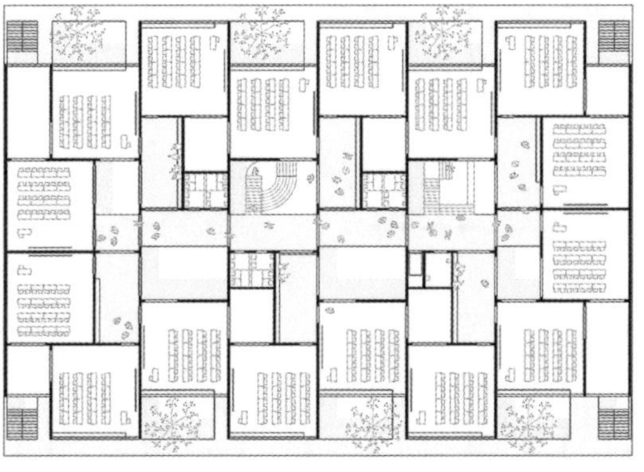

Elementary School, Gehrden, 2018/ Basisschool, Gehrden, 2018

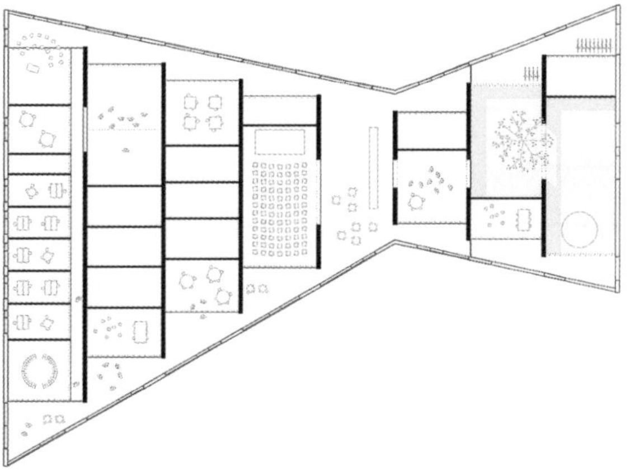

Youth House, Heidelberg, 2017/ Jeugdhonk, Heidelberg, 2017

architecten is ook geïnstrumentaliseerd – bureaus worden in elk geval op basis van dezelfde economische modellen geëxploiteerd, waarbij ze een *voortdurende* productie van ontwerpen en gebouwen organiseren. Een nadere beschouwing van het werk zelf laat echter ook een verschuiving in inhoud en karakter zien, zoals Frampton in zijn artikel onderzoekt. Frampton, die zich in debat met de Italiaanse kunsthistoricus Giulio Carlo Argan aan de kant van Arendt schaart, legt uit dat de opkomst van de *homo faber* als architect, waarvan Filippo Brunelleschi een vroeg voorbeeld was, uiteindelijk resulteerde in het onderscheid tussen 'bedenker' en 'maker'. In de praktijk betekent dit een onderscheid tussen de architect en de ambachtsman, de *homo faber* en de *animal laborans*.[6] De persoon die zowel de bedenker als de planner was, kreeg de rang van *maestro*, terwijl de overige personen die betrokken waren bij het bouwen, werden gedegradeerd tot *animal laborans*. Deze bewuste afstand tussen 'bedenken' en 'bouwen' was kenmerkend voor de Renaissance.[7]

Op basis hiervan, en in samenhang met de eerder genoemde ambiguïteit die Arendt aan de *homo faber* toeschreef, slaat Frampton een brug naar de dubbelzinnigheid van architectuur: 'De ambiguïteit van architectuur – haar status van "bouwwerk" of "het proces van het bouwen", die vaak als de verschillende aspecten binnen dezelfde fysieke entiteit aanwezig zijn – weerspiegelt de parallelle ambiguïteit van de "homo faber" die noch zuiver kunstenaar, noch zuiver technicus is.'[8] Volgens Frampton is de opdeling in ontwikkeling en ontwerp enerzijds, en fabricage en productie anderzijds vooral in de architectuur buitengewoon drastisch. In de architectuur is er duidelijk onderscheid tussen 'werk' en 'arbeid'. Wel moet worden opgemerkt dat het 'werk' – het feitelijke handwerk – van de architect (dus van de *maestro*) gerelateerd kon worden aan het feit dat de architect tekeningen creëert, die zijn ideeën overbrengen en documenteren: de positie van de architect veranderde toen de bouwkunst van een autografische kunst – uitsluitend bemiddeld door de persoon van de auteur – veranderde in een allografische kunst.[9]

4

Als we dit als uitgangspunt nemen om na te denken over nze huidige situatie, kunnen we ons afvragen of de strikte programma's van eisen niet precies overeenkomen met deze ontwikkeling op het vlak van architectuur en bouwen? De programma's leggen de afgelopen jaren steeds meer beperkingen op, waardoor de beweegruimte van architecten verder is afgenomen. Dit proces is niet te stoppen. Architecten staan midden in de arbeidersmaatschappij, als het gaat om het samenvoegen en in elkaar zetten van ruimten – ook hun 'werk' (het feitelijke handwerk) is 'arbeid' geworden. Maar tegelijkertijd is het ontwerpen zelf

6
Ibid., 110.

7
Ibid., 111.

8
Ibid., 109.

9
Zie: Jörg H. Gleiter en Ludger Schwarte (red.), *Architektur und Philosophie: Grundlagen: Standpunkte: Perspektiven* (Bielefeld: Transcript Verlag, 2015), 39-57.

Residential Complex, Munich, 2016/ Woongebouw, München, 2016

explains that the rise of the *homo faber* as an architect, of which Filippo Brunelleschi was an early example, ultimately resulted in the separation of 'inventor' and 'fabricator'. In practice, this means a separation between the architect and the craftsman, the *homo faber* and the *animal laborans*.[6] The person who both invented and planned obtained the rank of *maestro*, while all the other people involved in architecture were degraded to *animal laborans*. This conscious distance between 'thinking' and 'building' characterised the time of the Renaissance.[7]

Based on this, and related to the previously mentioned ambiguity that Arendt attributed to the *homo faber*, Frampton bridges the gap to the ambiguity of architecture itself: 'The ambiguity of architecture – its status as "edification" or as "building" and often as different aspects within the same physical entity – reflects the parallel ambiguity of the "homo faber", who is neither pure artist nor pure technician.'[8] According to Frampton, the division into development and design on the one hand and fabrication and production on the other is particularly drastic in the field of architecture. In architecture, there clearly is a separation between 'work' and 'labour'. It should be noted, however, that the 'work' – the actual work of the hands – of the architect (that is of the *maestro*) could be related to the fact that the architect creates drawings that convey and document his ideas: the position of the architect changed through the transfer of architecture from an autograph art – mediated solely by the person of the author – to an allographic art.[9]

4

If we proceed from here and reflect on our current situation, do not the determined programme briefs correspond exactly to this development in the field of architecture and building? In their restrictive power, the specifications have increased again in recent years, so that the scope for architects has become even more limited. This process cannot be stopped. Architects are right in the middle of the *labour society* when it comes to merging and assembling rooms – also their work (the work of their hands) has become labour. But at the same time, design itself is also a different kind of process: it changes and transforms itself again and again. It is no longer a repetitive labouring process, as it explores the unforeseen and the unexpected. If open to these aspects, design becomes more complex and creative. Every now and then we see these aspects emerging and being valued. Moments in which architects are invited to (re)think and develop public

6
Ibid., 110.

7
Ibid., 111.

8
Ibid., 109.

9
See: Jörg H. Gleiter und Ludger Schwarte (eds.), *Architektur und Philosophie: Grundlagen: Standpunkte: Perspektiven* (Bielefeld: Transcript Verlag, 2015), 39–57.

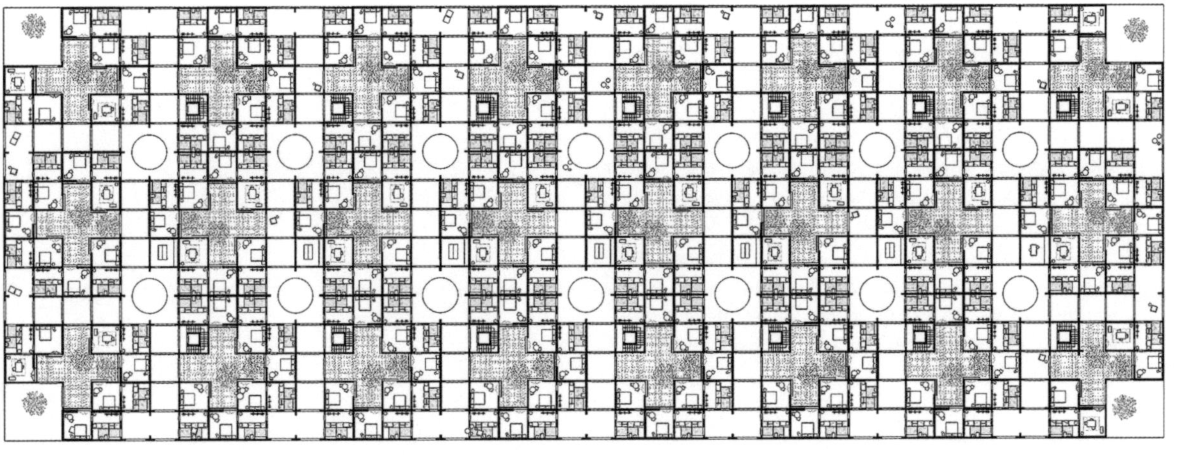

Temporary Housing, Munich, 2020/ Tijdelijke huisvesting, München, 2020

ook een ander soort proces: het transformeert zichzelf steeds opnieuw. Het is niet langer een repetitief arbeidsproces, maar het verkent het onvoorziene en het onverwachte. Als het hiervoor openstaat, wordt het ontwerpen complexer en creatiever. We zien deze aspecten zo nu en dan opkomen en gewaardeerd worden. Dan worden architecten uitgenodigd om publieke programma's, activiteiten, ruimten opnieuw te overdenken, en ontwikkelen of initiëren zij zelf ontwikkelingen.

Als we het ontwerpen serieus nemen, moeten we concluderen dat zelfs de modus 'werk' niet volledig toepasbaar is op ontwerpprocessen. Tijdens het ontwerpen wordt men geconfronteerd met het onvoorziene of oncontroleerbare, bijvoorbeeld bij een onverwachte locatie of situatie. Dat is een opwindend moment dat een ad-hoc overgang vereist van een repetitief 'arbeiden' op het bureau van de architect, naar 'werken' en zelfs 'handelen'. Het architectonische ontwerp vraagt om arbeid, werk én handelen: om de toepassing van steeds terugkomende taken als het maken van tekeningen, maar ook om (intellectuele) reflectie en handelen. De huidige toestand van prijsvragen laat de teloorgang van dit inzicht zien. De uitdaging voor architecten is dan ook om hun werk te begrijpen en te representeren door middel van de drie modi van de menselijke activiteit. Alleen dan zal het publiek (en zullen opdrachtgevers) de inherente onbepaaldheid van het ontwerpen en de kansen van het onverwachte leren waarderen – dat wil zeggen: om eerder de 'bouwkunst' te waarderen dan de 'bouwkunde'.

5

In het laatste deel van zijn essay legt Frampton een verband tussen Arendt en de Kritische Theorie van de Frankfurter Schule, hoewel hij weet dat Arendt zelf haar twijfels had over deze theorie. Volgens Frampton stelt de Frankfurter Schule, vooral via het denken van Herbert Marcuse en Jürgen Habermas, aspecten aan de orde, die in *The Human Condition* geen rol spelen, namelijk:

> Ten eerste, de problematische culturele status van spel en plezier in een toekomstige arbeidzame samenleving na haar hypothetische bevrijding van de consumptiedrang (Marcuse) en, ten tweede, de problematische mogelijkheid om de autonome rationaliteit van wetenschap en techniek te bemiddelen door middel van de reconstructie van de ruimte van de publieke verschijning als een effectief politiek domein (Habermas).[10]

Dit kan erop wijzen dat Frampton op zoek is naar een veel politiekere benadering van de architectuur als discipline, dan wat hij distilleerde en interpreteerde uit *The Human Condition*. Zelfs op het moment dat de architectuur beperkt blijft tot een spelletje Tetris binnen vooraf bepaalde kaders, moeten we goed in ons achterhoofd houden dat architectuur publieke, politieke én maatschappelijke dimensies heeft. Gebouwen zijn tussenvormen, ze creëren publieke ruimte. Het architectonisch ontwerp structureert steden en samenlevingen. Wat betekent dat voor de architect? Deze is meer dan een *animal laborans* en een *homo faber* – het architectonisch ontwerp heeft ook invloed op het politieke leven. De architect moet daarom optreden als publieke intellectueel en een rol in de *vita activa* van de maatschappij opeisen.

Vertaling: InOtherWords, Maria van Tol

10
Frampton, 'The Status of Man', op. cit (noot 1), 121.

programmes, activities and spaces, or when they initiate development processes themselves.

Taking design seriously, we need to conclude that even the mode of 'work' is not fully applicable to processes of design. While designing, one is confronted with the unforeseen or uncontrollable, as for example evoked by an unexpected site form. These are moments of excitement, requiring the ad hoc transition from repetitive labour in the architecture office to 'working' and even to 'acting'. Architectural design requires labour, work and action, applying repetitive tasks, making drawings, but also (intellectual) reflection and action. The current condition of competitions reveals the loss of such an insight. The challenge for architects therefore is to understand and represent their work through the three modes of human activity. Only then will the public (and commissioners) value the inherent indeterminacy of design and the possibility of the unexpected – that is, value 'architecture' rather than 'building'.

5

In the last part of his essay, Frampton makes a connection between Arendt and the Critical Theory of the Frankfurter Schule, although he knew that Arendt herself had been reserved about their theories. He states that the Frankfurter Schule, namely in the thoughts of Herbert Marcuse and Jürgen Habermas, addresses aspects that the *The Human Condition* did not contain, namely:

> First, the problematic cultural status of play and pleasure in a future labouring society after its hypothetical liberation from the compulsion of consumption (Marcuse) and, second, the problematic possibility for mediating the autonomous rationality of science and technique through the reconstitution of the space of public appearance as an effective political realm (Habermas).[10]

This might indicate that Frampton is seeking a far more political approach to architecture as a discipline than he has read and worked out from *The Human Condition*. Even in moments that architecture is limited to playing *Tetris* within predefined confines, this should be kept in mind: architecture includes dimensions of the public, the political and the social. Buildings are in-between, they create public spaces. Architectural design structures cities and societies. What does that mean for the architect? She is positioned beyond the *animal laborans* and the *homo faber* – architectural design also impacts political life. The architect therefore should act as public intellectual, claiming a role in the *vita activa* of society.

10
Frampton, 'The Status of Man', op. cit. (note 1), 121.

Redactionele noot: Aan de hand van het ontwerp voor een gebouwencomplex voor de podiumkunsten in Groningen wordt de 'ruimte van de verschijning' getekend als toneel voor een publiek bestaan. Het ontwerp ensceneert verschijningen en verdwijningen, spreken en zwijgen, waarmee we in het publieke domein met elkaar communiceren.

De Achterkant

Ard de Vries, Donna van Milligen Bielke

De grote zaal van Stadsschouwburg Amsterdam vult zich zichtbaar met publiek; achter het toneel wordt het bekende verwachtingsvolle geroezemoes hoorbaar. Het toneelstuk 'Lange dagreis naar de nacht' van de Amerikaanse toneelschrijver Eugene O'Neill staat op het punt van beginnen. Nog een aantal minuten te gaan en de acteurs van Toneelgroep Amsterdam zullen plaatsnemen voor hun decor.

Aan de achterzijde van die voorstelling is de voorstelling 'De Achterkant' dan al bezig. Het publiek is binnengekomen, niet door de monumentale entree en statige hal, maar via nauwe betonnen theatergangetjes en langs de goederenlift. Daar waar de toeschouwer normaliter niet komt, speelt acteurscollectief De Warme Winkel zijn stuk over 'de achterkant' van het toneel.

Eerst wordt de aandacht van de toeschouwer getrokken door het afwijkende perspectief op de schouwburgzaal en de acteurs van Toneelgroep Amsterdam, die je hoofdzakelijk op de rug ziet. Via een raam in de ruimte vormen publiek en acteurs in de Stadsschouwburg als het ware het decor voor de voorstelling 'De Achterkant'.[1]

Zichtbaarheid en verbeelding

Elk verhaal heeft een narratieve structuur; de volgorde van ruimten vertelt het verhaal van een gebouw. In ons ontwerp voor de Kunstwerf in Groningen is deze ruimtelijke opeenvolging deels functioneel, maar ordent ze vooral representatie en zichtbaarheid. Het theater draait om zichtbaarheid, het gaat erom wat en wie er gezien mag worden.

De klassieke theaterroute loopt via openbaarheid. Deze begint op het plein en gaat via de luifel, de entree, de hal, de garderobe, de foyer, de trappen, de rondgang en de zaal naar het podium met het decor. Echter, aan de achterkant hiervan bevinden zich de coulissen, de theatergangen en de oefenruimten: het domein van de acteurs.

De publieke opgave voor de Kunstwerf bestond uit vier afzonderlijke, gesloten oefenruimten voor vier verschillende theater- en dansgezelschappen. Ieder gezelschap een eigen keukentje, een eigen voordeur en een eigen kantoortje. In het programma ontbrak de ruimte voor ontmoeting tussen de gezelschappen onderling en de inwoners van de stad. Er was geen hoofdzaal waar een acteur zichtbaar kan worden voor het publiek; er was geen 'ontmoetingspunt' waar mensen met elkaar kunnen omgaan, ideeën uitwisselen en zorgzaam zijn voor elkaar.

Een acteur ontleent betekenis aan het publiek. In een gesprek met het publiek merkt hij pas waar hij zelf staat en wie hij is. Zichtbaar zijn in de publieke ruimte is voor hem van wezenlijk belang. Alleen als onze handelingen in de publieke sfeer zichtbaar zijn, kan de mens zijn verbeelding gebruiken, zonder zijn affiniteit met de werkelijkheid te verliezen – zouden we in analogie met Hannah Arendt kunnen stellen.[2] Wanneer een mens zichzelf niet kan tonen aan anderen, verdwijnt het verschil tussen verbeelding en werkelijkheid.

In het performance-kunstwerk van Marina Abramovic *The Artist Is Present* in het MoMa in New York zit ze 700 uur aan een tafel. Het kunstwerk gaat over elkaar aankijken, de tijd nemen, contact maken in de fysieke werkelijkheid. Als je tegenover iemand zit, kun je voelen hoe intens, zorgelijk of confronterend een blik is. Het was het eerste kunstwerk dat viraal ging en daarmee digitaal een miljoenenpubliek bereikte. Hoe ironisch voor een kunstwerk dat gaat over aanwezigheid...[3]

Guy Weizman, artistiek leider van het Noord Nederlands Toneel, beargumenteerde de keuze voor ons ontwerp van de Kunstwerf als volgt: 'We moeten zichtbaar zijn, de kunstenaar moet aanwezig zijn.' Maar hoe kun je aanwezig zijn, als je geen klassieke zaal of foyer hebt om je handelingen te tonen aan het publiek? In ons plan voor de Kunstwerf staat niet de theaterzaal, maar de publieke sfeer

1
Zie: Karin Veraart, 'Achterkant', *De Volkskrant*, 27 augustus 2013.

2
Hannah Arendt, *De menselijke conditie* (Amsterdam: Uitgeverij Boom, 2009), 58: 'De werkelijkheid van het publieke domein [berust] op het gelijktijdig "er zijn" van de ontelbare perspectieven en aspecten waarin de gemeenschappelijke wereld zich manifesteert, en die nooit met een gemeenschappelijke maatstaf kunnen worden gemeten of onder een gelijke noemer zijn te brengen.'

3
Zie: Holland Cotter, 'Performance Art Preserved, in the Flesh', *New York Times*, 11 maart 2010.

Editorial note: The design for a performing arts complex in Groningen includes a 'space of appearance' as the stage for exposure to the public eye. The design facilitates the appearances and disappearances, the speeches and silences we use to communicate in the public domain.

Back of House

Ard de Vries, Donna van Milligen Bielke

Visibly, the audience fills the great hall of the Amsterdam Stadsschouwburg. Backstage, the familiar expectant murmur is audible. American playwright Eugene O'Neill's *Long Day's Journey Into Night* is about to begin; only a couple of minutes to go before the actors of Toneelgroep Amsterdam will take their places in front of the décor.

Back to back with *Long Day's Journey Into Night* the play *De Achterkant* has already started. Its audience did not come in by the monumental entrance and stately hall, but through narrow concrete theatre corridors and along the goods lift. In a spot no spectator would normally notice, actors' collective De Warme Winkel performs a play about the 'back of house'.

The spectator's attention is first caught by the different perspective on the theatre auditorium and the actors of Toneelgroep Amsterdam, which they mostly see from behind. A window in the space turns the audience and the actors in the Stadsschouwburg into a décor for the performance of *De Achterkant*.[1]

Visibility and Imagination

Each story has a narrative structure; in a building, the order of spaces tells a story. The spatial sequence of our design for performing arts complex the Kunstwerf in Groningen is in part functional, but mainly serves to structure representation and visibility. After all, theatres are all about visibility: about what and who can and cannot be seen.

The classical theatre route is a public one. It starts from the square, passes the awning, the entrance, the hall, the cloakroom, the foyer, the stairs, the corridor, the auditorium and the stage and ends at the décor. At the back of all this, however, are the wings, the theatre corridors and the rehearsal rooms: the actors' domain.

In the case of the Kunstwerf, the public sector commission was to create four separate, closed rehearsal spaces for four different theatre and dance companies. Each company was to have an individual kitchenette, front door and office. The programme did not include a space in which company members and/or local residents could meet; it had no great hall in which actors would be exposed to the public eye; there was no 'meeting point' for people to interact, exchange ideas and care for one another.

Actors derive meaning from their audiences. They find out where they stand and who they are through communication with their audiences. Being exposed to the public eye is essential to them. People can only use their imagination to interpret actions without losing touch with reality with regard to actions that are exposed to the public eye – or so we could state analogous to Hannah Arendt.[2] If people cannot expose themselves to others, the difference between imagination and reality disappears.

Marina Abramovic's work of performance art *The Artist Is Present*, shown at the MoMa in New York, had her sitting at a table for 700 hours. The work of art is about looking at each other, taking one's time, making contact in physical reality. Sitting opposite someone, one can feel how intense, worrisome or confrontational a gaze can be. Hers was the first work of art that went viral and digitally reached an audience of millions. How ironic, for a work of art that is about presence . . .[3]

Guy Weizman, artistic director of the Noord Nederlands Toneel, said about his choice for our design for the Kunstwerf: 'We have to be visible, the artist has to be present.' But how can anyone be present in the absence of a hall or foyer in the classical sense, in

1
See: Karin Veraart, 'Achterkant', *De Volkskrant*, 27 August 2013.

2
Hannah Arendt, *The Human Condition* (Chicago: The University of Chicago Press, 1998 [1958]), 57: 'The reality of the public realm relies on the simultaneous presence of innumerable perspectives and aspects in which the common world presents itself and for which no common measurement or denominator can ever be devised.'

3
See: Holland Cotter, 'Performance Art Preserved, in the Flesh', *New York Times*, 11 March 2010.

centraal. De ruimte aan 'de achterkant' van het gebouw is zo groot mogelijk gemaakt, om die te kunnen inzetten als publieke binnentuin. Deze *hortus conclusus* wordt het ontmoetingspunt door het ontbreken van een hoofdpodium. De arcades doen dienst als theatergangen. In de tuinmuren zijn zitjes verwerkt die verwijzen naar de loges van de zaal, en midden in de tuin, ontworpen door Piet Oudolf, ligt een intiem amfitheater waar kan worden gesproken in het openbaar.

Verbinden en scheiden

Het gebouw bevindt zich op het CIBOGA-terrein (Circus-, Boden- en Gas-, verwijzend naar vroegere bestemmingen), waar vanaf 1900 een gasfabriek stond. Het was oorspronkelijk een omsloten terrein, waarvan de muur in de loop van de tijd is afgebroken. Een muur verbindt en scheidt. De publieke binnentuin is omsloten door een muur met openingen, die de basis van de gevel vormt. Hij verspringt in hoogte, waardoor verbijzonderingen zoals poorten en toegangen geaccentueerd worden en overgangen gearticuleerd. Zoals bij de omsloten tuinen van abdijen wordt ook deze tuin begeleid door een kloostergang die de publieke ruimte gedeeltelijk omarmt. De tuin is daarmee ook een gemeenschappelijke plek voor publiek en acteurs, en omgeven door ruimten waar de acteurs geconcentreerd oefenen voor hun handelingen in de openbaarheid.

Decor

Tussen 1537 en 1551 ontwikkelde Sebastiano Serlio zijn bekende theatertheorieën over het voorstellen van driedimensionale objecten op een vlak oppervlak, gebaseerd op Vitruvius' innovatieve ideeën over het verdwijnpunt. Serlio, begaan met de ontwikkeling van het humanistische theater, was zich zeer bewust van het maken van een toneelstuk. Zijn vele verhandelingen bevatten illustraties van tragische, komische en satirische decors. Deze decors, en de technieken van perspectief en geometrie, hebben ons geïnspireerd voor het maken van de compositie voor de gevel van 'de achterkant' van de Kunstwerf.

De beperkte centrale ruimte aan de achterzijde van het 15 m hoge theatergebouw, is 8,5 m breed en 42 m lang. Ter vergelijking: de tuin van het Serpentine Pavilion in het Londense Hyde Park (2011) van de hand van Peter Zumthor en Piet Oudolf is 8,5 m breed en 30 m lang. Dit tijdelijke paviljoen had vier entrees die, vanuit een besloten ruimte, toegang gaven tot een besloten centrale tuin. In de Kunstwerf is de centrale ruimte uit zoveel mogelijk posities benaderbaar (of lijkt dat te zijn). Zo voelt het alsof er altijd iemand in de ruimte kan verschijnen. In het decor voor tragedies, door Serlio afgebeeld, is een klassieke stad zichtbaar waarbij uit iedere poort, galerij of raam een acteur op het podium kan opkomen, terwijl de ruimte toch zeer beperkt is. Door middel van perspectief worden verschillende coulissen georganiseerd. Voor Serlio is de perfecte vorm geen objectieve maat, maar een subjectieve houding van de waarnemer ten aanzien van de

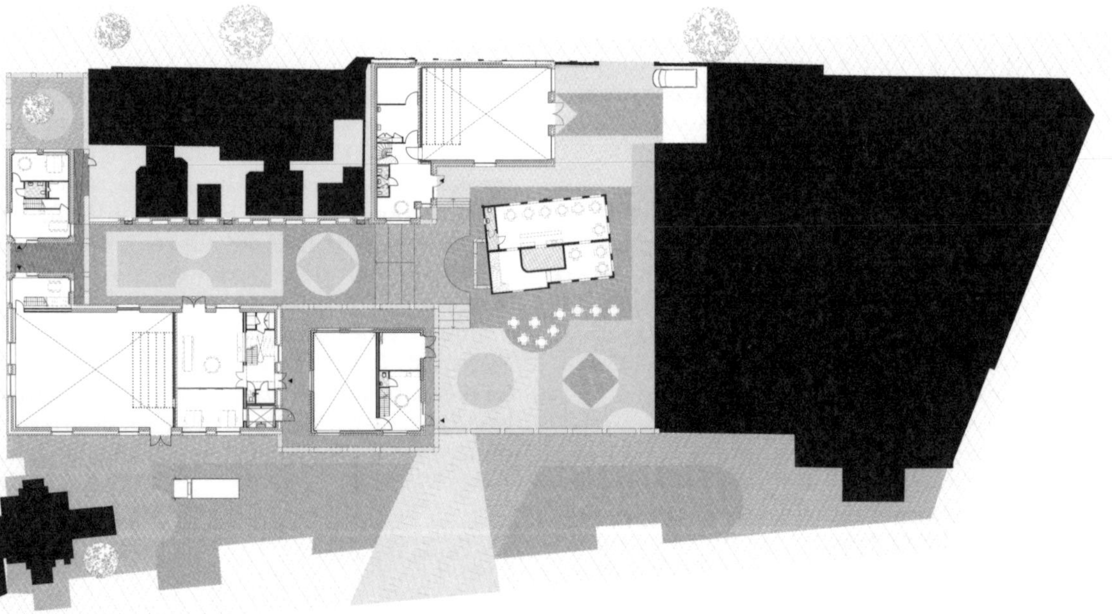

Kunstwerf, Groningen (under construction). Plan/ Kunstwerf, Groningen (in aanbouw), plattegrond

which to appear to the audience? Our plan for the Kunstwerf does not focus on the theatre, but on the public sphere. The space at the 'back' of the building has been made as large as possible, so that it can be used as a publicly accessible courtyard garden. In the absence of a great hall, this *hortus conclusus* is the meeting point. The arcades serve as theatre corridors. Seats incorporated in the garden walls refer to the boxes a great hall would have and in the middle of the garden, designed by Piet Oudolf, there is an intimate amphitheatre where one can speak publicly.

Connecting and Separating

The building is located on the Ciboga site (Circus, Constance and Gas, referring to former uses) that accommodated a gasworks from 1900. The grounds were originally enclosed, the wall was demolished over time. A wall connects and separates. The publicly accessible courtyard garden is enclosed by a wall with openings that forms the basis of the façade. Its different heights accentuate features such as gates and entrances and articulate transitions. Like enclosed abbey gardens, this courtyard also features an ambulatory that partially embraces the public space. The garden is therefore communal, a place for the public and the actors, surrounded by spaces where the actors focus on practising their public appearances.

Décor

Between 1537 and 1551, Sebastiano Serlio developed his well-known architectural theories on the theatre. These involved the presentation of three-dimensional objects on a flat surface and were based on Vitruvius's innovative ideas about the vanishing point. Serlio, sympathetic towards the development of humanist theatre, was very conscious of the intricacies of play making. His many treatises contain illustrations of tragic, comic and satirical décors. These décors, and the perspectival and geometric techniques involved, inspired the composition of the façade at 'the back' of the Kunstwerf.

The limited central space at the back of the 15-m-high theatre building is 8.5 m wide and 42 m long. For comparison: Peter Zumthor and Piet Oudolf's Serpentine Pavilion garden in Hyde Park (2011), London was 8.5 m wide and 30 m long. This temporary pavilion had four entrances that, from a walled space, gave access to an enclosed central garden. In the Kunstwerf, the central space is (or appears to be) accessible from as many positions as possible. This gives the impression that someone may enter the space at any minute. The décor for tragedies that Serlio depicted shows a classical city with gates, galleries and windows by which an actor can enter at any time, even though the space was very limited. Individual wings are structured using perspective. According to Serlio, perfect form is not an objective measure, but the result of the subjective attitude of the observer towards the building structure. The architect

Kunstwerf, Groningen. The gate/ Kunstwerf, Groningen, de poort

Kunstwerf, Groningen. Model of the façade/ Kunstwerf, Groningen, maquette van de gevel

gebouwstructuur. De architect kan die perfect controleren, zelfs manipuleren.[4] De muren en drempels van de Kunstwerf zijn zetstukken die het publieke karakter begeleiden, mogelijk ensceneren. De architectuur is dan een middel om tussen taal en taalloosheid, beweging en stilstand, aanwezigheid en afwezigheid te bemiddelen. Ze biedt geen onmiddellijk uitnodigende vorm, slechts een duidelijke achter- en voorgrond.

Aan de westzijde strekt de tuin zich uit tot een klassieke poort; naar het oosten richt de binnenhof zich op de gevel van een oude villa, een restant van het CiBoGa-terrein, waar een 'amfitheater' de publieke ruimte bepaalt. In de westgevel van de voormalige villa is een klein ruitvormig raam toegevoegd, dat het zicht van binnenuit op de centrale hof inkadert, terwijl het vanuit de entree gezien precies de centrale as van de binnentuin markeert, zoals toneelgroep De Warme Winkel met één raam de achterkant van de grote zaal van Stadsschouwburg Amsterdam toonde.

Het theaterstuk 'De Achterkant' is zowel een kritisch en humoristisch onderzoek naar de toneelwereld, als een eerbetoon aan theaterkunst. De perspectivische vorm van de in elkaar doorlopende decors ondersteunen dit verhaal. Zo ook in Groningen. De architectonische middelen die gekozen zijn in het ontwerp voor de Kunstwerf, staan in dienst van de publieke ruimte. Een ruimte die zorgt voor beslotenheid, intimiteit, maar bovenal zichtbaarheid als stimulans voor een voortdurende ondervraging van verbeelding en werkelijkheid.

4
Alexander Tzonis en Liane Lefaivre, 'The Question of Autonomy in Architecture', *Harvard Architectural Review* 3 (1984).

KKunstwerf, Groningen. The courtyard/ Kunstwerf, Groningen, het binnenterrein

Kunstwerf, Groningen. Image of the arcade/ Kunstwerf, Groningen, de arcade

is perfectly capable of controlling, even manipulating this.[4] The walls and thresholds of the Kunstwerf are pawns that accompany, possibly manage the public character of the building. Architecture becomes a means to mediate between language and the absence of language, movement and standstill, presence and absence. It does not provide an immediately inviting form, merely a clear back- and foreground.

On the west side, the garden extends to a classical gate; to the east the courtyard is oriented towards the façade of an old villa, a relic from Ciboga times, where an 'amphitheatre' defines the public space. We added a small, diamond-shaped window to the west façade of the former villa to frame the view of the central courtyard from the inside. Seen from the entrance, it marks the central axis of the courtyard garden exactly – just like theatre group De Warme Winkel showed the back of the great hall of Amsterdam's Stadsschouwburg using a single window.

The play *De Achterkant* is a both critical and witty investigation of the theatre world and a tribute to the performing arts. The perspectival form of the interlocking décors supports this story. As it does in Groningen. The architectural means used in the design for the Kunstwerf are at the service of the public space. A space that provides seclusion and intimacy but above all visibility, to encourage the continuous interrogation of imagination and reality.

Translation: InOtherWords, Maria van Tol

4
Alexander Tzonis and Liane Lefaivre, 'The Question of Autonomy in Architecture', *Harvard Architectural Review* 3 (1984).

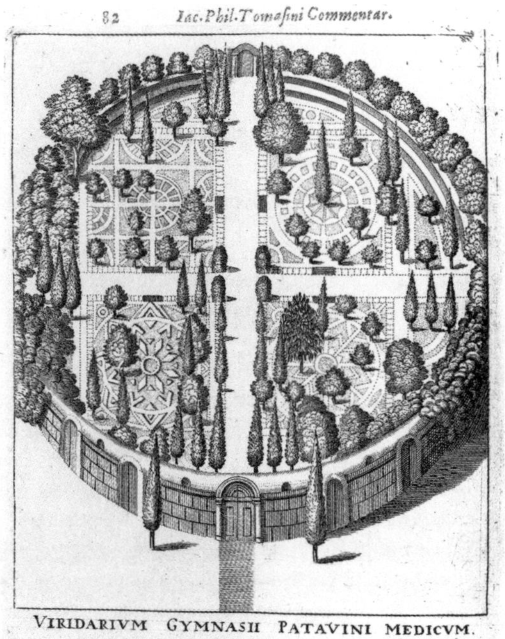

Kunstwerf, Groningen. Reference image: The hortus conclusus/ Kunstwerf, Groningen, referentie: de hortus conclusus

Kunstwerf, Groningen. Reference image: Magic scene, theatrical scene design by Sebastiano Serlio (illustration from *Treatise on Architecture*, Book II, 1545)/ Kunstwerf, Groningen, referentie: magische scene, theaterontwerp van Sebastiano Serlio (uit: *Treatise on Architecture*, deel II, 1545)

Op de eerste verdieping van een Parijs gebouw, achter een gevel die in zijn omgeving lijkt op te lossen, voelt men een bruisende energie. Er wordt gewerkt in kleine groepjes. Onderwerpen als de gebouwde omgeving, de architectuur, het landschap en de maatschappij worden er besproken. Toch heeft Construire, gevestigd in het hart van de Parijse Marais, niet de sfeer van een architectenpraktijk. Je zou je dit makkelijk kunnen voorstellen als het woonhuis van Patrick Bouchain. De muren zijn bedekt met kleine voorwerpen, sporen van een professionele reis door een wereld van architecturale uitdagingen: hier een krantenknipsel, daar verschillende kleurige ansichtkaarten, kettingen, stalen van diverse materialen, boeken, maar ook sculpturen en allerlei prullaria. In dit Parijse appartement is architectuur niet het exclusieve gespreksonderwerp. Integendeel, rond de grote witte tafel praten collega's Patrick Bouchain (Construire) en Nicola Delon (Encore Heureux) over wat architectuur wel en niet zou kunnen doen aan de huidige situatie, of zelfs aan de menselijke conditie.

Parijs, 10 september 2019

Een gesprek met Patrick Bouchain en Nicola Delon

Pauline Fockedey, Christoph Grafe, Véronique Patteeuw

OASE: Hannah Arendt besteedt in *The Human Condition* veel aandacht aan de definitie en het onderscheid tussen de domeinen privé en publiek. Als we letterlijk zouden vertalen wat ze uitlegt, lijkt ze steeds te beweren dat het niet volstaat om een onderscheid te maken tussen wat privé is (de ruimte van het intieme) en wat publiek (de ruimte van het politieke). In de projecten die jullie ontwikkelen of begeleiden, kiezen jullie ervoor om dit onderscheid te laten varen. Of streven jullie naar het realiseren van iets wat daartussen ligt, een soort *in-between*?

PB: Ik denk dat de scheiding tussen privé en publiek een te beperkte voorstelling van zaken geeft. Je zou kunnen zeggen dat je gedurende je hele leven, of de hele dag, zowel een publiek als privépersoon bent. We zijn nooit uitsluitend privé of publiek. Wel is er sprake van verwarring tussen privé en privatisering, tussen het publieke en het institutionele: het publieke wordt vaak vereenzelvigd met het institutionele, en het private met de privatisering van de handel en de economie. Tussen die twee bestaat er geen derde niveau, maar is het de energie die zaken verbindt. Het is de vraag wat deze energie zal voortbrengen. Als ik dit onderwerp betrek op mijn persoonlijke leven, zou ik zeggen dat ik zelf in de architectuur ben beland, omdat architectuur een kans was om dit vraagstuk aan te pakken. Maar het is niet de architectuur die me interesseert; het is omdat bouwen betekent dat je dingen met elkaar verbindt: het verbinden van het private met het publieke en dus het politieke met het sociale, het sociale met het economische, het sociale met het culturele. Het is dit gebied van denken en handelen dat me interesseert.

On the first floor of a Parisian building, behind a façade that seems to dissolve into its surroundings, energy buzzes. People in small groups are discussing subjects like the built environment, architecture, landscape, society. Construire, located in the heart of the Parisian Marais, does not have the appearance of an architecture firm. It could easily be Patrick Bouchain's home. Small objects cover the walls, traces of a professional journey through a world of architectural challenges: a newspaper clipping, several colourful postcards, necklaces and samples of diverse materials and books, but also sculptural objects and knickknacks. In this Parisian apartment, architecture is not the central theme of conversation. On the contrary. Around the large white table, colleagues Patrick Bouchain (Construire) and Nicola Delon (Encore Heureux) talk about what architecture could possibly do and not do to present circumstances, or even the human condition.

Paris, 10 September 2019

A Conversation with Patrick Bouchain and Nicola Delon

Pauline Fockedey, Christoph Grafe, Véronique Patteeuw

OASE: In *The Human Condition* Hannah Arendt tries to define and distinguish what is private and what is public. If we were to make a literal translation of what she explains, she seems to be saying that it is not enough to distinguish between what is private, the space of the intimate, and the public, the space of the political. In the projects that you develop or accompany, do you choose to abandon this distinction or do you seek the establishment of a kind of in-between?

PB: The separation between private and a public is beside the point. We are not separate private or public human beings. We have confused private with privatisation and public with institution: the public has become associated with the sphere of institutions and the private is often equated with the privatisation of trade and the economy. The in-between is not a third domain, but it is the energy that connects things. How is this energy created? I got into architecture because architecture was an opportunity to address this question. But it's not architecture that interests me, it's because building something means connecting things: connecting the private and the public and therefore the political and the social, the social and the economic, the social and the cultural. It is this area of thought and activity that holds my interest.

ND: I'd start by asking what exactly the public interest is. Currently, what counts in a public or private space is its authenticity. If we believe the idea that public space is

ND: Ik zou beginnen met de vraag wat precies het algemeen belang is. Wat tegenwoordig telt in een publieke of private ruimte is haar oprechtheid. Terwijl we denken dat de openbare ruimte voor iedereen is, zien we nu vaak precies het tegenovergestelde. Het zijn de privéruimten, de betwiste ruimten en de ruimten van solidaire economie die de macht overnemen van een tandeloze overheid. We zien een verzwakking, althans in Frankrijk, van de publieke macht. Latour had het over het antropoceen, dat overgaat in het capitaloceen. Het is de kwestie van de economische macht, die het alpha en omega van elk gesprek over architectuur zou moeten zijn.

Als Encore Heureux hebben wij ons sterk bezig gehouden met publiek-private samenwerkingsverbanden. Die zijn oorspronkelijk in Frankrijk geïnitieerd, naar Groot-Brittannië geëxporteerd en eind jaren 1990 weer in Frankrijk opgedoken. Ze hebben een structurele vermindering van de competenties van overheidsdiensten veroorzaakt. De salarissen bij de overheid zijn laag; het personeel is gekrompen. De capaciteit om grote operaties uit te voeren is afgenomen. Als die capaciteit eenmaal is verdwenen, is diezelfde overheid niet meer in staat om even effectief te zijn als de private sector. Het gaat hier om een tendens met als gevolg een totale privatisering van ons leven, net zoals de digitale revolutie ook een privatisering van data is en dus van onze marktwaarde. Ik sluit me bij Patrick aan dat publiek-private categorieën onwenselijk zijn, maar dit dwingt me wel om het algemeen belang opnieuw te definiëren. Waar vinden we dat vandaag? En waar grijpt de architect in, met het geringe gewicht dat hij heeft? Ik moet hierbij denken aan een bekende uitspraak van Paul Valéry: 'Als de staat sterk is, verplettert hij ons. Als hij zwak is, gaan we eraan', want dit citaat toont aan dat het in deze tussenruimte gaat om collectieve kwaliteit of algemeen belang.

We hebben de invloed van het openbare opdrachtgeverschap zien verdwijnen. Zelf hebben we het geluk dat we nog steeds publieke opdrachtgevers vinden die ons vertrouwen. Maar ik zie ook een aantal collega's die het publiek in de steek hebben gelaten en de sterke arm zijn geworden van particuliere ontwikkelaars, van volledig geprivatiseerde belangen. Wanneer de stad Parijs bijvoorbeeld 'het opnieuw uitvinden van Parijs' (*réinventer Paris*) lanceert, wordt in feite grond verkocht die ons allen toebehoort. Dit gebeurt zonder

Patrick Bouchain – Construire, renovation of 60 social housing units in collaboration with residents, Boulogne-sur-Mer, 2013/
renovatie van 60 sociale huurwoningen samen met bewoners, Boulogne-sur-Mer, 2013

for everyone, today we are more than often confronted with the opposite. Private spaces, contested spaces, or spaces of the solidarity economy will become the spaces of the regulation of a public power or public authority that no longer plays its role. We are seeing a weakening, in France at least, of this public authority. Latour speaks of the Anthropocene and now of the Capitalocene. It is the question of economic power, which is the alpha and omega of all architecture.

With Encore Heureux, we have addressed the public/private partnerships that were initiated in France, exported to England and came back to France at the end of the 1990s. They led to a reduction in the competences of public services, low salaries, staff cuts and therefore the loss of the capacity to carry out major operations. Once public institutions have lost that capacity, they often no longer know how to do what the private sector can do. What is at stake here is the construction of the widespread privatisation of our lives, just as the digital revolution is a privatisation of data and therefore of the market value of each one of us. I agree with Patrick's thoughts on the limited significance of the categorisation of the public versus the private. But this still begs the question of the definition, or redefinition, of common purpose. Where do we find it today? And where can architects intervene, with the little leverage they can muster? Paul Valery once wrote: 'If the State is strong, it crushes us. If it is weak, we perish.' I like this quote because it shows that it is in the in-between that the collective quality or the common purpose will be at stake.

We have seen the power of public institutions collapse. If we are lucky enough to still have public contractors who trust us, I also see some of our colleagues who have abandoned the public and become the armed forces of private promotion, of privatised life. When the city of Paris, for example, launches a campaign of 'reinventing Paris', it in fact sells land that belongs to the public without asking the public – *us* – for permission; under the guise of 'innovation' the state sells public buildings to private operators who, once they have become owners, do what they want. And that's what we have to understand, it's that we have a legislative system

Patrick Bouchain – Construire, renovation of 60 social housing units in collaboration with residents, Boulogne-sur-Mer, 2013/
renovatie van 60 sociale huurwoningen samen met bewoners, Boulogne-sur-Mer, 2013

1
Jean-Louis Violeau is een socioloog en onderzoeker aan het 'Architecture-Culture-Société' laboratorium van het École d'architecture de Paris-Malaquais in Parijs. Hij schreef onder andere: *Les architectes et mai 68* (Parijs: Éditions Recherches, 2005) en *Les architectes et mai 81* (Parijs: Éditions Recherches, 2011).

2
De Franse term *parlement* is afgeleid van het werkwoord *parler*, 'spreken', en betekende oorspronkelijk 'toespraak, gesprek, discussie'.

toestemming te vragen. Onder het voorwendsel van 'vernieuwing' verkoopt de overheid openbare gebouwen aan particuliere ondernemers die, als ze eenmaal eigenaar zijn geworden, hun gang kunnen gaan. Dat moeten we begrijpen, dat we een juridisch systeem hebben dat de eigenaar de macht geeft om te controleren, te exploiteren, te gebruiken en te programmeren. Het komt hierop neer: wanneer een privé partij zich een publiek goed heeft toegeëigend, is het pleit beslecht.

PB: Op een dag was ik aan het lunchen met Jean-Louis Violeau en we stelden vast dat het woord partnerschap misschien niet het meest geschikte woord was om de relatie tussen publieke instellingen en private partijen aan te duiden.[1] Daarom hebben we voorgesteld om de P voor partnerschap te vervangen door de P voor *parlement*.[2] Misschien moeten publieke en private partijen elkaar op een gegeven moment spreken of tegenkomen, opdat zelfs de publieke actoren beginnen te begrijpen dat ze de private sector nodig hebben. Al heel vroeg besefte ik dat het niet heel slim was vast te houden aan het traditionele onderscheid tussen *maîtrise d'ouvrage* en *maîtrise d'oeuvre*, ofwel tussen de rol van de opdrachtgever en die van de ontwerper/bouwer. Daarom probeerde ik het opdrachtgeverschap altijd te combineren met ontwerpen en bouwen, tot het moment waarop ik als het ware mijn eigen opdrachtgever werd. Als bouwmeester vond ik de opdracht uit, kende me die vervolgens toe als ontwerper, terwijl ik tegelijkertijd ook het gebruik van het uiteindelijke bouwwerk in goede banen leidde, als *maître d'usage*.

ND: Ik zou dit willen aanvullen met de kwestie van de juridische mazen in de wet. Patrick heeft op een aantal vlakken laten zien dat als je de spelregels die onze wet bepalen in de vingers hebt, die regels ons meer toestaan dan men ons wil doen geloven. Want ik denk niet dat jij, Patrick, ooit iets illegaals hebt gedaan, althans niet in een illegale situatie bent terechtgekomen, die je verweten had kunnen worden. Het is aan de hand van deze strategische werkwijze dat Patrick inspirerende projecten heeft ontwikkeld: 'het fluïde maken' van ruimten en vertogen. Het vinden van mogelijkheden impliceert het mogelijk maken van het onverwachte of de toe-eigening. Daardoor kunnen dingen vloeibaar worden.

Patrick Bouchain – Construire, renovation of 60 social housing units in collaboration with residents, Boulogne-sur-Mer, 2013/
renovatie van 60 sociale huurwoningen samen met bewoners, Boulogne-sur-Mer, 2013

giving the proprietor the power of operation, use and programming. The bottom line is: when a private operator is at home, he is at home.

PB: One day, I was having lunch with Jean-Louis Violeau and we agreed that the word partnership was perhaps not the most appropriate word for the relationship between public institutions and private parties.[1] We proposed to replace the P for partnership with the P for *parle*-ment, or parliament.[2] Perhaps it is indeed necessary that at some point the public and the private talk or meet each other to such an extent that even the public might consider that it needs the private sector. Very early on, I realised that there was nothing more stupid than to hold on to the traditional distinction between *maitrise d'ouvrage* and *maitrise d'oeuvre*, or between the role of the commissioner and the role of the designer/builder. That's why I tried to combine commissioning with designing and building to the point of becoming my own commissioner. In fact, I invented the commission as a master builder and I attributed it to myself as a designer, or even as the person who is in charge of managing the use of the finished structure, as a *maitre de l'usage.*

ND: I would like to add the question of legal loopholes to this. Patrick has shown in his smaller and larger projects that an intimate knowledge of the rules that characterise our professional legal position creates more opportunities for us as architects than we often want to believe. Because I don't think that you, Patrick, ever found yourself in a situation of illegality, or at least not in an illegal situation that could have been blamed on you. . . . It is in these strategies that Patrick developed projects that were inspirational: a 'blurring' of spaces and speeches. Constructing possibilities implies enabling the un-expected, the appropriation, which allows for a blurring of categories and spheres.

OASE: Should we understand this 'blurring' as an act of distancing oneself from the role of the architect in the more traditional sense? Patrick, does the fact that you don't have an architect's title affect your practice?

1
Jean-Louis Violeau is a sociologist and researcher at the 'Architecture-Culture-Société' laboratory of the École d'architecture de Paris-Malaquais in Paris. His publications include: *Les architectes et mai 68* (Paris: Éditions Recherches, 2005) and *Les architectes et mai 81* (Paris: Éditions Recherches, 2011).

2
The French term *parlement* is derived from the verb *parler*, 'to speak', and originally meant 'speech, conversation, discussion'.

Encore Heureux, Pavillon Circulaire, demonstration pavilion for the reuse of building materials, Paris, 2015/
Pavillon Circulaire, demonstratiepaviljoen voor het hergebruik van bouwmaterialen, Parijs, 2015

OASE: Moet deze 'vloeibaarheid' worden opgevat als een zekere afstand tot de rol van de architect in de meer traditionele betekenis van het woord? Patrick, heeft het feit dat je zelf geen architectentitel hebt, consequenties voor je praktijk?

PB: Om verschillende redenen benadruk ik altijd dat ik geen architect ben. Encore Heureux bestaat uit architecten, omdat dat van ze wordt geëist. De tijden zijn veranderd; zonder de titel van architect zouden ze niet aan opdrachten kunnen werken. In mijn tijd kon dat wel en later vond ik dat hele titelverhaal onzinnig. De titel is tegenwoordig echter onvermijdelijk, wil je meer op veranderingen kunnen aansturen. Want als niet-architect zit je in de marge en wordt er dus niet naar je geluisterd. In de situaties die ik tegenkwam, moest ik de provocateur zijn die enigszins buiten het veld opereerde om dat vrij te kunnen doen. Vandaag de dag is Encore Heureux misschien wel effectiever binnen het veld om veranderingen voor elkaar te krijgen.

OASE: Arendt richt zich op het politieke proces, op het politieke leven en de bijbehorende onderhandelingen. Haar interesse in de *agora* weerspiegelt de rol ervan als ruimte voor onderhandeling en uitwisseling. Het is ook een fysiek kader om belangenconflicten uit te drukken. Dit raakt aan de deskundigheid van de architect, een expertise die zowel ruimtelijk als historisch van aard is.

ND: We kunnen constateren dat de rol van het conflict in de hedendaagse samenleving is verzwakt. Onze non-conflictuele samenleving wil geen golven ervaren. Maar door conflicten te vermijden, creëren we geweld. Conflicten maken het mogelijk om te debatteren, om eventueel van gedachten te veranderen; om een standpunt bij te stellen dat niet langer een principieel standpunt is, maar een standpunt dat door onderhandelingen is getest. We hebben de mogelijkheid van conflicten zo verzwakt, zelfs in ons onderwijs, dat we het risico lopen iets belangrijks te verliezen. Want de brutaliteit van niet-conflicten maakt dat geweld zich van de weersomstuit verder verspreidt. Daarom denk ik dat de ruimte van conflict en onderhandeling geënsceneerd moet worden. En enscenering, als we een parallel met theater trekken, heeft niet veel materie nodig. Het is eerder een kwestie van juiste dimensies, juiste verhoudingen. Op kantoor proberen we dit idee van ruimte niet te theoretiseren, omdat het voor ons heel intuïtief is; wat ons betreft vloeit het voort uit een collectieve praktijk.

OASE: Deze strategie van de scenografie verwijst naar het begrip *enabling spaces* (ruimten mogelijk maken), waarmee we strategieën bedoelen, die iets in gang willen zetten of kansen bieden zich nieuwe vormen van gebruik toe te eigenen.

PB: In het theater en op het toneel zorgen het placement, het lichaam en het spel van de acteurs dat de scenografie tot leven komt. Je kunt beweren dat een acteur niet zonder regisseur kan, niet zonder tekst of publiek kan. Het is volledige samenwerking, en op precies die manier wil ik architectuur maken. Het is een groots moment van vrijheid, dialoog, onderhandelen, heen en weer gaan, mislukken, vallen en opstaan. Kijk bijvoorbeeld naar dit gesprek nu: we nemen dit mee in onze herinnering en gaan het gebruiken, omdat het ons heeft verrijkt.

OASE: De belangrijke theaterregisseur, Giorgio Strehler, met wie je [Bouchain] hebt samengewerkt, heeft 'betekenis' gecreëerd: een onderhandeling op het podium, maar ook een onderhandeling van gebaren, een figuur in de ruimte, met behulp van de taal en de structuur van de tekst, de geometrie van de taal, enzovoort.

PB: Architectuur en politiek zijn nauw met elkaar verweven. Architectuur is de uitdrukking van een samenleving die dingen produceert en zij is volledig onderdeel van de menselijke samenleving. Het is een beperkte voorstelling van het bouwen om te denken dat alles onmiddellijk helder moet zijn, dat er een duidelijk gedefinieerde opdrachtgever

PB: I always claim *not* to be an architect for various reasons. Encore Heureux is made up of architects, because it has to be. Times have changed; without the title of architect, the office would not have any jobs. In my day I could have work. Later, I was against this position [of the architect], but maybe today you have to be one because perhaps you can transform things more from within. Because being a non-architect, one is considered to be on the fringe and therefore not listened to. Possibly, in the situations I encountered, I had to be the *provocateur* operating somewhat outside the field to be free to do so. Today, Encore Heureux is perhaps more effective inside the field in bringing about change.

OASE: Arendt focuses on the political process, on political life and the negotiations that go with it. Her interest in the *agora* reflects its role as space for negotiation and exchange. It is also a physical background for expressing conflicts of interest in the architect's expertise, expertise that is both spatial and historical.

ND: There is a weakening of conflict in contemporary society. However, by avoiding conflict, we create violence. Conflict facilitates debate, and challenges us to change our minds, to adjust positions that have been tested in negotiations. We have weakened the possibility of conflict so much, even in our schools, that we risk losing something important. It is, so to speak, the brutality of non-conflict, which may subsequently produce violence. That is why I think that the space of conflict and negotiation have to be staged and reworked into a *mis en scène*. Staging, if we draw a parallel with theatre, is not characterised by dimensions only. It is rather a question of the correctness of dimensions, of proportions. In the office, we do not theorise this space, because it is very intuitive for us; it is something that results for us from a collective practice.

OASE: This strategy of scenography refers to the concept of *enabling spaces*, by which we mean strategies that want to set something in motion or offer opportunities to appropriate new forms of use.

Encore Heureux, conversion of an industrial hangar into a 'third space', Colombelles, 2019/
verbouwing van een bedrijfshal tot semi-publieke ruimte, Colombelles, 2019

is en een eenduidig proces, bijvoorbeeld van de aanbesteding. We moeten de daad van het bouwen opnieuw uitbreiden door haar stukje bij beetje opnieuw in te schrijven in de geschiedenis van de mensheid. Zodoende verbind ik me met wie bouwt, wie er gaat wonen, wie de opdracht verstrekt.

OASE: Op dit moment zien we – mogelijk ook door jullie invloed – een esthetiek van *dingen loslaten*, een esthetiek van 'verzet', of ook, een esthetiek van 'geëngageerde architectuur'. Een esthetiek die ongetwijfeld verband houdt met de manier waarop bepaalde projecten kunnen worden uitgevoerd, op basis van deskundigheid, technieken of materialen. Zo is het bijvoorbeeld gemakkelijker om met hout te werken dan om beton te storten met mensen die dat nog nooit eerder hebben gedaan. Hoe zien jullie dit?

ND: Zonet hadden we het over theater en nu zouden we het kunnen hebben over hedendaagse kunst, schilderkunst, muziek, deze gehechtheid aan wat ons juist lijkt. De kwestie van de *schoonheid*, bijvoorbeeld. Laten we zeggen dat deze vraag voor ons onlosmakelijk verbonden is met het proces. Het proces is een collectieve onderneming, het is een reis en deze reis wordt gezien onder verschillende gezichtspunten: dat van de economische middelen, wettelijke middelen, menselijke middelen, tijdelijke middelen. Het esthetische spectrum is onlosmakelijk verbonden met de anderen. Het heeft dus een belangrijke aanwezigheid, maar ligt niet vast, is niet gesloten. Dit is de kwetsbaarheid van het ding, want soms maken we fouten. Want als je hebt besloten om een architectuur van goed getekende, postindustriële dozen te maken, teken je een carrosserie en dat is het dan. In ons geval zeggen we tegen onszelf: ik weet niet per se wat ik ga bereiken, maar ik ga de ingrediënten verzamelen zoals in de keuken en ik ga ervoor zorgen dat het verhaal achteraf min of meer klopt.

We spreken in verband met onze projecten wel eens over 'verhalende esthetiek'. Toen we een bioscoop ontwierpen, vroegen we ons af waarom er zoveel schoenendozen waren met het woord 'bioscoop' erop. In dit geval hebben we gekeken naar de architectuur van frontons en met een budget van 80.000 euro hebben we frontons geplaatst, die

Encore Heureux, cinema complex/ bioscoop, Auch, 2012

PB: In the theatre and on stage, the placement, the body, the actors' performances make a scenography come alive. We can say that the actor would not have done it without a director, without a text or without an audience. It is an act of collaboration. I want to make architecture in the same way. It is a great moment of freedom, a moment of dialogue, of negotiation, of going back and forth, of failure, of trial and error. You can tell yourself from this experience that I had with you in this conversation: I'm going to remember it, and I'm going to use it because you enriched me.

OASE: The renowned theatre director Giorgio Strehler, with whom you [Bouchain] worked, produced 'significance': a stage negotiation, but also a negotiation of gestures, of a figure in space, using the language of the text and the structure, the geometry of the language, and so forth.

PB: Architecture and politics are closely linked. Architecture is the expression of a society that produces things and it is inscribed in humanity. It reduces the act of building to believe that everything must be clear immediately, that there is a clearly defined client and an unambiguous process, for instance of tendering. We need to re-expand the act of building by rewriting it in longer histories, or perhaps in the history of humanity, even on a small scale. By doing so, I attach myself to the one who builds, to the one who will live, to the one who will command.

OASE: Today – perhaps by reclaiming what you have done – we are seeing an aesthetic of laissez faire, an aesthetic of 'resistance' or, so to say, an aesthetic of 'committed architecture'. An aesthetic that is connected to the way in which certain projects can be implemented, based on know-how, techniques or materials. For example, it is easier to work with wood than to pour concrete with people who have never done it before. How do you position yourself in relation to this observation?

Patrick Bouchain – Construire, l'académie Fratellini, construction of a circus school/ bouw van een circusschool, Saint-Denis, 2003

geen andere functie hebben dan te vertellen dat het om een bioscoop gaat. Dit project illustreert een verhalende esthetiek. Het is geen fascinatie voor de vorm als zodanig, maar eerder een mengeling van referenties en thema's die ons raken: bijvoorbeeld architectuur zonder architecten of vernaculaire architectuur. En dan komt de intuïtie. Het gaat erom dat het gebouw iets moet vertellen. Esthetiek zal in dienst staan van dit verhaal. Je zou dit een vorm van 'georganiseerde *bricolage*' kunnen noemen, omdat het ook geen architectuur van pallets en steigers is. Produceert dit doe-het-zelf werk een eigen esthetiek? Het is eerder een reactie op de mogelijkheden en op wat er is.

PB: Ik merk dat ik gevoelig ben voor esthetiek, een esthetische kijk op de dingen heb. Maar ik twijfel elke keer weer of dit een esthetiek is die mij toebehoort, of dat het een esthetiek is die verschijnt en die ik enkel gebruik? Ik ben ook geïnteresseerd in wat onzichtbaar is: wat is verborgen en wat kan verschijnen? Hoe kan een verborgen ding worden onthuld? Berusten die dingen of ideeën die verborgen blijven, bij de opdrachtgever of bij de maker, bij de gebruiker, bij mijn medewerkers? Ik probeer dus het verborgene boven tafel te krijgen. En als dat verborgen iets er eenmaal is, is architectuur volgens mij niet representatief voordat ze is gebouwd. We beschikken over instrumenten die we gebruiken voordat een idee gerepresenteerd of getekend kan worden. Daarmee hebben we ook instrumenten om het project uit te werken en die ons in staat stellen te zien waar we naartoe gaan. Ik werk aan wat niet afgebeeld kan worden en ik probeer op een bepaald moment, op de gegeven locatie, te zien wat ons in staat zou stellen om zo lang mogelijk het uiterlijk en de vorm te behouden, tot het moment dat we gaan bouwen. Bouwen is ook samenwerking: het is onderdeel van de ingrediënten die een esthetiek opleveren.

ND: Ik zou willen toevoegen dat er ook een zekere voorkeur is voor risico's. Omdat alles waarover we het hebben, fragiel is, moet je bereid zijn risico's te nemen, want we hebben het hier niet over een architectuur waarbij alles simpel benoemd kan worden.

PB: Maar het is geen risico door strijd, het is een bereidheid om risico's te nemen om de mislukking of het onverwachte onder ogen te zien.

ND: Het is een positief risico, dat ook moed vereist. Met andere woorden, je kunt de smaak te pakken krijgen van risico's waarvoor geen moed nodig is; je kunt misplaatste moed hebben, en dan is er nog de moed, de overtuigingskracht, om opnieuw te beginnen.

Vertaling uit het Frans: Christoph Grafe

ND: Earlier we were talking about the theatre and now we could talk about contemporary art, painting, music, this attachment to what seems right to us. The question of beauty, for example. Let's say that for us, this question is inseparable from the process. The process is a collective undertaking, it is a journey and this journey will be seen under different spectrums: the spectrum of economic means, legal means, human means, temporal means. The aesthetic spectrum is inseparable from the others. It therefore has an important presence but it is not fixed, it is not closed. This is the fragility of the thing, because sometimes we make mistakes. Because when you have decided to make an architecture of well-drawn, post-industrial boxes, you draw a framework and then it's finished. In our case, we say to ourselves: I don't necessarily know what I'm going to achieve, but I'm going to put ingredients together like in the kitchen and I'm going to make sure that the narrative is accurate, with more or less hindsight.

We sometimes refer to 'narrative aesthetics' in our projects. For example, when we made a cinema, we noted that there are a large number of very uninspiring shoeboxes with the word 'cinema' written on them, in order to allow them to be recognised as cinemas. In this case, we looked at the architecture of pediments and with a budget of 80,000 euros, we placed pediments that have no function other than to communicate that there is a cinema inside. This project shows a narrative aesthetic. It is not a fascination with form as such, but rather a mixture of references, elements that touch us, architectures without architects for instance, or of intuitive reading. It is about wanting this building to say something. Aesthetics will be at the service of this narrative. We also talk about 'organised do-it-yourself' because it is not an architecture of pallets and scaffolding either. Does this do-it-yourself work produce aesthetics? It is rather a reaction to possibilities and to what is there.

PB: I'm very sensitive to aesthetics. I have an aesthetic point of view on things. But I have a deep doubt each time, if this is an aesthetic that belongs to me or is it an aesthetic that appears and that I use? I am also interested in what is invisible, what is merely hidden and could be made to appear. What would allow a hidden thing to be revealed? Do those things or ideas that remain hidden rest with the client or the manufacturer, with the user, with my collaborators? So I try to reveal the hidden thing. When the thing appears, I think the architecture is unrepresentable before it is built. We have pre-representation tools, we have tools to elaborate the project that allow us to see where we're going. I'm working on what cannot be represented and I try to see at a given moment in the represented place what would allow us to keep as long as possible the appearance of what will make the form at the time of its construction. Construction is also a collaboration: it is one of the ingredients that produce an aesthetic.

ND: I would add that there is also a taste for risk. Because all this, everything we're talking about, is fragile, so you have to be prepared to take risks, because we're not talking about an architecture where everything can simply be named.

PB: But it's not a risk by combat, it's a willingness to take risks to see the accident or the unexpected happen.

ND: It's a positive risk. But it also requires courage. In other words, you can have a taste for risk without courage, or courage that would be a little misplaced. This courage, that I refer to, is the strength of conviction to start again.

Translation from French: Véronique Patteeuw

Pier Vittorio Aureli is an architect, theorist and educator. He studied at the Istituto Universitario di Architettura di Venezia IUAV and later at the Berlage Institute in Rotterdam. Together with Martino Tattara, he founded the Brussels-based architecture office Dogma in 2002. He currently teaches at the AA School of Architecture in London and is visiting professor at Yale University. He is the author of many essays and books, including *The Project of Autonomy* (2008) and *The Possibility of an Absolute Architecture* (2011).
Pier Vittorio Aureli is architect, theoreticus en docent. Hij studeerde aan het Istituto Universitario di Architettura di Venezia (IUAV) en later aan het Berlage Instituut in Rotterdam. Samen met Martino Tattara richtte hij in 2002 het Brusselse architectenbureau Dogma op. Momenteel doceert hij aan de AA School of Architecture in Londen en is hij gasthoogleraar aan Yale University, New Haven (CT). Hij schreef vele essays en boeken, waaronder *The Project of Autonomy* (2008) en *The Possibility of an Absolute Architecture* (2011).

George Baird is an architect, theorist and educator. He is the founding principal of Baird Sampson Neuert Architects, Toronto. He was a professor of architecture at the Graduate School of Design at Harvard, as well as professor and dean at the John H. Daniels Faculty of Architecture, Landscape and Design at the University of Toronto. He has published many articles and books on architecture, urban design and public space, including *The Space of Appearance* (1995), *Public Space* (2011), and *Writings on Architecture and the City* (2015).
George Baird is architect, theoreticus en docent. Hij is een van de oprichters van Baird Sampson Neuert Architects, Toronto. Hij was hoogleraar architectuur aan de Graduate School of Design van Harvard University, Cambridge (MA) en ook hoogleraar en decaan aan de John H. Daniels faculteit voor architectuur, landschap en vormgeving aan de Universiteit van Toronto. Hij publiceerde artikelen en boeken over architectuur, stedenbouw en openbare ruimte, waaronder *The Space of Appearance* (1995), *Public Space* (2011) en *Writings on Architecture and the City* (2015).

Jeffrey Bolhuis is an architect and co-founder of AP+E, a practice for architecture and research based in the Netherlands and Ireland. AP+E has a strong interest in the social and cultural value of architecture and has gained a reputation for completing innovative cultural and educational projects as well as significant exhibitions and urban/rural studies. For the last seven years, Jeffrey has been a studio tutor at the Faculty of Architecture and Built Environment of Delft University of Technology and has taught and lectured at various schools and institutions across Europe. In 2018 he was cocurator/commissioner of 'Free Market', the exhibition in the Irish Pavilion at the 2018 Venice Architecture Biennale.
Jeffrey Bolhuis is architect en mede-oprichter van AP+E, een in Nederland en Ierland gevestigde praktijk voor architectuur en onderzoek. AP+E heeft een sterke interesse in de sociale en culturele waarde van architectuur. Het bureau heeft een reputatie opgebouwd rond, zowel de voltooiing van vernieuwende culturele en educatieve projecten, als ten aanzien van belangrijke tentoonstellingen en stedenbouwkundige/plattelandsstudies. De afgelopen zeven jaar is Bolhuis als studiodocent verbonden geweest aan de faculteit bouwkunde van de TU Delft. Daarnaast gaf hij les en lezingen op verschillende scholen en instellingen in Europa. In 2018 was hij co-curator en opdrachtgever van 'Free Market', de tentoonstelling in het Ierse Paviljoen op de architectuurbiënnale van Venetië.

Patrick Bouchain studied at the École des Beaux-Arts de Paris and subsequently taught at the École de Camondo and the Ecole des Beaux-Arts at Bourges, and co-founded the École nationale supérieure de creation industrielle. From 1988 to 1995 he was advisor to the French minister of culture Jack Lang, while also serving as the director of the department of public buildings and urbanism of the city of Blois from 1989 to 1994. He is a pioneer in the redevelopment of industrial sites into cultural spaces, working with his studio Construire, founded in 1986, on the rehabilitation of the Magasin in Grenoble into a contemporary art centre, La Ferme du Buisson (Noisiel), Le Lieu unique (Nantes), and La Condition publique (Roubaix) and many other realisations, including the concert hall La Grange du Lac (Evian). He has collaborated with musical directors, artists and collaborators, residents, local government officials and neighbourhood groups. Bouchain curated the 2006 French pavilion at the Venice Architecture Biennale. His work has been documented, among others, in *Construire autrement* (2006) and *Histoire de construire* (2012).
Patrick Bouchain studeerde aan de École des Beaux-Arts de Paris en doceerde vervolgens aan de École Camondo en de École des Beaux-Arts in Bourges, en was mede-oprichter van de École nationale supérieure de création industrielle. Van 1988-1995 adviseerde hij de Franse minister van cultuur Jack Lang, terwijl hij van 1989-1994 ook directeur was van de afdeling openbare gebouwen en stedenbouw van Blois. Hij is een pionier in de herontwikkeling van industriële locaties tot culturele ruimte. Samen met zijn atelier Construire, dat in 1986 werd opgericht, werkte hij aan de herbestemming van Le Magasin in Grenoble tot een centrum voor hedendaagse kunst, La Ferme du Buisson (Noisiel), Le Lieu unique (Nantes), La Condition publique (Roubaix) en vele andere projecten, waaronder de concertzaal La Grange du Lac (Evian). Hij heeft samengewerkt met musici, kunstenaars, bewoners, ambtenaren van de lokale overheid en buurtgroepen. Bouchain was in 2006 curator van het Franse paviljoen tijdens de architectuurbiënnale van Venetië. Zijn werk is onder meer gedocumenteerd in *Construire autrement* (2006) en *Histoire de construire* (2012).

Ken De Cooman is the co-founder of BC Architects, BC studies and BC materials. BC stands for Brussels Cooperation and points to how BC is embedded in the Brussels context. BC starts from architecture, through research, expertise and experiment, towards material production and contracting. Having three legal entities representing one hybrid practice allows BC to inscribe itself in more phases of a construction process, and have an impact in more profound ways. The work of BC was exhibited at 'The Missing Link', IABR 2018 Brussels-Rotterdam; 'Pockets of Sustainability', Oslo Architecture Triennale, Oslo, 2014; and 'Freespace', Venice Architecture Biennale 2018.
Ken De Cooman is mede-oprichter van BC architecten, BC studies en BC materialen. BC staat voor Brussels Cooperation en wijst op de inbedding van BC in de Brusselse context. BC vertrekt vanuit de architectuur, via onderzoek, expertise en experiment, naar materiaalproductie en contractering. Met drie juridische entiteiten die één hybride praktijk vertegenwoordigen, kan BC zich met meerdere fasen van een bouwproces bezighouden, waardoor het in staat is om dieper gaander invloed te hebben. Het werk van BC werd tentoongesteld in 'The Missing Link', IABR 2018, Brussel-Rotterdam; 'Pockets of Sustainability', Oslo Architecture Triennale, Oslo, 2014; en 'Freespace', biënnale van Venetië, 2018.

Nicola Delon studied architecture at Toulouse and at the Université de Montréal as well as at McGill University and received his diploma from the Architecture School of Paris La Vilette. In 2001 he founded Encore Heureux, agence d'architecture, with Julien Chopin. The work of Encore Heureux includes projects for temporary facilities, including a proposal for travelling performance halls using the French railway network (2005), Thèatre 95 (Cergy Pontoise, 2006) and the installation 'Lieux Infinis' in the French pavilion at the Venice Architecture Biennale in 2018, which was curated by Encore Heureux. Building projects include Ciné 32 (Auch, 2012), the Ateliers Médicis (Clichy-sous-Bois, 2018) and the Lycée de Longoni (Mayotte, under construction). In 2015 Delon was selected as the ambassador for architecture at the Assises de la Jeune Création.
Nicola Delon studeerde architectuur in Toulouse, en aan de Université de Montréal en McGill University, Montréal. Hij behaalde zijn diploma aan de Architecture School of Paris La Villette. In 2001 richtte hij samen met Julien Chopin Encore Heureux, agence d'architecture, op. Het werk van Encore Heureux omvat projecten voor tijdelijke installaties, waaronder een voorstel voor reizende theaterzalen die gebruik maken van het Franse spoorwegnet (2005), Théâtre 95 (Cergy-Pontoise, 2006) en de installatie 'Lieux Infinis' in het Franse paviljoen op de architectuurbiënnale van Venetië in 2018, waarvoor Encore Heureux als curator was geselecteerd. De bouwprojecten omvatten Ciné 32 (Auch, 2012), de Ateliers Médicis (Clichy-sous-Bois, 2018) en het Lycée de Longoni (Mayotte, in aanbouw). In 2015 werd Delon gekozen als ambassadeur voor architectuur in de Assises de la Jeune Création.

Mary Duggan is architect and the founding director of Mary Duggan Architects (London, 2017). She graduated from the Bartlett School of Architecture in 1997, and was a founding director of Duggan Morris Architects from 2004 to 2017. Duggan has written critiques and provided commentary for numerous architecture journals, including *The Architectural Review, Building Design* and *The Architects' Journal*.

Mary Duggan is architect en oprichter van Mary Duggan Architects (Londen, 2017). Ze studeerde in 1997 af aan de Bartlett School of Architecture, University College London, en was van 2004-2017 als oprichter betrokken bij Duggan Morris Architects. Duggan heeft kritieken geschreven en commentaar geleverd voor tal van architectuurtijdschriften, waaronder *The Architectural Review*, *Building Design* en *The Architects' Journal*.

Anne Geenen co-founded Site Practice in Mumbai and Amsterdam in 2018 together with David Schmidt. Prior to establishing this office Anne was partner at *Case Design* in Mumbai. She graduated with honours from Delft University of Technology. She has taught at this university as well as at Parsons, ISDI in Mumbai.

Anne Geenen richtte in 2018 samen met David Schmidt de praktijk Site Practice op in Mumbai en Amsterdam. Voorafgaand aan de oprichting van Site Practice was ze partner bij Case Design in Mumbai. Ze is cum laude afgestudeerd aan de TU Delft en heeft zowel in Delft als op ISDI-Parsons in Mumbai lesgegeven.

Pauline Fockedey is an architect. She graduated from the Faculté d'architecture La Cambre-Horta, ULB. She co-founded the collective Orthodoxe in 2012. With Valentin Bollaert she started studio Nord in 2015 in Brussels. She is teaching and preparing a PhD at UCLouvain-LOCI Faculté d'architecture, d'ingénierie architecturale, d'urbanisme.

Pauline Fockedey is architect. Ze studeerde aan de Faculté d'architecture La Cambre-Horta, ULB, Brussel. Ze was mede-oprichter van het collectief Orthodoxe in 2012. Met Valentin Bollaert startte ze in 2015 het architectenbureau Nord in Brussel. Ze doceert en werkt aan een proefschrift aan de UCLouvain-LOCI Faculté d'architecture, d'ingénierie architecturale, d'urbanisme.

Christoph Grafe is an architect, curator and writer who lives and works in Amsterdam, London and Wuppertal. He is a professor of architecture history and theory at the University of Wuppertal. From 2011 to 2017 he served as the director of the Flanders Architecture Institute in Antwerp. He is a visiting professor at the University of Hasselt (Belgium) and the Politecnico di Milano. His book *People's Palaces: Architecture, Culture and Democracy in Post-War Western Europe* was published in 2014. Grafe is an editor of *OASE* and publisher/editor of *Eselsohren*.

Christoph Grafe is architect, curator en schrijver. Hij woont en werkt in Amsterdam, Londen en Wuppertal. Hij is hoogleraar architectuurgeschiedenis en -theorie aan de Universiteit van Wuppertal. Van 2011-2017 was hij directeur van het Vlaams Architectuurinstituut in Antwerpen. Hij bekleedt gastdocentschappen aan de Universiteit van Hasselt (België) en de Politecnico di Milano. Zijn boek *People's Palaces: Architecture, Culture and Democracy in Post-War Western Europe* werd in 2014 gepubliceerd. Grafe is redacteur van *OASE* en uitgever/redacteur van *Eselsohren*.

Catherine Koekoek holds degrees in architecture (MSc, cum laude, Delft) and philosophy (MA, cum laude, Leiden). She is currently working on her PhD on post-truth politics at the Erasmus School of Philosophy, Rotterdam. Based on feminist analysis, the PhD project addresses the consequences of post-truth politics for political thought and action, exploring alternative political practices to better engage with it. Her research includes a case study at participatory community theatre Het Rotterdams Wijktheater: she is committed to thinking for, with and in the world.

Catherine Koekoek heeft een achtergrond in architectuur (MSc, cum laude, Delft) en filosofie (MA, cum laude, Leiden). Ze werkt op dit moment aan haar proefschrift over *post-truth* politiek aan de Erasmus School of Philosophy in Rotterdam, waar ze op basis van feministisch-politieke filosofie de consequenties van – en alternatieven voor – *post-truth* politiek onderzoekt. Deel van haar onderzoek is een casestudy naar de participatieve theaterorganisatie het Rotterdams Wijktheater; haar filosofie denkt niet alleen over, maar vindt plaats in de wereld.

Tara Kennedy practices and teaches architecture, with a multidisciplinary and collaborative approach. Working with John McLaughlin Architects since 2014, she coordinated the *Making Ireland Modern* exhibition in 2016 alongside various public and residential building projects. Tara Kennedy has expertise in collaborative public projects, engaging with a wide range of organisations and institutions. Prior to studying architecture she studied fine art, receiving a BA in Sculpture from NCAD (1st Hons) in 2005. In 2008 she co-founded the practice Culturstruction, and she was also a co-founder of the community-based design organisation 'Commonage'. In 2018 she was co-curator/commissioner of 'Free Market', the exhibition at the Irish Pavilion at the 2018 Venice Architecture Biennale.

Tara Kennedy is actief als architect en in het onderwijs. In haar werk streeft ze een multidisciplinaire en collaboratieve aanpak na. Samen met John McLaughlin Architecten (vanaf 2014) coördineerde ze in 2016 de tentoonstelling 'Making Ireland Modern', naast verschillende openbare opdrachten en woningbouwprojecten. Tara Kennedy heeft ervaring met publieke projecten op basis van samenwerking, waarbij ze zich engageert met een breed scala aan organisaties en instellingen. Voorafgaand aan haar studie architectuur studeerde ze beeldende kunst en kreeg ze een BA in sculptuur aan het National College of Art and Design in Dublin (2005). In 2008 was ze mede-oprichter van de praktijk Culturstruction, en ook mede-oprichter van de *community-based* design-organisatie 'Commonage'. In 2018 was ze medecurator/commissaris van 'Free Market', de tentoonstelling in het Ierse Paviljoen op de architectuurbiënnale van Venetië.

Hannah Knoop is research associate for theory of architecture at the KIT in Karlsruhe where she is developing a doctoral project on the dimensions of the political, the social and the intellectual in architecture. Knoop is also an architect at studioeuropa (Munich/Vienna), since 2017. She studied architecture at the TU Munich and ETSA Madrid, as well as history and theory of architecture at the ETH in Zurich. She has worked in German and Swiss architecture offices, and as a research associate at the ETH and TU Kaiserslautern.

Hannah Knoop is onderzoeksassistent in de theorie van de architectuur aan het KIT in Karlsruhe waar ze promotie-onderzoek doet naar de dimensies van het politieke, sociale en intellectuele in de architectuur. Knoop is sinds 2017 ook architect bij studioeuropa (München/Wenen). Ze studeerde architectuur aan de TU München en ETSA Madrid, en geschiedenis en architectuurtheorie aan de ETH in Zürich. Ze heeft gewerkt bij Duitse en Zwitserse architectenbureaus, en als onderzoeksmedewerker aan de ETH en de TU Kaiserslautern.

Patchen Markell is an associate professor in the Department of Government at Cornell University (Ithaca, NY). He obtained his PhD from Harvard University, and taught at the University of Chicago from 1999 to 2018. He has published extensively on Hannah Arendt's political thought, including 'Arendt's Work: On the Architecture of *The Human Condition*'. He is also one of the general editors of the project *Hannah Arendt's Complete Works/Kritische Gesamtausgabe*, a critical scholarly edition of Arendt's published and unpublished writings. He is currently finishing a book called *Politics Against Rule: Hannah Arendt and* The Human Condition.

Patchen Markell is universitair hoofddocent bij de faculteit bestuurskunde aan de Cornell Universiteit (Ithaca, NY). Hij promoveerde aan Harvard University en doceerde van 1999-2018 aan de Universiteit van Chicago. Hij heeft veel gepubliceerd over de politieke denkwereld van Hannah Arendt, waaronder het artikel 'Arendt's Work: On the Architecture of "The Human Condition'" Hij is een van de redacteuren van het project *Hannah Arendt's Complete Works/Kritische Gesamtausgabe*, een kritisch-wetenschappelijke uitgave van al Arendt's gepubliceerd en ongepubliceerd werk. Hij legt momenteel de laatste hand aan een boek genaamd *Politics Against Rule: Hannah Arendt and* The Human Condition.

Donna van Milligen Bielke graduated from the Academy of Architecture in Amsterdam. After working for several leading architecture firms, she started her own practice when she won the Prix de Rome for architecture in 2014, as the first Dutch female architect. In 2019 she was awarded the Jonge Maaskantprijs. On the occasion of this she published the book *In Between: The Urban Architecture of Donna van Milligen Bielke*, a designer's exploration of the urban fabric.

Donna van Milligen Bielke studeerde af aan de Academie van Bouwkunst in Amsterdam. Na te hebben gewerkt voor verschillende bekende architectenbureaus, startte ze in 2014 haar eigen bureau. In dat jaar won ze de Prix de Rome voor architectuur, als eerste Nederlandse vrouwelijke architect. In 2019 werd ze bekroond met de Jonge Maaskantprijs. Ter gelegenheid hiervan publiceerde ze het boek *In Between: The Urban Architecture of Donna van Milligen Bielke*, een onderzoek naar het stedelijk weefsel door een ontwerper.

Véronique Patteeuw (PhD) is an associate professor at the Ecole Nationale Supérieure d'Architecture et du Paysage Lille and a visiting professor at the Katholieke Universiteit Leuven. Her research focuses on the theory and history

of postmodern architecture. Together with Léa-Catherine Szacka she published the book *Mediating Messages* (2017). She is the academic editor of *OASE*.

Véronique Patteeuw (PhD) is docent aan de École Nationale Supérieure d'Architecture et du Paysage Lille en gasthoogleraar aan de Katholieke Universiteit Leuven. Haar onderzoek focust op de theorie en geschiedenis van postmoderne architectuur. Ze publiceerde samen met Léa-Catherine Szacka het boek *Mediating Messages* (2017). Ze is de academisch redacteur van *OASE*.

Cecilia Sjöholm is professor of aesthetics at Södertörn University, Stockholm, where she has founded and developed the BSc, MSc and PHD programme in aesthetics. Sjöholm holds a PhD in comparative literature from Stockholm University as well as a PhD in philosophy, obtained at the Radboud University, Nijmegen. She has published extensively on the history of aesthetics. Her books deal with art and Greek tragedy, aesthetics and phenomenology. Sjöholm's latest book is *Doing Aesthetics with Arendt: How to See Things* (2015).

Cecilia Sjöholm is hoogleraar esthetiek aan de Södertörn Universiteit in Stockholm, waar zij het BSc-, MSc- en PHD-programma in esthetiek heeft opgericht en ontwikkeld. Sjöholm is gepromoveerd in de vergelijkende literatuurwetenschappen aan de Universiteit van Stockholm en gepromoveerd in de filosofie aan de Radboud Universiteit van Nijmegen. Ze heeft uitgebreid gepubliceerd over de geschiedenis van de esthetiek. Haar boeken gaan over kunst en Griekse tragedie, esthetiek en fenomenologie. Sjöholm's recentste boek is de publicatie *Doing Aesthetics with Arendt: How to See Things* (2015).

Hans Teerds is architect and urban designer. He currently works as a scientific assistant at the Institute for architecture history and theory (gta) at the ETH in Zurich. In 2017 he defended his dissertation at Delft University of Technology, entitled *At Home in the World*, a study of the public and political aspects of architecture, as they can be understood from the written oeuvre of philosopher Hannah Arendt. Teerds is a member of the editorial board of *OASE*, and together with Tom Avermaete and Klaske Havik published the anthology *Architectural Positions: Architecture, Modernity and the Public Sphere* (2009) and with Johan van der Zwart *Levend landschap: Manifest voor stad en land* (2012).

Hans Teerds is architect en stedenbouwkundige. Hij is momenteel werkzaam als wetenschappelijk medewerker bij het Instituut voor architectuurgeschiedenis en -theorie (gta) aan de ETH in Zürich. In 2017 verdedigde hij aan de TU Delft zijn proefschrift *At Home in the World*, een studie naar de publieke en politieke aspecten van architectuur, zoals deze begrepen kunnen worden vanuit het geschreven oeuvre van de filosofe Hannah Arendt. Teerds is lid van de redactie van het tijdschrift OASE, en publiceerde samen met Tom Avermaete en Klaske Havik de anthologie *Architectural Positions: Architecture, Modernity and the Public Sphere* (2009) en met Johan van der Zwart *Levend landschap: Manifest voor stad en land* (2012).

Ard de Vries graduated as an architect from Delft University of Technology and worked for the Atelier of the Rijksbouwmeester (Chief Government Architect) in the Netherlands, and with Jo Coenen in Amsterdam. He founded his own practice, Ard de Vries Architecten in 2014. For his project Landgoed Valkenburg he was awarded the Abe Bonnemaprijs 2016 for young architects.

Ard de Vries studeerde af als architect aan de TU Delft en werkte voor het Atelier van de Rijksbouwmeester in Nederland en bij Jo Coenen in Amsterdam. In 2014 richtte hij zijn eigen bureau op, Ard de Vries Architecten. Voor zijn project 'Landgoed Valkenburg' ontving hij de Abe Bonnemaprijs 2016 voor jonge architecten.

Credits/ Colofon

Independent Peer-Reviewed Journal for Architecture, published by the OASE Foundation/ Onafhankelijk Peer-Reviewed architectuurtijdschrift, uitgegeven door de stichting OASE

OASE is made possible with the support of the Creative Industries Fund NL and the associated universities and institutions. OASE wordt mede mogelijk gemaakt met de steun van het Stimuleringsfonds Creatieve Industrie en de geassocieerde universiteiten en instellingen.

creative industries fund NL

stimuleringsfonds creatieve industrie

OASE foundation/ stichting
p/a Sandra Mellaart
Baljuwplein 70
3033 XD Rotterdam
the Netherlands
info@oasejournal.nl
www.oasejournal.nl

ISSN 01696238
ISBN 9789462085619

OASE 106 is also available as e-book (pdf)
ISSN 01696238
ISBN 9789462085640

OASE editorial board/ redactie
p/a D'Laine Camp
Prins Frederik Hendrikstraat 107
3051 ER Rotterdam
the Netherlands

Editors of this issue/ Kernredactie
Hans Teerds
Christoph Grafe
Catherine Koekoek (**guest editor/** gastredacteur)

Managing editor/ Redactiesecretaris
D'Laine Camp

Academic editor/ Wetenschappelijk redacteur
Véronique Patteeuw

Associated Universities and Institutions/ Geassocieerde universiteiten en instellingen
Technische Universiteit Delft
Technische Universiteit Eindhoven
Academie van Bouwkunst Amsterdam
Rotterdamse Academie van Bouwkunst
ArtEZ Academie van Bouwkunst Tilburg
Academie van Bouwkunst Groningen
Maastricht Academy of Architecture
Katholieke Universiteit Leuven campus Leuven
Katholieke Universiteit Leuven campus Brussel
Katholieke Universiteit Leuven campus Gent
Universiteit Gent
Universiteit Hasselt
Universiteit Antwerpen
Bergische Universität Wuppertal

Photo credits/ Fotografie

Cover/ omslag: **A transcript of the interview has been published as Hannah Arendt, '"What Remains? The Language Remains." A conversation with Günter Gaus', in: *Hannah Arendt, Essays in Understanding, 1930-1954, Formation, Exile, and Totalitarianism* (ed. Jerome Kohn) (New York: Schocken Books, 1994), The interview can be watched online: https://www.youtube.com/watch?v=dsoImQfVsO4/**
Een transcript van het interview is gepubliceerd als: Hannah Arendt, '"Wat er blijft...? De moedertaal..., die blijft...", Een gesprek met Günter Gaus', in: Hannah Arendt, *Het waagstuk van de politiek. Over politieke leugens en burgerlijke ongehoorzaamheid* (Utrecht: Uitgeverij Klement, 2018). Het interview is online te bekijken: https://www.youtube.com/watch?v=dsoImQfVsO4

p. 3 SMAK, Gent
p. 4/5 Wikimedia Commons
p. 9 Wikimedia Commons
p. 10/11 Veerle Alkemade
p. 26/27 Special Collections & Archives, Wesleyan University, Middletown, CT
p. 57, 58 Dogma
p. 64/65, 66, 67, 68, 69 Baird Sampson Neuert Architects
p. 74 Matthew Thompson
p. 75 l: Magnaparte, r: National Library of Ireland
p. 76 Paul Tierney
p. 80 BC architects & studies
p. 81 Thomas Noceto
p. 82 l: De Meuter bvba, r: Dieter Van Caneghem
p. 83: BC materials
p. 88, 89, 90, 91 Mary Duggan Architects
p. 94, 95 Site Practice
p. 98, 99, 100, 101 Studioeurope
p. 106, 107, 108 Ard de Vries Architecten & Studio Donna van Milligen Bielke
p. 109 l: Phaidra, collezioni digitali
p. 112, 113, 114 DR Construire
p. 115, 117 Encore Heureux, Cyrus Cornut
p. 118 Encore Heureux
p. 119 DR Construire

Design/ Vormgeving
Karel & Aagje Martens
martens and martens

Copy editing/ Tekstredactie
D'Laine Camp, Gerda ten Cate

Printing/ Druk
Wilco Art Books

Paper/ Papier
90 gr Schleipen 2.0 extra weiss
200 grs Muncken polar

Font/ Lettertype
Joanna MT & Pirelli

Publisher/ Uitgever
OASE foundation/ stichting

Distribution
nai010 publishers/uitgevers
sales@nai010.com
www.nai010.com
Subscriptions and administration/
Abonnementenadministratie
Abonnementenland
De Trompet 1739
1967 DB Heemskerk
the Netherlands
Tel +31 (0)251 - 257924
www.aboland.nl

Subscriptions/ Abonnementen
OASE is published three times a year. Subscriptions can be taken out via the website of Abonnementenland, see www.aboland.nl. OASE can be found under the 'Art & Culture' category. Students at universities and academies of architecture as well as holders of a CJP are entitled to a reduction in the costs of the subscription. For the terms and conditions of the OASE subscription, please consult the website of Abonnementenland.

OASE verschijnt drie keer per jaar. Abonnementen kunnen afgesloten worden via de website van Abonnementenland, zie www.aboland.nl. OASE is te vinden onder de categorie 'Kunst & Cultuur'. Recht op reductie op de abonnementskosten hebben studenten aan universiteiten en academies van bouwkunst, alsmede houders van CJP. Voor de voorwaarden van het OASE-abonnement verwijzen wij u naar de website van Abonnementenland.

Subscriptions for three issues in Europe/
Abonnementsprijs voor drie nummers in Europa
individuals/ particulieren € 70
organisations/ instellingen € 100
students/ studenten € 50

Abonnementsprijs voor drie nummers in Nederland en België
particulieren € 60
instellingen € 100
studenten € 40

Subscriptions for three issues outside Europe/
Abonnementsprijs voor drie nummers buiten Europa
Individuals/ particulieren, **students/** studenten € 100
organisations/ instellingen € 120

Books distributed by nai010 are available internationally at selected bookstores and from the following distribution partners:

North, South and Central America – Artbook | D.A.P., New York, USA, dap@dapinc.com

Rest of the world – Idea Books, Amsterdam, the Netherlands, idea@ideabooks.nl

For general questions, please contact the OASE foundation directly at info@oasejournal.nl or visit our website www.oasejournal.nl for further information. For sales information and availability for bookshops, please contact nai010 at sales@nai010.com or visit www.nai010.com

Voor informatie over verkoop en distributie in Nederland en België, stuur een e-mail naar sales@nai010.com of kijk op www.nai010.com.

Printed and bound in the EU/ Gedrukt en gebonden in de EU

Sponsors

atelier Quadrat, Rotterdam / atelier Stadsbouwmeester Antwerpen / AWG Architecten, Antwerpen / Daf architecten, Rotterdam | De Nijl Architecten, Rotterdam | De Smet Vermeulen architecten, Gent | Diederendirrix architecten, Eindhoven | FEDDES/ Olthof, Utrecht / Geurst & Schulze architecten, Den Haag | Humblé Martens & Willems, Maastricht | MUST Stedebouw bv, Amsterdam - Köln / Neutelings Riedijk Architecten, Rotterdam | Next Architects, Amsterdam - China | Office Winhov, Amsterdam / PALMBOUT- Urban Landscapes bv, Rotterdam | Powerhouse Company, Rotterdam | Rapp+Rapp BV, Amsterdam | Rijnboutt, Amsterdam / Wim van den Bergh Architect, Maastricht

Backlist To order back issues of OASE, please visit our website: www.oasejournal.nl/
U kunt eerder verschenen nummers van OASE bestellen via onze website: www.oasejournal.nl

OASE 105 Practices of Drawing/ Tekenpraktijken
OASE 104 The Urban Household of Metabolism/ Het stedelijke huishouden van het metabolisme
OASE 103 Critical Regionalism Revisited
OASE 102 Schools & Teachers. The Education of an Architect in Europe/ Scholen & docenten. De opleiding tot architect in Europa
OASE 101 Microcosm. Searching for the City in Its Interiors/ Microkosmos. Een zoektocht naar de stad in haar interieurs
OASE 100 Karel Martens and the Architecture of the Journal/ Karel Martens en de architectuur van het tijdschrift
OASE 99 The Architecture Museum Effect/ De effecten van architectuurmusea
OASE 98 Narrating Urban Landscapes/ Verhalend stedelijk landschap
OASE 97 Action and Reaction in Architecture/ Actie en reactie in architectuur
~~OASE 96 Social Poetics. The Architecture of Use and Appropriation/ Sociale Poëtica. De architectuur van gebruik en toe-eigening~~
OASE 95 Crossing Boundaries. Transcultural Practices in Architecture and Urbanism/
Grenzenloos. Transculturele praktijken in architectuur en stedenbouw
OASE 94 OMA. The First Decade/ OMA. De eerste tien jaar
~~OASE 93 Making Landscape Public. Making Public Landscape/ Landschap publiek maken. Publiek landschap maken~~
~~OASE 92 Codes and Continuities/ Codes en continuïteiten~~
OASE 91 Building Atmosphere/ Sfeer bouwen, met/with Juhani Pallasmaa & Peter Zumthor
~~OASE 90 What is Good Architecture/ Wat is goede architectuur?~~
~~OASE 89 Medium. The Mid-Size City as a European Urban Condition and Strategy/~~
~~De middelgrote stad als Europese stedelijke conditie en strategie~~
~~OASE 88 Exhibitions. Showing and Producing Architecture/ Tentoonstellingen. Architectuur tonen en produceren~~
OASE 87 Alan Colquhoun Architect, Historian, Critic/ Architect, Historicus, Criticus
OASE 86 Baroque/ Barok
OASE 85 Productive Uncertainty/ Productieve onzekerheid
OASE 84 Models/ Maquettes
OASE 83 Commissioning Architecture/ Opdrachtgevers in de architectuur
OASE 82 L'Afrique, c'est chic. Architecture and planning in Africa 1950-1970/ Architectuur en planning in Afrika 1950-1970
~~OASE 81 Constructing Criticism/ Kritiek in opbouw~~
OASE 80 On Territories/ Over territoria
~~OASE 79 The Architecture of James Stirling, 1964-1992/ De architectuur van James Sterling, 1964-1992~~
~~OASE 78 Immersed. Sound and Architecture/ Architectuur en geluid~~
OASE 77 Into the Open. Accommodating the Public/ Publieke plaatsen
OASE 76 Context/ Specificity
OASE 75 25 Years of Critical Reflection on Architecture
~~OASE 74 Invention/ Inventie~~
OASE 73 Gentrification. Flows and Counter-Flows/ Stromen en tegenstromen
OASE 72 Back to School/ Terug naar school
~~OASE 71 Urban Formation & Collective Spaces/ Stedelijke formatie & collectieve ruimten~~
~~OASE 70 Architecture & Literature/ Architectuur & Literatuur~~
OASE 69 Positions/ Posities
OASE 68 Home-Land/ Thuis-Land
OASE 67 After the Party: Nederlandse architectuur 2005/ Dutch Architecture 2005
OASE 66 Virtually Here: Ruimte in cyberfictie/ Space in Cyberfiction
~~OASE 65 Ornament~~
~~OASE 64 Landscape and Mass Tourism/ Landschap en massatoerisme~~
OASE 63 Countryside/ Platteland
OASE 62 Autonomous Architecture and the Project of the City/ Autonome architectuur en het stedelijk project
OASE 61 Suburbia and Social Democracy/ Neoliberalisme in de buitenwijk
OASE 60 Urbanism Out-of-Town/ Het land in de stad
~~OASE 59 Scratching the Surface/ Nagel op de huid~~
~~OASE 58 The Visible and the Invisible/ Het Zichtbare en het onzichtbare~~
OASE 57 1970's Revisited/ 1970s Revisited
OASE 56 Domestic Nature/ Huiselijke natuur
~~OASE 55 Home and Garden/ Huis en tuin~~
~~OASE 54 Re: Generic City/ Re: Generieke stad~~
OASE 53 Network Urbanism/ Netwerk stedebouw
OASE 52 Consumption and Territory/ Consumptie en territorium
OASE 51 Rearrangements, A Smithsons Celebration
OASE 49/50 Convention/ Conventie
~~OASE 48 Diagrams/ Diagrammen~~
~~OASE 47 Dressing/ Bekleding~~
~~OASE 45/46 Essential Architecture/ Essentiële architectuur~~
OASE 44 Venetiaanse Perspectieven
~~OASE 43 Zwischenraumgespenster~~
~~OASE 42 Over stijl~~
~~OASE 41 Het wereldontwerp~~
~~OASE 40 Poiésis en architectuur~~
~~OASE 39 Materialiteit en fysieke ervaring~~
~~OASE 37/38 Massa en woningbouw~~
~~OASE 36 De architectuurtekening~~
OASE 35 Havenfronten
OASE 34 Het interieur
~~OASE 33 De transformatie van de metropool~~
~~OASE 32 Architectuur en stedebouw in de jaren zestig~~
~~OASE 31 De tektoniek van de opstand & Het Bonnefantenmuseum~~
~~OASE 30 Sprekende architectuur II~~
~~OASE 29 Sprekende architectuur I~~
~~OASE 28 Snelheid en zwaarte~~

OASE 28-44 appeared in Dutch only/ alleen in het Nederlands verschenen
OASE 1-33, 36-43, 45-48, 54, 55, 58, 59, 64, 65, 70, 71, 74, 78, 79, 81, 88-90, 92, 93 and 96 are no longer available/ zijn niet langer leverbaar
OASE 1-102 are digitally avaiable on www.oasejournal.nl, OASE 103-105 can be ordered as e-book at nai010.com
OASE 1-102 zijn digitaal te raadplegen op www.oasejournal.nl, OASE 103-105 zijn te bestellen als e-book bij nai010.com

Pier Vittorio Aureli

Architecture beyond Creation

Architecture as we know it today, architect Pier Vittorio Aureli writes in his essay, cannot do without the 'labour' of a multitude of laborers. However, the authorship of the 'work' is distributed to a few. He traces this asymmetrical situation in architecture back to situation wherein the division of labour became necessary. Aureli explains Dogma's, the office where he is one of the partners, collaboration with cooperatives, in the development of adaptable constructions, which through their simplicity can be easily improved or modified by the builders and inhabitants. He argues that such a construction functions as a pedagogical framework that allows architects, builders and dwellers to cooperate, despite the current strict division of labour.

Architectuur voorbij de schepping

De architectuur zoals we die vandaag kennen, schrijft architect Pier Vittorio Aureli in zijn essay, kan niet zonder de 'arbeid' van velen, terwijl het 'werk' toegekend wordt aan enkelen. Hij traceert deze asymmetrische situatie in de geschiedenis, naar het moment waarop in het bouwproces arbeidsdeling noodzakelijk werd. Aureli beschrijft hoe Dogma, het bureau waar hij partner is, in samenwerking met coöperaties een constructiesysteem bedacht dat eenvoudig verbeterd of aangepast kan worden. Zo'n constructie kan volgens hem als een pedagogisch kader werken, dat architecten, bouwers en bewoners in staat stelt om goed samen te werken, ondanks de heersende strikte arbeidsdeling.

George Baird

World-Building: Arendt's Writings as Challenge

George Baird reflects on the relationship between his writings, which are informed by Hannah Arendt's political reflections, and his work as an architecture practitioner. Even though there is no linear relationship between philosophical ideas and architectural typologies, his reading of Arendt resonates in his intentions as architect. He discusses three projects – a project for urban renewal, a design for a new City Hall, and the design for a small park – wherein he traces three concepts that echo three Arendtian perspectives: continuity, permanence and publicness. These concepts, he claims, are still relevant for the contemporary practice of architecture.

Bouwen aan de wereld: Arendt's werk als uitdaging

George Baird focust op de relatie tussen zijn werk als theoreticus, dat beïnvloed is door de politieke reflecties van Hannah Arendt, en zijn werk als architect. Hoewel er geen lineair verband bestaat tussen filosofische ideeën en architectonische typologie, is er een duidelijke affiniteit tussen zijn lezing van Arendt en zijn intenties als architect. Hij bespreekt drie projecten – een stadsvernieuwingsplan, een ontwerp voor een nieuw stadhuis en een ontwerp voor een park – waar hij drie concepten traceert, die raken aan Arendt's perspectieven: continuïteit, duurzaamheid en openbaarheid. Deze concepten zijn volgens Baird nog steeds relevant voor de hedendaagse architectuurpraktijk.

Jeffrey Bolhuis, Tara Kennedy

On Marketplaces and an Architecture of the Common

Small rural towns are an essential part of Irish society. These towns often evolved around marketplaces, which had a central function in the life of rural communities. Today, these market squares have lost their function, as large supermarkets on the edge of towns have taken over as the main places for commerce, shopping and gathering. Jeffrey Bolhuis and Tara Kennedy reflect in this article on the project 'Free Market', which they developed together with other architects for the National Irish Pavilion at the Venice Biennale 2018. This project explored how marketplaces can be revitalised.

Over marktplaatsen en de architectuur van het publieke domein

Kleine plattelandssteden zijn een essentieel onderdeel van de Ierse samenleving en vaak gegroeid rondom een centraal marktplein. De pleinen namen een centrale plaats in het leven van plattelandsgemeenschappen in. Tegenwoordig functioneren deze marktpleinen niet langer, omdat grote supermarkten aan de rand van de steden de belangrijkste plekken zijn geworden voor handel, winkelen en ontmoetingen. Jeffrey Bolhuis en Tara Kennedy reflecteren in dit artikel op het project 'Free Market', dat ze samen met andere architecten bedachten voor het nationale Ierse paviljoen op de biënnale van Venetië (2018). In dit project wordt onderzocht hoe deze marktpleinen kunnen worden gerevitaliseerd.

Ken De Cooman

Work in Action

In the field of architecture, crafts and skills of design and construction are partly acquired through the making, architect Ken De Cooman argues. This *tacit knowledge* over time lives in a wide community of practices involving larger communities of citizens, designers, crafts(wo)men, and builders. Making buildings is linked to the complex and diverse construction cultures of peoples and disciplines. This model is somehow at odds with a too strict separation of Arendt's different modes of activity: labour, work and action. Within the architectural project, these modes intermingle. The kind of 'work' one produces, or the kind of 'labour' one executes, can acquire a sensible political meaning.

Actief werk

In het veld van de architectuur worden het ambacht en de vaardigheden van het ontwerpen en bouwen mede geleerd door het te doen, door iets te maken, zo betoogt architect Ken De Cooman. Deze 'stilzwijgende kennis' wordt ontwikkeld en onderhouden in de brede gemeenschap van praktijken, waarbij burgers, ontwerpers, ambachtslieden en bouwers betrokken zijn. Bouwen is op die manier verbonden met de complexe, diverse bouwcultuur van volkeren en disciplines. Dit model staat haaks op Arendt's strikte scheiding tussen de verschillende manieren van menselijke activiteit: arbeid, werk en actie. In een architectuurproject vermengen deze modi zich. Het 'werk' dat men produceert, of de 'arbeid' die men uitvoert, kan vergaande politieke betekenis hebben.

Mary Duggan

Oscillating Thoughts

Architecture is about a process of making buildings, as well as about a built environment in which human activity and use transform this environment. It is about material facts, and about memories, about dreams and ideals. Architectural design cannot address these aspects. Memories cannot be designed, and dreams cannot be captured. But what is possible, argues architect Mary Duggan, is to design an 'experience of time'. In the design process, the model is a useful tool for this. Its scale and materiality create a physical relationship with the model, in which the various human senses are addressed. The model simultaneously represents the technical aspects as well as addresses the domain of poetry and politics.

Oscillerende gedachten

Architectuur gaat zowel over een proces van maken van gebouwen, als over een gebouwde omgeving, waar menselijk handelen en gebruik deze omgeving transformeren. Het gaat over materiële feiten, en over herinneringen, dromen en idealen. Een architectonisch ontwerp kan onmogelijk aan deze aspecten tegemoet komen. Herinneringen kunnen niet worden ontworpen, dromen niet vastgelegd. Volgens Mary Duggan kan wel een 'ervaring van tijd' worden ontworpen. De maquette is daarvoor een handig instrument. Door haar schaal en materialiteit ontstaat een lichamelijke relatie met de maquette, waarbij verschillende zintuigen worden aangesproken. De maquette bespeelt tegelijkertijd technische aspecten als het domein van poëzie en politiek.

Anne Geenen

The Stone of the Land

Urged by the assignment to build a house on Bali, architect Anne Geenen reflects on the possibility of building in a culturally unfamiliar context. She shows how the production of building materials, building methods and techniques, as well as a delicate network of waterways and canals tell her something about the cultural and social values of a village community on Bali. A focus on materiality enables her, as architect, to communicate in a meaningful way, even beyond a familiar cultural context.

De stenen van het land

In het kader van een bouwopgave op Bali, reflecteert architect Anne Geenen in dit artikel op het bouwen in een cultureel onbekende context. Ze laat zien hoe de productie van bouwmaterialen, bouwmethoden en technieken, net als een delicaat netwerk van watergangen en kanalen, haar iets vertellen over de culturele en sociale waarden van de dorpsgemeenschap op Bali. Haar focus op materialiteit stelt haar in staat om als architect, ook buiten een bekende culturele context, op een zinvolle manier te communiceren.

Hannah Knoop

Beyond a Game of Tetris: Thoughts on Labour, Work and Action in Architecture

Drawing upon Kenneth Frampton's reading of Hannah Arendt's *The Human Condition*, architect and architecture theorist Hannah Knoop explores the potential of architecture in times of instrumental labour and economistic logic. Frampton uses Arendt's distinction